FRÉDÉRIC PASSY

MEMBRE DE L'INSTITUT

Sophismes et Truismes

PARIS (V^e)

V. GIARD & E. BRIÈRE

LIBRAIRES-ÉDITEURS

16, RUE SOUFFLOT ET RUE TOULLIER, 12

191.

SOPHISMES ET TRUISMES

PRINCIPAUX OUVRAGES DE M. FRÉDÉRIC PASSY

Leçons d'Economie politique, 2 vol. in-8°. Guillaumin-Alcan (épuisé).

Les machines et leur influence sur le progrès social, in-12, Hachette et Cie.

Le Petit Poucet du XIXe siècle (Georges Stephenson et la naissance des chemins de fer), in-12. Hachette et Cie.

Vérités et Paradoxes, in-12. Ch. Delagrave.

Pour la Paix (Notes et documents), in-12. Fasquelle.

Une exhumation (Un cours libre sous l'Empire), in-12. F. Alcan.

Pages et discours, in-12. F. Alcan.

Les Causeries du Grand-Père, in-12. Alcide Picard.

Entre Mère et Fille, in-12. Fischbacher.

  our les jeunes gens, in-12. Fischbacher.

Feuilles éparses (Poésies), in-12. Société Française d'imprimerie et de librairie.

Reliquiæ (Édition posthume des œuvres de Jacques Passy), 1 vol. in-8°. Société Française d'imprimerie et de librairie.

Brochures sur diverses questions d'Economie politique et de Morale. F. Alcan.

Autres sur les questions d'Arbitrage et de la Paix. Au bureau de la Société française pour l'Arbitrage.

La Vie économique, in-12. Librairie Larousse.

SOPHISMES

ET

TRUISMES

PAR

FRÉDÉRIC PASSY

PARIS (Vᵉ)

V. GIARD & E. BRIÈRE

LIBRAIRES-ÉDITEURS

16, Rue Soufflot et Rue Toullier, 12

1910

PRÉFACE

J'ai publié, il y a une quinzaine d'années, sous le titre de Vérités et Paradoxes, un volume dans lequel, sans appareil scientifique, et par de simples et familiers appels au bon sens, j'ai essayé de montrer la fausseté, le danger par conséquent, de bon nombre de ces dictons qui passent pour l'expression de la sagesse populaire, et qui ne sont, la plupart du temps, que des âneries, disons plutôt des illusions de cette première apparence qui nous fait voir, avec une évidence menteuse, le soleil tournant autour de la terre. Je n'ai pas eu à me plaindre de l'accueil fait à cet essai, et je suis autorisé à penser qu'un certain nombre de ses lecteurs, au moins, y auront trouvé un peu de lumière et peut-être quelque agrément.

Je risque aujourd'hui, par la reproduction d'articles divers disséminés, de jour en jour, dans la presse, ou par la publication de pages inédites, nées au hasard des circonstances, une seconde tentative du même genre. Le caractère en est un peu différent, et le même titre ne serait pas suffisamment justifié ; mais le but est le même : corriger des erreurs et rendre claires des idées justes trop souvent obscurcies par ce que j'ai appelé ailleurs la Piperie des mots. On trouvera sans doute, au premier aspect, ces notes, parfois bien brèves et peu graves, assez disparates. Je ne m'en excuse pas. Ce n'est pas pour les savants et les hommes d'étude, capables de trouver par eux-mêmes, au prix de laborieuses recherches, la vérité et aussi l'erreur; c'est pour les lecteurs moins appliqués ou moins préparés, pour ceux qui ne désirent, en ouvrant un livre, qu'un peu de distraction ou de réflexion au petit bonheur, que j'ai cru pouvoir grouper ces imparfaites ébauches. Que quelques-uns, en souriant peut-être, y trouvent l'occasion de réfléchir un instant et de secouer le joug d'un préjugé ou deux, et ma tâche sera remplie.

FRÉDÉRIC PASSY

SOPHISMES ET TRUISMES

LE PAIN GRATUIT

Oh! ce n'est pas du pain matériel, dont se nourrit le corps, que j'entends parler ici. Celui-là, je sais bien qu'il a été promis, mais non procuré à ceux qui trouvent dur de le gagner, et à ceux pour qui il est plus dur encore de ne pas réussir toujours à le gagner suffisamment. Promis en même temps, hélas! à ceux qui ne veulent pas le gagner, et dont le nombre, à ce régime, ne tarderait pas à se multiplier. Promis par des ignorants qui ne savent pas que ce que l'on ne paie pas directement comme consommateur, on le paie indirectement, et à plus haut prix, comme contribuable, par des charlatans peu soucieux de nuire à ceux à qui ils débitent leurs drogues, pourvu que le commerce leur rapporte, par de braves gens, dont le cœur prend la place de la tête, et qui, faute de se rendre compte de leurs actes, deviennent, en toute sécurité de conscience, les pires des malfaiteurs.

Non, le pain du corps ne peut être gratuit. Il faut qu'il soit gagné par quelqu'un ; gagné à la sueur du front. Et si, dans certains cas, il peut et doit être donné, ce n'est que par celui qui, l'ayant gagné, a, et a seul, le droit d'en disposer. Toute autre doctrine est, à la fois, une hérésie économique et une hérésie morale, une doctrine de misère et une doctrine de dégradation.

Mais il y a un autre pain, plus précieux que le pain du corps ; car c'est lui qui met, à la fois, en état de le gagner et d'en faire bon usage. Il y a le pain de l'esprit, comme le disait cet honnête mystique pour lequel l'économie politique, « l'admirable science du pain », était une partie intégrante de la véritable religion, de la religion de l'amour des hommes, le Père Gratry. Il y a le pain de l'âme, la vérité, la connaissance des lois de la nature, sans laquelle la nature nous écrase au lieu de nous servir ; la connaissance des lois sociales, sans laquelle nous allons au mal en poursuivant le bien, et nous tournons contre nous-mêmes les forces individuelles et les forces collectives. Il y a la liberté et la responsabilité qui l'accompagne ; il y a la lumière qui éclaire sur les actes et sur le jeu compliqué de la machine humaine ; il y a, j'y reviens, cette science si nécessaire et si méconnue, qu'une femme, la comprenant, selon le mot de Joseph de Maistre, « avec l'esprit de son cœur », appelait « la serrure de sûreté du pécule populaire », l'économie politique, aussi indispensable au bon fonctionnement de l'organisme social, que l'hygiène au bon fonctionnement des organismes individuels.

Science simple, au fond, dans ses principes essentiels au moins, malgré son apparente complication, et qu'il serait aisé de faire comprendre aux esprits honnêtes que n'ont point encore troublés ou pervertis les sophismes et les passions; mais science qui, en dépit des efforts de quelques-uns de ses apôtres, reste fermée au grand nombre, parce que les salutaires enseignements qui en découlent ne sont point comme il le faudrait mis à la portée de ce grand nombre qui en aurait besoin. Science, en d'autres termes, qui devrait, pour le salut social, être mise largement à la portée de tous, et qui le serait si ceux qui ont le plus puissant intérêt à s'assurer contre la contagion de l'erreur et le plus pressant devoir de se souvenir des obligations qu'imposent tous les genres de supériorités comprenaient mieux et leur devoir et leur intérêt.

C'est ce devoir et cet intérêt que, pour mon humble part, je me suis, pendant une longue vie, toujours efforcé de comprendre et de respecter; et c'est ce pain bienfaisant, ce pain de vie, trop imparfaitement distribué à ceux qui en ont besoin, dont je voudrais, en rassemblant à leur intention les pages qui composent ce volume, mettre à leur disposition, avec l'espoir qu'un certain nombre au moins en puisse profiter, quelques parcelles recueillies à leur intention.

LA LOI DE L'OFFRE ET DE LA DEMANDE

Ce sont, dit-on, les économistes, gens sans cœur et sans entrailles comme on sait, qui l'ont inventée, cette loi maudite de l'offre et de la demande. Ce sont eux qui ont fait que, lorsqu'une marchandise devient plus rare, et par conséquent plus nécessaire, elle hausse de prix au lieu de baisser pour se mettre à la portée de ceux qui la réclament. Aussi ne cesse-t-on de crier contre eux, en même temps que contre elle, et, dans un journal religieux, *La Croix* de Morlaix, l'un des rédacteurs de cette feuille, un abbé, demandait que l'on entreprît une croisade pour abolir la loi de l'offre et de la demande.

Et pourquoi, s'il vous plaît? Parce que, comme je viens de le rappeler, quand les marchandises font défaut, on est obligé de les payer plus cher, et quand le travail n'est point demandé, les salaires sont réduits.

C'est fort pénible, je n'en disconviens pas, pour ceux qui voient ainsi diminuer leurs ressources ou augmenter le coût de l'existence. Mais en quoi est-ce la faute des économistes, et comment prétend-on faire abolir cette loi que beaucoup ont constatée, mais que personne, que je sache, n'a jamais décrétée ? Quand une pierre, tombant de haut, rencontre la tête d'un passant, elle le tue ou le blesse. Les physiciens vous expliquent que c'est l'effet de la loi de la gravitation. Ils vous disent que tous les corps, sous l'influence de l'attraction mutuelle qu'éprouvent les unes pour les autres, les molécules matérielles, tendent, lorsqu'un obstacle ne les arrête point, à tomber dans la direction du centre de la terre. Est-ce qu'il est jamais venu à la pensée de personne de qualifier de cruelle cette loi, qui aujourd'hui amène la mort d'un homme, mais qui, tous les jours et sur tous les points, maintient l'ordre dans la constitution de notre globe ? Est-ce que, surtout, l'on a jamais imaginé de demander compte aux physiciens de la mort de cet homme, et de les mettre en demeure de corriger les erreurs de la gravitation ?

Faire un crime aux économistes, disons mieux au genre humain tout entier, qui, depuis l'origine, la subit et la proclame, d'avoir observé qu'il y a un rapport nécessaire entre le prix des choses et leur abondance ou leur rareté, c'est une entreprise de la même force ; c'est vouloir que les pierres ne tombent pas, que l'eau ne descende pas des montagnes dans la plaine, que le feu ne brûle que pour ceux qui sont bien aise de se chauffer, et que le vent, en poussant les navires au port et en faisant tourner les ailes des moulins, n'amène jamais de naufrages et ne renverse jamais ni arbres ni édifices.

L'offre et la demande, mais c'est dans le cœur humain lui-même qu'elles ont leurs racines, et, pour les faire disparaître, il ne faudrait rien moins qu'interdire aux uns de désirer et aux autres de chercher à satisfaire leurs besoins.

On raconte qu'un jour, dans une ville assiégée, un porteur d'eau, tenant de chaque côté son seau rempli, s'en allait à travers les rues en criant : « A six sous la voie d'eau ! » Un obus, moins meurtrier qu'il n'aurait pu l'être, arrive et bouscule sans l'atteindre l'un de ses seaux. Notre homme, sans se laisser troubler, continue à crier sa marchandise ; mais, immédiatement, il en change le prix ; il disait tout à l'heure : à six sous la voie. Il dit maintenant : « A douze sous le seau d'eau ! » Il n'a plus à offrir que la moitié de ce qu'il offrait tout à l'heure ; il en demande le double. Aucun professeur d'économie politique ne lui avait fait la leçon ; aucun capitaliste cupide ne lui avait suggéré de mettre à sec le gosier altéré de ses concitoyens. Le plus simple bon sens avait suffi pour lui faire comprendre que plus une marchandise utile ou nécessaire devient rare, plus elle devient précieuse ; plus, par conséquent, ceux qui la recherchent se la disputeront et en élèveront le prix.

LE PARAPLUIE DE M. CUNIN-GRIDAINE

J'ai conté jadis cette histoire dans une conférence sur la liberté du travail et les traités de commerce. Mais cette conférence n'a pu être entendue ou lue tout au plus que d'un nombre restreint de personnes, et, de celles qui l'ont lue ou entendue, combien y en a-t-il qui en aient gardé le souvenir? Il n'est peut-être pas inutile de la conter de nouveau. Quoiqu'elle soit bien ancienne (elle remonte au règne de Louis-Philippe), elle est encore, on le verra, malheureusement trop de circonstance.

C'était dans un salon d'hôtel, dans une de nos principales villes d'eaux, à Vichy. Un certain nombre de personnes, qui ne se connaissaient pas toutes, s'y trouvaient réunies. La conversation, comme il arrive en pareil cas, ne roulait guère que sur des généralités, pour ne pas dire des banalités, et rien n'était venu donner lieu à aucune manifestation un peu vive d'opinion personnelle.

Au bout de quelque temps, deux de ces personnes, la mère et la fille, habitant un autre hôtel, se lèvent pour se retirer. A ce moment le ciel s'assombrissait et un orage menaçant semblait sur le point d'éclater.

— Ces dames ne peuvent partir ainsi sans parapluie, dit un homme d'un âge mûr et d'extérieur bienveillant. Qu'elles me permettent de leur offrir le mien. Et, joignant l'acte à la parole, il sort aussitôt pour aller chercher cet ustensile protecteur.

— Qui est ce monsieur si prévenant et si bien élevé? dit alors la plus âgée des deux dames.

— C'est M. Cunin-Gridaine, lui répond-on.

— M. Cunin-Gridaine! s'écrie-t-elle aussitôt d'un ton indigné. Le ministre de Louis-Philippe! Sortons, ma fille, sortons vite. Plutôt être trempées jusqu'aux os que d'accepter un service d'un membre du gouvernement de l'usurpateur!

Et, ouvrant la porte avec impétuosité, elle passe majestueusement devant M. Cunin-Gridaine et son parapluie, qui arrivaient l'un portant l'autre.

Vous me demanderez à quoi rime mon anecdote et où je veux en venir en la racontant de nouveau. Tout simplement à montrer combien il est ridicule de faire intervenir la prévention sous forme de sympathie ou d'antipathie politique ou religieuse, dans les questions où elle n'a rien à voir. Les parapluies n'ont pas d'opinion, que je sache, et la fidélité légitimiste de la dame, à qui était offert celui de M. Cunin-Gridaine, n'aurait été nullement altérée par l'usage qu'elle en aurait pu faire pendant quelques instants.

Mais combien de fois n'agissons-nous pas de même, et, au lieu d'apprécier les choses en elles-mêmes, ne les jugeons-nous pas d'après la main qui nous les offre, que dis-je, d'après les sentiments qu'à tort ou à raison nous prêtons aux gens ?

On a commencé (c'est à cette occasion que j'avais d'abord conté mon histoire) par condamner les réformes économiques de 1860, parce qu'elles étaient dues au gouvernement impérial. On aurait mieux fait de se demander si elles avaient ou non été profitables au pays, et les républicains, à qui cette raison suffisait, n'étaient pas plus sages que les bonapartistes qui admiraient l'expédition du Mexique, parce que le souverain l'avait présentée comme la plus grande pensée de son règne. Avec de pareilles habitudes d'esprit, il suffirait de mettre sur un flacon empoisonné une étiquette avantageuse pour le faire avaler de confiance au public, et de baptiser poison le plus précieux des élixirs pour le faire rejeter avec horreur, peut-être même pour faire lapider ceux qui le présenteraient.

J'ai tort d'employer le conditionnel, car c'est hélas! ce qui se passe tous les jours. Et voilà pourquoi Jacques Bonhomme, qui a faim et qui serait bien aise de pouvoir mieux manger, envoie au Parlement tant de docteurs Sangrado qui rivalisent de zèle pour le mettre à la diète et ferment l'oreille avec obstination aux braves gens qui ont eu l'audace de lui dire que l'abondance vaut mieux que la disette et que le bon marché est préférable à la cherté.

L'ÉCONOMIE DE L'EFFORT

L'homme est un animal paresseux; il cherche toujours à éviter la peine. Or il n'a qu'un moyen d'y parvenir : c'est de s'en donner; mais avec plus d'intelligence et de prévoyance. Il prend la peine de semer et de labourer pour avoir moins de peine à trouver sa subsistance. Il prend la peine de se fabriquer un abri pour éviter la peine d'en chercher un au hasard et de n'en point trouver. Il prend la peine d'asservir et d'apprivoiser les animaux et de se façonner des chariots et des voitures pour avoir moins de peine à transporter les objets et à se transporter lui-même. Il prend la peine de combiner et d'exécuter des appareils coûteux et compliqués, de construire des ateliers, de monter des métiers, de mettre en mouvement des machines, de couper des montagnes et des isthmes pour s'épargner la peine de gravir les pentes ou de transborder les marchandises. Et partout le résultat est identique : au prix d'un effort par lui-même improductif, diminuer la proportion de l'effort productif et en augmenter le

SOPHISMES ET TRUISMES

résultat, donner pour avoir, faire davantage pour avoir moins à faire.

Ce sont là des réflexions banales et que je fais tous les jours depuis longtemps. C'est le fond de mes conférences sur les machines et le résumé de tout l'enseignement économique ; c'est la formule du progrès pour tout être raisonnable, et, par conséquent, c'est ce que combattent ces idolâtres de la privation, de la souffrance et de l'effort, ces ennemis de toute amélioration de la condition humaine, qui s'appellent des protecteurs du travail national et qui ne sont que les adorateurs de la routine et les conservateurs de la misère et de l'ignorance.

J'étais une fois de plus frappé de ces choses en parcourant, dernièrement, l'Exposition de Liége. Et ce n'était pas seulement les grands et puissants engins de la machinerie des chemins de fer et des ateliers qui m'en donnaient la démonstration, ces gigantesques arbres de couche, ces roues formidables, ces irrésistibles laminoirs, ou ces ponts roulants qui transportent sans bruit et sans péril, au-dessus des têtes, des locomotives ou des canons. Ce n'était pas cette électricité qui, substituée partout et de plus en plus à la force de la vapeur ou à celle des animaux, des cours d'eau ou du vent, accomplit silencieusement les plus rudes besognes. C'était une petite machine d'où, moi qui ne fume pas, je voyais avec admiration s'échapper, je pourrais dire s'écouler, un flot continu de cigarettes qui, mises immédiatement en paquets, se vendaient, s'enlevaient au prix presque insignifiant de trente centimes les vingt-cinq. Découpage et gommage du papier, dépôt sur la petite feuille de l'exacte quantité de tabac nécessaire pour chaque cigarette, enroulement de ce tabac dans la feuille, immédiatement collée, formation enfin des paquets : tout sans exception s'accomplit automatiquement, en dehors d'aucune intervention de la main humaine.

N'est-ce pas, en petit, l'idéal : la suppression de plus en plus complète du travail musculaire, remplacé par l'action indirecte des forces naturelles obéissant à la direction qui leur est donnée par l'intelligence? C'est non seulement l'allégement, mais on pourrait dire la spiritualisation du travail. Et c'est cela que, toutes les fois qu'ils le peuvent, et par tous les détours que leur suggère une diabolique ingéniosité, les prétendus protecteurs du travail ne se lassent pas d'anathématiser et de contrarier.

Protecteurs du travail? Oui, du travail inutile ou défectueux, du travail improductif, du travail pénal et, comme le disait Michel Chevalier, « pénitentiaire » : ennemis, ennemis acharnés du travail fécond; conservateurs de l'effort qui écrase et adversaires de l'effort qui soulage et qui récompense.

Nationale ou non, cette doctrine-là est une doctrine insensée et impie; c'est une doctrine de servitude et de famine. Et tu es assez naïf, mon pauvre Jacques Bonhomme, cent vingt ans après la Révolution de 1789 et la proclamation des Droits de l'homme, pour t'en laisser imposer le joug humiliant et renoncer au premier de tous les droits, celui de faire de ton temps et de ton travail, ou de leurs produits, ce qu'il te convient !

« Quand le travail n'est pas libre; quand la vente et l'achat ne sont pas libres, disait le grand démocrate John Bright, l'homme n'est pas libre. » — « La première des libertés, disait de son côté Lamartine, c'est la liberté des dix doigts de la main. »

LA CUISINE OFFICIELLE

On dit souvent que l'histoire ne se refait pas. Elle se refait tous les jours, hélas ! et tous les jours on retombe dans les fautes déjà commises, au risque d'en être puni par les mêmes souffrances, ce qui semble indiquer que, même à l'école de l'expérience, à cette école où les leçons coûtent cher, les leçons ne profitent guère.

Il y a quelques années, à Berlin, un des membres du Parlement allemand, M. Kanitz, demandait au gouvernement de se réserver le monopole du commerce des grains, afin d'en fixer le prix comme il lui aurait convenu, c'est-à-dire comme il aurait convenu aux grands propriétaires fonciers qui forment, en Prusse, le puissant et insatiable parti des agrariens.

A Paris, un peu plus tôt, un député, M. Jaurès, faisait une proposition analogue et exposait un plan d'organisation générale de l'alimentation publique qui aurait fait de l'État le seul acheteur, le seul vendeur des grains et farines et le père nourricier de toute la grande famille française. Le but était peut-être différent. Ce n'était pas, sans doute, pour faire la fortune des grands propriétaires fonciers, dont il prêche tous les jours la dépossession, que le plus brillant des orateurs de l'expropriation générale entendait faire de l'État le régulateur universel des prix.

Coïncidence originale et à laquelle sans doute ni M. Kanitz ni M. Jaurès n'avaient songé : Napoléon, vers 1811, si je ne me trompe, avait eu la même idée, et, dans des procès-verbaux qui n'ont pas tous péri en 1871, on peut retrouver l'exposé d'un plan complet d'achat et de vente par l'État ou par la Ville de Paris.

Napoléon lui-même avait été devancé par la Convention, qui l'avait été par plus d'un des anciens rois de France, grands amateurs de monopoles et de maximums, par Philippe le Bel notamment. On sait que, dans la crainte de voir la disette s'abattre sur la population de Paris, et pour soustraire cette population, que le gouvernement, suivant elle, avait mission de nourrir, à l'exploitation des accapareurs et des affameurs, la Convention avait nommé une commission des subsistances chargée de pourvoir aux approvisionnements et de faire, avec les deniers publics, les achats nécessaires.

Les peines les plus rigoureuses, la mort notamment, qui pouvaient être encourues pour quelques mesures de blé ou quelques douzaines d'œufs gardés dans une famille, avaient été édictées contre tous ceux qui se permettraient de conserver chez eux des denrées alimentaires, et devaient, dans la pensée du législateur, assurer à la commission des subsistances toute facilité pour accomplir sa tâche.

Cette commission des subsistances fonctionna pendant quatorze mois. Elle perdit, sur l'ensemble de ses opérations, 1.400 millions, 100 millions par mois en moyenne ; et, à ce prix, elle nourrit si bien, c'est-à-dire si mal, la population parisienne, qu'elle se vit réduite à la mettre à la ration comme en temps de siège, puis à la demi-ration ; finalement même, en désespoir de cause, son orateur, l'avocat de toutes les mauvaises thèses, Barrère, vint un jour confesser piteusement, bien qu'emphatiquement, l'impuissance de ses collègues, et, pour ressource extrême, il proposa à la Convention de décréter un jeûne national et un carême civique.

J'engage ceux qui croiraient que je charge le tableau à recourir aux comptes rendus de l'époque, ou, s'ils ne veulent pas aller chercher si loin, à lire le charmant volume qu'a publié jadis M. de Molinari, sous le titre de *Conversations familières sur le commerce des grains*. Ils y trouveront, je le leur promets, beaucoup d'agrément, beaucoup de profit aussi, et ils apprendront bien des choses que ne savaient ni la Convention, ni Napoléon, malgré les bons avis de Roland et du comte Mollien, et que ne savent ni M. Kanitz, ni M. Jaurès, ni M. Méline, lesquels, Dieu merci ! étant encore en vie et en âge de s'instruire, les apprendront peut-être un jour, comme je le leur souhaite pour leur bien et pour le bien de leurs concitoyens.

Pour les y aider, qu'il me soit permis de faire un

autre appel à l'expérience et de rappeler qu'il y a aux vaines tentatives du monopole légal et de la dictature commerciale une contre-partie ; ce sont les heureux résultats de l'abstention gouvernementale et les infaillibles succès du commerce libre, faisant à ses risques et périls et sans engager la responsabilité des pouvoirs publics, ce que jamais ceux-ci, en engageant et en compromettant la leur, n'ont pu et ne pourront parvenir à faire. Mais je réserve cette démonstration pour une autre fois.

L'AIGUILLE DU PROGRÈS

O doux Jésus, s'écriait Paul-Louis-Courier, préservez-nous du malin et de la métaphore ! Que dirait-il, s'il vivait de nos jours, et s'il pouvait voir par combien de formules creuses et de figures qui ne représentent rien, on a pris l'habitude de remplacer les idées et les choses.

Nous avions déjà le pendule de la civilisation, condamné, suivant un ministre de l'empire, à osciller éternellement de l'autorité à la liberté et de la liberté à l'autorité. Bastiat s'en est moqué comme il convenait, ce qui n'empêche pas la métaphore de rester à la mode et de servir à l'occasion à confondre les téméraires qui s'imaginent que le monde doit marcher et se permettent de réclamer quelques progrès. Nous avons maintenant, en sens inverse, l'aiguille du Progrès, que les gouvernements, paraît-il, ont pour mission de faire avancer et dont on reproche constamment à l'État de ne point accélérer la marche. Métaphore encore, métaphore toujours ; illusion, vanité, qui trop souvent fait prendre la proie pour l'ombre !

Faire avancer l'aiguille du progrès, oui, c'est désirable ; je veux dire qu'il est désirable que le progrès, qu'il ait ou non une aiguille, se réalise le plus rapidement et surtout le plus sûrement possible. Mais comment peut-on contribuer à sa réalisation, et ne s'expose-t-on pas, en voulant en précipiter la marche, à la compromettre ?

Avez-vous vu quelquefois un enfant auquel on a promis pour telle heure, s'il était sage jusque-là et si son devoir était fait, une satisfaction dont il est avide ? Il essaye d'abord de s'appliquer à son travail ; mais bientôt, dans son impatience, il s'agite, pense à l'intervalle qui le sépare encore du plaisir qu'il attend, regarde sa montre, s'étonne de la lenteur avec laquelle elle avance et, finissant par se persuader qu'il faut qu'elle soit dérangée, il pousse l'aiguille du doigt, au risque de la briser, comme s'il dépendait de lui de modifier à son gré, en faussant la marche de la machine destinée à le mesurer, l'impassible écoulement du temps.

Si vous l'avez vu, cet enfant, vous en avez ri, très certainement, souri tout au moins. Et, non moins certainement, si vous êtes bon, vous avez pris en pitié sa naïveté, et cherché à lui faire comprendre l'inutilité et le danger de son illusion. Changer l'étiquette d'une chose n'en change point la nature, et dire qu'il fait jour quand il fait nuit, n'a jamais suffi pour faire lever le soleil. Cette illusion cependant, êtes-vous bien sûr que ce ne soit pas quelque peu la vôtre, et que tous les jours, à propos d'affaires plus sérieuses, vous ne soyez pas tout aussi déraisonnables ?

LES YEUX DES AUTRES

Franklin dit quelque part : « Ce sont les yeux des autres qui nous perdent. » Les nôtres, quand ils ne sont pas ou ne sont plus en parfait état, n'ont besoin tout au plus que du secours d'une paire de lunettes, et ce ne sont pas eux qui rendront notre digestion meilleure ou notre vêtement plus chaud. Mais les yeux des autres, c'est différent. Par cela seul que notre voisin ou notre voisine aura jeté un regard dédaigneux sur l'ameublement de notre chambre, sur la coupe ou la couleur de notre habit, sur le menu de notre table, ce qui nous paraissait suffisant ou même excellent hier nous paraîtra défectueux, insuffisant et inacceptable aujourd'hui, et pour la vaine satisfaction de nous faire remarquer, admirer ou envier par des gens que nous ne connaissons guère et considérons moins encore, nous allons changer notre vie, augmenter nos dépenses, nous imposer des obligations gênantes et pénibles et nous condamner peut-être à une véritable servitude : servitude de la mode, servitude du bon ou du mauvais ton, servitude du qu'en dira-t-on et de la vaine apparence.

Oui, Franklin a raison, ce sont bien souvent les yeux des autres qui nous perdent. Mais bien souvent aussi c'est nous qui, par nos façons d'agir et de parler, perdons les yeux, et non seulement les yeux, mais le cœur des autres. Et c'est là, à côté d'autres responsabilités plus apparentes et plus directes, une responsabilité indirecte et vague, mais trop réelle, hélas ! à laquelle nous ne songeons pas assez. Un homme qui, par son travail et son intelligence, s'est créé une belle aisance, une grande fortune même, se dit (et il n'a pas tort) que de cette fortune personne n'a le droit de lui faire honte ou reproche ; qu'il n'en a rien dérobé à personne ; qu'en la gagnant au contraire il a contribué à accroître autour de lui les moyens d'existence, et que ses semblables moins bien partagés, devraient lui savoir gré, au lieu de le jalouser, d'avoir réussi dans ses entreprises et donné à la fois la richesse et l'exemple. « De quel droit criez-vous contre cet homme » ? disait un jour à ses camarades irrités contre un des grands industriels des États-Unis un ouvrier intelligent de la grande République.

« Il s'est construit un palais et il l'a meublé d'objets d'arts, et sa dépense représente cent fois celle de l'un de nous, c'est vrai. Mais que représente sa production ? A combien de milliers d'entre nous son travail n'a-t-il pas fourni du travail et des ressources? C'est lui qui, par son initiative, a ouvert de nouvelles voies au commerce et de nouvelles facilités à l'industrie. C'est grâce à lui que, sans fatigue, sans perte de temps et presque sans dépense, vous pouvez vous transporter d'une extrémité à l'autre du pays, à la recherche d'occupations plus avantageuses ou de connaissances utiles. Loin de vous avoir nui, il vous a servi, et c'est pour vous qu'il a travaillé en travaillant pour soi. »

Rien de plus juste. Et il serait à désirer, dans l'intérêt de ceux de nos concitoyens qui souffrent et se plaignent, que ces vues élevées devinssent davantage les leurs et qu'ils apprissent à comprendre l'inévitable solidarité du bien et du mal qui, par calcul autant que par raison, nous commande de nous respecter et de nous aimer les uns les autres.

Il n'en est pas moins vrai qu'en attendant cette illumination générale des intelligences et des cœurs (et après elle encore peut-être) il y a, et il y aura, dans le contraste du superflu des uns et de l'insuffisant nécessaire des autres, quelque chose qui déconcerte et qui choque ; que le gaspillage des oisifs, que l'étalage de luxe des laborieux eux-mêmes est douloureux pour la pauvreté, pour la médiocrité mécontente de son sort ; et qu'il est difficile que l'envie, la haine, la souffrance tout au moins n'en soient pas excitées dans les âmes ulcérées. On ne songe pas à mal, soit; on se laisse aller au plaisir, que l'on croit innocent, d'éblouir les yeux des autres. On les blesse et on les irrite, et l'on est surpris, après cela, de voir et d'entendre s'élever contre soi les colères et les violences et de ne plus pouvoir jouir en paix du fruit du travail le plus honnête.

Une chanson populaire (que je n'aime pas à entendre parce qu'elle ne peut qu'entretenir ces mauvais sentiments, mais qui est vraie), le dit sous une forme un peu rude ; c'est celle de la *Levrette en paletot*. Sans doute, comme je viens de l'affirmer, chacun a le droit, au point de vue purement légal, de faire ce qu'il veut de son argent comme de son temps, et celui ou celle qui aime les chiens même laids et inutiles, est maître d'en avoir et de les traiter à sa fantaisie. Mais quand une mère de famille, ayant à peine ou n'ayant pas de quoi habiller son nourrisson, voit passer devant elle, couverte d'un vêtement de velours brodé d'or et conduite par un valet galonné, une de ces petites bêtes qui a l'air de se sentir au-dessus des hommes aussi bien que des chiens vulgaires, que voulez-vous qu'elle pense; et comment ne se dirait-elle pas qu'avec le prix de cet inutile et prétentieux paletot on aurait pu habiller chaudement une vingtaine d'enfants comme celui qui grelotte dans ses bras ?

SURPRODUCTION

Surproduction. Voilà un mot dont, tous les jours, on nous rebat les oreilles et avec lequel, quand on l'a prononcé avec une suffisante solennité, ou, si vous l'aimez mieux, avec une solennelle suffisance, on croit avoir donné l'explication de tous les malaises sociaux. On produit trop, et c'est pour cela que l'on n'a pas assez à consommer. Étrange contradiction dans les termes, on en conviendra, et devant laquelle on s'étonne que le plus simple bon sens ne se révolte pas.

La France produit trop ? répondait déjà vers 1840, avec une âpre ironie, Michel Chevalier. Et de quoi est-ce que la France produit trop, s'il vous plaît ? Est-ce du blé ? Mais il me semble qu'il y a encore bien des Français qui ne mangent pas de pain de froment, ou qui n'en mangent pas à leur suffisance. Est-ce de la viande ? Mais, bien que l'usage s'en soit heureusement répandu, combien de gens, s'ils le pouvaient, seraient bien aises de manger plus souvent du bœuf et du mouton, voire de mettre, pour réjouir la mémoire du roi Henri IV, de temps en temps, la poule au pot ! Serait-ce du drap ? Mais tout le monde ne possède pas encore un bon complet d'été et surtout d'hiver, avec un confortable pardessus ou un bon imperméable par les mauvais temps, et il est probable que si ces articles étaient offerts en plus grand nombre et à plus bas prix, ils trouveraient plus aisément preneurs. Qui sait même s'il n'y aurait pas d'amateurs pour les fourrures ? Est-ce du vin ? Un trop grand nombre de nos compatriotes en absorbent plus qu'il ne conviendrait, mais un non moins grand nombre n'en boit pas autant qu'il conviendrait. Et, quoique les vignerons se plaignent souvent de la surabondance de la récolte, on ne les voit pas, habituellement, pour remédier à cette calamité, inviter les passants à venir boire gratis, ou vider leurs tonneaux dans le ruisseau.

Et l'on pourrait poursuivre longuement cette énumération, disait Michel Chevalier ; on pourrait passer en revue successivement les divers objets d'alimentation, de vêtement, de logement, d'ameublement ; on arriverait toujours à la même constatation, à savoir qu'il y a des gens qui en manquent et qui voudraient bien n'en pas manquer ; autrement dit, que la consommation n'est arrêtée que par l'insuffisance de la production. La vérité, concluait-il, c'est que la France ne produit pas assez et que c'est pour cela qu'il y a encore tant de misères. L'abondance des choses, a dit excellemment Bastiat, c'est la richesse des hommes. La pauvreté des hommes, c'est la rareté des choses.

Mais pourtant, répond-on, vous ne pouvez nier

qu'il n'y ait tous les jours, même pour les produits de première nécessité, vêtements, mobilier, aliments, des crises par suite desquelles la vente s'arrête et les magasins restent encombrés. Force est bien de reconnaître que l'offre a dépassé la demande.

Assurément ; mais pourquoi cette différence entre l'offre et la demande ? Est-ce parce que l'offre dépasse le besoin, ou parce que le besoin dépasse les ressources? Est-ce parce que, réellement et absolument parlant, il y a plus de produits que les hommes ne pourraient ou ne voudraient en consommer, ou, parce que, quelque désir qu'ils en puissent avoir, les hommes pris dans leur ensemble, n'ont pas à leur disposition des moyens suffisants de se procurer les produits qu'ils désirent? La réponse ne peut faire doute : fournissez aux consommateurs les moyens d'acheter, et les producteurs ne seront pas embarrassés de vendre.

En d'autres termes, *absolument parlant* (je reprends le mot à dessein), il ne peut pas y avoir excès de production. Il n'y en aurait, du moins, que le jour où l'on pourrait établir que personne sur la surface du pays, sur celle du globe même, n'est plus réduit à se priver, et que jamais, devant aucune boutique, aucun magasin ou aucune usine, un estomac affamé ou des membres grelottants n'ont fait éprouver à leur malheureux possesseur un sentiment impossible à satisfaire de convoitise et d'envie.

Ce qui est vrai, trop vrai hélas ! c'est qu'il peut y

avoir, pour certains produits, à certains moments, un excès *relatif* de production; disons mieux : une insuffisance de consommation. C'est un défaut d'équilibre et ce défaut d'équilibre provient, non pas de ce qu'il y a trop de produits qui ne se vendent pas, mais de ce qu'il n'y a pas assez des produits avec lesquels on pourrait les acheter. Tout produit, dit parfaitement M. Edmond Villey, est un débouché, ouvert à un autre produit. Mais ce débouché l'autre produit n'en peut profiter que s'il existe, et dans la mesure dans laquelle il existe. Les limites du marché sont celles de la vente.

Donc, si l'on paraît avoir produit trop d'un côté, si, étant donné l'état général du marché, soit national soit universel, l'offre dépasse la demande, c'est que l'on n'a pas assez produit d'un autre côté, et que la demande n'a pas marché du même pas que l'offre. C'est cette corrélation nécessaire entre la production et la consommation, entre la demande et l'offre, qu'exprimait, sous une forme pittoresque, un grand industriel qui s'est fait connaître par son ardeur à s'occuper des questions économiques, M. Ménier. Lorsqu'il était sollicité de s'intéresser à quelque procédé nouveau de fabrication, il répondait volontiers en souriant : « Je vois bien la machine à fabriquer, mais je ne vois pas la machine à vendre. Montrez-moi comment s'écouleront les produits, et vous me trouverez toujours prêt à vous aider à les faire arriver sur le marché. »

Beaucoup de causes peuvent contribuer à ce

regrettable défaut d'équilibre. Beaucoup de causes, en paralysant l'activité productrice d'une partie des branches de l'industrie humaine ou en excitant artificiellement l'activité de certaines autres, peuvent amener soit une pénurie générale, soit une perturbation fâcheuse dans le rapport entre la production et la consommation. Si, par exemple, ainsi qu'il arrive dans la plupart des pays, même les plus avancés, la loi, sous prétexte de favoriser le travail national, fait à certaines branches d'industrie une situation privilégiée, et si, en même temps, parfois du même coup, elle fait à d'autres branches de l'industrie nationale une situation artificiellement défavorable ; si, d'un autre côté, pour développer outre mesure les armements, les monuments publics de pur luxe, les chemins de fer improductifs ou d'autres dépenses appauvrissantes, l'impôt prélève sur la fortune des citoyens une part excessive de leurs ressources, et détourne à plaisir les bras du travail qui enrichit pour les porter vers le travail qui appauvrit, il est fatal que les industries ainsi surexcitées, ne trouvant plus en face d'elles qu'une clientèle réduite, se plaignent tôt ou tard de ne pouvoir écouler leurs productions. Supprimez les encouragements artificiels qui ont amené l'encombrement des industries privilégiées ; supprimez en même temps l'appauvrissement artificiel qui a amené la gêne de la clientèle, et l'équilibre se rétablira lui-même. Il en est des prix et des marchés comme des liquides : pour qu'ils se nivèlent il faut les laisser à eux-mêmes.

Ces réflexions, si elles sont justes, comme je le crois, répondent à une objection, à une crainte plutôt, qu'expriment souvent, à la pensée de voir réduire les armements militaires, les hommes même les plus pacifiques et les plus désireux de voir rendre à la vie civile et au travail les millions d'hommes aujourd'hui occupés à apprendre l'art de détruire et de massacrer en grand.

Si vous renvoyez dans leur foyers, dit-on, tous ces hommes aujourd'hui occupés au régiment, vous allez grossir d'autant, en détruisant l'armée de la guerre, ce qu'on pourrait appeler l'armée de la paix, l'armée des travailleurs. Tous ces hommes qui, aujourd'hui, consomment sans produire, vont produire demain. Ils feront, en offrant leur travail, concurrence aux ouvriers actuellement occupés, et feront, par suite, baisser leurs salaires ; et ils ajouteront, en produisant, un nouvel excès à l'excès déjà existant de production. Plus on va, et plus, par suite du perfectionnement de l'outillage et des procédés, la production se développe ; plus en même temps, et par la même cause, se réduit le nombre des bras réclamés par cette production. L'armée entretient en même temps qu'elle les occupe une portion de ses bras ; elle les met momentanément dans l'impossibilité de contribuer à la production. Qu'elle cesse de les retenir, et ils vont à la fois grossir la concurrence des bras et celle des produits.

Il y a dans cette argumentation qui, au premier abord, semble spécieuse, une double erreur.

Elle méconnaît la loi fondamentale du progrès. Elle voit dans l'accroissement de la production, la diminution du travail, et, dans le travail, indépendamment de ces résultats, la richesse, ou tout au moins l'un des éléments principaux de la richesse. Le travail, sans aucun doute, est nécessaire ; sans lui la vie humaine serait impossible. Mais pourquoi ? Parce qu'il peut seul mettre à notre disposition les éléments de bien-être, les ressources, les forces de toute nature dont l'emploi nous met à l'abri de la souffrance et de la faim. Et qu'est-ce que le progrès, sinon une meilleure direction de notre travail, et un meilleur emploi de ses résultats, laissant à notre disposition, en retour d'une même somme d'efforts, d'une même dépense de temps et de peine, une plus grande quantité de moyens d'existence; en d'autres termes, une production plus abondante? Augmenter le nombres des hommes qui travaillent et qui produisent, ce n'est donc point diminuer, c'est augmenter le bien-être général, c'est accroître la masse à partager; c'est substituer à des consommateurs improductifs, des consommateurs productifs.

Consommateurs, en effet, en même temps que producteurs; il semble, en vérité, qu'on l'oublie.

Aujourd'hui, ils ne sont que consommateurs. Aujourd'hui, par suite de l'état imparfait et précaire des relations internationales, des milliers et des milliers d'hommes, des millions pour mieux dire, toute la fleur de la population, vivent, sur les différents points du globe, du travail des autres, sans y participer. Ils donnent à ces autres, cela est vrai, étant admise la nécessité de la paix armée, le bien suprême, sans lequel tout, jusqu'au travail, leur ferait défaut : la sécurité. Ce bien, à quelque prix qu'il le faille acheter, force est évidemment de se le procurer. Mais il est le seul que l'armée procure à la société, et c'est à haut prix, en effet, qu'elle le lui procure.

Que les circonstances changent; que, sans témérité, sans imprudence, une partie plus ou moins considérable de ces gardiens de la sécurité publique cessent d'être indispensable; que, rentrés dans la vie privée, cessant d'être entretenus aux frais du public, et contraints à suffire par eux-mêmes à leur existence, ils s'adonnent à des professions diverses; ils continueront à consommer, sans doute. Ils consommeront même, en ce qui les concerne personnellement, beaucoup plus largement. Mais ils fourniront en même temps l'équivalent de leur consommation, ils deviendront, pour toutes ces consommations, acheteurs du travail des autres; et à ces autres, ils offriront en échange les résultats variés de leur travail. Leur production, payant plus largement la production de ceux qui, actuellement, sont seuls à produire, servira de débouché à celle-ci, l'excitera au lieu de la ralentir, et développera d'autant la richesse générale.

En même temps, toutes les industries actuellement appliquées à l'art de détruire, toutes ces industries que l'on peut ranger dans la catégorie des consommations, non seulement stériles, mais dangereuses, se transformeront pour devenir des industries utiles et bienfaisantes ; et à chaque pas dans cette transformation, la masse des biens à partager s'augmentant, la quote-part des partageants s'augmentera d'autant.

On réclame tous les jours du travail pour ceux qui n'en ont pas, ou plutôt un salaire plus avantageux pour ceux qui n'obtiennent qu'un salaire insuffisant. Mais qu'est-ce que c'est que le salaire, et quel est le moyen de l'accroître et de l'améliorer ? C'est le dividende du travail dans l'œuvre pour laquelle il est associé au capital. Accroître ce dividende, augmenter le rendement de l'unité humaine, mieux employer les forces de la nature et les nôtres, jeter sur le marché plus d'aliments, plus de vêtements, plus d'outils, plus de maisons, plus d'usines, et appliquer à tout cela plus de science, plus d'intelligence et plus de sagesse, c'est accroître en même temps et le travail et le résultat du travail ; c'est élever le salaire. C'est même le seul moyen d'élever le salaire qui ne soit pas tout à fait inique et éphémère.

Plus de bras pour produire, plus de bouche pour consommer, doub! bienfait dont l'humanité ne tarderait pas à ressenú les heureuses conséquences. Que les hommes de bien, amis de la justice et de la paix, qui voudraient voir le fer des épées et des lances transformé en socs de charrues pour labourer et en faux pour moissonner, mais que préoccupent le sort des soldats renvoyés à l'atelier et le sort des ouvriers parmi lesquels ils viendraient prendre rang, se rassurent: il n'y aurait dommage ni pour les uns ni pour les autres. La paix est mère de l'abondance; et plus il y a d'abeilles laborieuses dans la ruche, plus la ruche est bien pourvue.

A QUI LA FAUTE ?

J'ai parlé ailleurs d'Arlès Dufour, et j'ai essayé de tirer de sa devise : *Rien sans peine*, et surtout de sa vie, une leçon à l'adresse de ceux qui ne savent que se plaindre de leur sort, sans rien savoir faire pour l'améliorer.

Je voudrais tirer de ses actes et de ses paroles une autre leçon à l'adresse de ceux qui, trouvant tout bien dans la société parce que leur place n'y est pas mauvaise, n'ont pour ceux qui souffrent et se plaignent qu'indifférence et dédain, et ne savent ou ne veulent rien faire pour atténuer leurs souffrances, pour apaiser leurs ressentiments ou pour dissiper leurs erreurs.

C'était en 1870, le 9 janvier, si je ne me trompe. Une imposante manifestation en faveur de la liberté commerciale était préparée au Grand-Théâtre de Lyon. De toutes parts les représentants des diverses industries de la région, chambres de commerce délégations, etc., étaient accourus. Trois mille personnes, pour le moins, se pressaient dans la salle, ouverte toute grande, afin de bien affirmer la sincérité de la réunion, au public lyonnais.

J'étais l'un des orateurs à qui l'on avait fait l'honneur de les prendre pour porte-paroles. J'avais, en cette qualité, avec la sympathie la moins équivoque de l'assistance, commencé l'exposé que j'avais à faire des bienfaits de la liberté et des inconvénients de la restriction, spécialement en ce qui concerne les salaires, et rien ne faisait prévoir le moindre incident. Tout à coup, sur un signal donné par un individu placé en face de la scène et répété par deux autres sur les côtés, un tumulte indescriptible éclate. Cent cinquante gosiers à la fois, avec le même entrain, font entendre des hurlements sauvages. La salle entière, eux exceptés, proteste. Arlès Dufour, qui présidait, fait voter par trois mille mains la continuation de la séance. Moi-même, autant qu'il est permis à des poumons humains de tenir bon, je tiens tête à l'orage, et je parviens à faire constater tout au moins que ce n'est ni à mes idées ni à ma personne que l'on en a et qu'il n'y a pas, parmi les perturbateurs, un seul protectionniste avoué.

Mais il y a un plan concerté, et un mot d'ordre ; celui de troubler une réunion bourgeoise et de s'emparer, pour y tenir gratis une réunion plus ou moins révolutionnaire, d'une salle louée par les bourgeois.

Après une résistance opiniâtre, voyant qu'il est impossible de dominer le tumulte (je n'en ai vu de pareils qu'à la Chambre des députés) et craignant que des cris l'on ne passe aux coups, Arlès Dufour se décide à lever la séance, non sans avoir fait baisser le rideau métallique pour déjouer les projets des agitateurs en leur interdisant l'accès de la scène, et il donne le signal de la retraite.

On le suit, en échangeant les propos les plus vifs et en commentant avec animation ce qui vient de se passer. Et déjà l'on allait poser le pied sur la première marche de l'escalier, quand Arlès, effrayé de la colère de ses amis, et redoutant qu'à la sortie elle ne se traduisît en invectives et peut-être en violence, à l'égard de ceux qui avaient troublé la fête, les arrête, d'un geste, et redressant sa haute taille et secouant sa tête puissante et sa belle couronne de cheveux blancs : « Un instant, messieurs, leur dit-il, avant de descendre dans la rue, frappons-nous la poitrine. C'est nous qui sommes les coupables ! »

Et comme on paraissait surpris de cette apostrophe : « Oui, messieurs, continua-t-il, nous sommes les riches, les influents, les éclairés ou ceux qui se croient tels. Qu'avons-nous fait pour éclairer ces gens-là ? Quand sommes-nous allés à eux pour leur porter l'apaisement avec la lumière ? Quand sommes-nous descendus dans leurs demeures pour leur tendre la main et leur montrer que nous ne tenons pas la fraternité humaine pour un vain mot ? Nous les avons laissés dans leurs tanières comme des bêtes féroces, avec leurs douleurs, leurs ignorances, leurs passions. Aujourd'hui ils en sortent, et c'est pour nous dévorer. C'est notre châtiment ! »

Toutes les têtes retombèrent sur les poitrines et toutes les bouches se turent. Arlès attendit un moment et de nouveau étendant la main :

« Maintenant, messieurs, dit-il, nous pouvons sortir. »

C'était bien le saint-simonien qui venait de parler. C'était bien le disciple de celui qui avait dit : « Un jour viendra où, quand un crime sera commis, le représentant de la société descendra dans la cellule du criminel pour s'excuser et lui demander de quelle faute la société a été coupable pour qu'il ait été amené où il en est venu. »

Qu'il y ait de l'exagération dans ce langage, cela n'est pas douteux. Mais qu'il y ait du vrai dans le sentiment qui l'a inspiré, cela n'est pas niable non plus.

Nous ne pensons pas assez aux autres. Nous ne pensons pas assez à la répercussion de nos actes, de nos paroles, ou des leurs ; ou, quand nous y pensons, nous ne songeons qu'à blâmer, à réprimer et à punir. Il faut prévenir, et surtout il ne faut pas fournir de prétextes ou d'aliments au crime ou à l'erreur.

Vous, gouvernement, vous laissez pendant des années et sur tous les coins du territoire, non seulement prêcher les idées les plus fausses et les plus subversives, mais provoquer ouvertement et directement au meurtre, au pillage, à l'incendie. Vous laissez mettre à l'index, assommer, dynamiter d'honnêtes gens qui n'ont d'autre tort que de vouloir travailler quand d'autres ne veulent pas. Et vous vous étonnez quand, le cerveau enflammé par ces belles prédications, des fous ou des coquins font sauter les édifices publics, jettent des bombes au milieu de gens inoffensifs, ou égorgent sous les regards de la foule qui les acclame le plus honnête et le meilleur des hommes ! En vérité, à qui la faute ?

Vous, bourgeois et autres qui ne demandez qu'à vivre en paix sans faire tort à personne, qui même êtes pleins de bienveillance, de générosité parfois pour vos semblables, vous laissez s'étaler autour de vous sans protester les doctrines les plus fausses et les plus dangereuses ; ou, si vous protestez, c'est pour demander qu'on vous débarrasse de ces trouble-fêtes et qu'on les envoie à Cayenne, à la Nouvelle ou à l'échafaud. Mais vous ne faites pas un mouvement pour enrayer le progrès de leur propagande. Vous ne donnez pas, comme ils le font en sens inverse, votre obole pour encourager ou subventionner de bonnes publications, développer une bonne presse, substituer, à l'enseignement malsain des comptes rendus de tribunaux, de courses ou de scandales privés, une littérature attrayante et saine. Vous faites pis, vous vous complaisez à toutes les exhibitions, à tous les récits, à tous les romans par lesquels le vice et le crime sont mis chaque jour sous les yeux de tous, comme l'objet principal de la curiosité de l'esprit humain. Vous vous en imprégnez à votre insu, et vous en imprégnez les autres. Vous en faites ou en laissez faire une atmosphère empoisonnée. Et vous vous étonnez que le poison s'infiltre dans les âmes et que, de la tête, il passe dans le bras ! Vous semez la corruption, vous récoltez le désordre. *A qui la faute ?*

LA PROIE POUR L'OMBRE

C'est une chose étrange que l'acharnement avec lequel les hommes (qui tous, individuellement, poursuivent l'abondance et recherchent le bon marché) s'obstinent, comme collectivité, à faire, et à faire faire par les pouvoirs publics, quand ils le peuvent, la rareté et la cherté.

C'est à cette double malfaisance que s'appliquent en particulier ceux qui ont pris les noms de *protectionnistes* et de *bimétallistes*. Noms bien menteurs, car ces prétendus amis du travail national sont ses pires ennemis, et tous leurs efforts ne tendent qu'à l'opprimer. Et ces pourfendeurs du monométallisme ignorent qu'il n'y a jamais eu de véritables monométallistes, c'est-à-dire d'hommes aspirant à n'admettre dans la circulation qu'un seul métal, et que ce sont eux qui, en prétendant maintenir dans un rapport invariable, deux marchandises incessamment variables, font fuir la bonne monnaie devant la mauvaise, et se condamnent au régime spirituellement qualifié par M. Léon Say d'*étalon alternatif :* donnant toujours, par une inévitable conséquence de leur mépris des lois naturelles, la préférence au métal déprécié.

Je ne veux pas revenir ici sur la question monétaire. Je ne veux pas non plus reprendre dans toute son ampleur — je devrais dire plutôt dans toute sa simplicité — la question de la liberté commerciale et de la protection. Je voudrais simplement rappeler l'attention sur un point qui me paraît être le centre commun des diverses erreurs qui poussent les théoriciens de l'arbitraire à solliciter à toute heure l'intervention du gouvernement pour le règlement des prix et la circulation des marchandises.

De quoi se plaignent-ils sans cesse, et que demandent-ils ? Ils déplorent ce qu'ils appellent l'avilissement des prix ; et les mesures qu'ils réclament, qu'elles visent les douanes, ou qu'elles visent la monnaie, n'ont d'autre but que de relever ces prix. Ils s'imaginent que faire payer plus cher, fût-ce nominalement, et avec de la monnaie dépréciée, les produits fabriqués et les objets de consommation, c'est enrichir la nation, et, par conséquent, améliorer la condition générale.

C'est précisément l'inverse de la vérité. Et c'est aller à l'encontre de ce que chacun de nous, obéissant à son intérêt personnel bien entendu, s'efforce à toute heure de réaliser.

La monnaie, sans doute, comme instrument des échanges, fait partie de la richesse publique ; et chacun de nous, par rapport à ses semblables, évalue en monnaie sa richesse. Toutes choses égales, d'ailleurs, et les métaux précieux conservant la même valeur, en avoir plus est meilleur que d'en avoir moins ; c'est posséder une puissance d'achat supérieure. Mais cet avantage disparaît, il se tourne même en désavantage, si, en même temps que la quantité augmente, la qualité, c'est-à-dire la valeur diminue.

Et c'est ce qui arrive fatalement si, par l'effet de mesures artificielles, par la diminution des quantités offertes, ou par des entraves et des charges mises à la circulation des produits, ceux-ci viennent à augmenter de valeur. Si, pour le même nombre de grammes d'or ou d'argent, je ne puis avoir que la moitié du blé, du fer ou du vin que j'avais précédemment, que m'importe que l'on ait mis à ma disposition, en espèces honnêtes, ou en espèces déshonnêtes, en assignats de papier, ou en assignats d'argent, une somme double ? Ce n'est pas le prix des choses qui fait la richesse. Autrement, une ville assiégée, dans laquelle tout monte à des prix de famine, serait plus riche qu'une ville ouverte. Et le porteur d'eau qui, voyant un obus renverser un de ses seaux, crie à douze sous la moitié de ce qu'il venait de crier à six, pourrait dire que cet obus bienfaisant vient d'augmenter dans de notables proportions la richesse de ses concitoyens.

Ce qui fait la richesse, la richesse vraie, c'est la multiplication des produits et la facilité à se les procurer. C'est la baisse, par conséquent, et non la hausse, qui est l'indice et la mesure du progrès. Avoir plus de choses en échange du même effort; donner moins de son temps, de sa peine, de son intelligence, de sa vie pour obtenir autant ou plus de satisfaction : voilà le but.

L'homme, a dit Turgot, fait avec la nature un premier commerce, avant d'en faire un second avec ses semblables; et, dans ce commerce avec la nature, comme plus tard dans le commerce avec ses semblables, ce à quoi il vise, c'est à donner peu et à recevoir beaucoup.

Que je cultive moi-même la terre, ou que j'achète au cultivateur le blé, les fruits ou les légumes, mon intérêt est le même : il est de tirer, ou de voir tirer, de la terre, pour la même sueur et pour le même nombre de journées, plus de blé, plus de fruits, ou plus de légumes.

Vous avez peur du bon marché, aveugles que vous êtes ! Mais si vous aviez en mains la lampe d'Aladin, ou la clef de l'introuvable pays de Cocagne, vous seriez infiniment riches, puisque rien ne vous manquerait et que vous n'auriez qu'à désirer pour avoir. Vous auriez atteint cependant la limite extrême de la baisse, puisque les choses, ne coûtant plus rien, n'auraient plus aucune valeur. Chaque pas fait dans la voie de l'abondance et du bon marché, est un pas fait dans la voie de la richesse réelle : un enrichissement. Chaque retour (accidentel ou voulu, artificiel ou naturel, produit des intempéries, des incendies, des violences des hommes ou de celles des lois) vers la rareté et la cherté est un appauvrissement par l'amoindrissement d'une valeur bien autre que celle des choses : la valeur de l'homme.

Tout se paie, en fin de compte, avec du temps et de la peine, c'est-à-dire avec de la vie humaine. C'est là la valeur par excellence, la monnaie suprême, celle dont toutes les autres ne sont que d'imparfaites représentations. C'est celle-là qu'il s'agit de faire hausser, en faisant baisser toutes les autres : baisse de la valeur des choses, hausse de la valeur de l'homme.

Et l'on pourrait résumer toute la science de la richesse et du travail, qui la procure, dans cette formule, qui condamne à la fois les prétentions meurtrières des protectionnistes et les prétentions folles des bimétallistes : « La richesse est en raison directe de l'abondance des choses et en raison inverse de leur valeur. »

DOUANE

Dans un des articles dont il enrichissait, tour à tour, l'*Économiste belge* et le *Journal de Genève*, Charles Clavel raconte comment, à son premier voyage en Belgique, il fut accueilli par l'hospitalière administration de ce pays.

« A peine », dit-il, « avais-je posé le pied au delà de la frontière, qu'un représentant officiel de l'autorité, en grande tenue, me fit l'honneur de venir me saluer en s'informant de mes nom, prénoms, âge, lieu de naissance, domicile, profession, et en me priant de vouloir bien justifier, par l'exhibition de pièces certaines et authentiques, de l'exactitude de mes déclarations, ainsi que des motifs qui m'appelaient sur le sol libéral de la Belgique. En même temps, un autre représentant de la même autorité souveraine, revêtu d'un costume différent, mais non moins officiel, s'enquérait avec sollicitude de l'état de mes bagages, et prenait la peine de visiter soigneusement le contenu de ma malle et jusqu'à celui du modeste sac de voyage que je portais en bandoulière. Je crois même qu'il poussa l'attention jusqu'à tâter mes poches, pour s'assurer sans doute que je n'avais point oublié mon mouchoir, ou que mon portefeuille ne m'avait pas été dérobé en route.

» Je ne saurais dire, ajoutait Charles Clavel, à quel point je fus touché de toutes ces prévenances, qui, évidemment, ne pouvaient avoir d'autre but que de se mettre en mesure de me rendre plus agréable mon séjour dans le pays, et de vérifier si je m'étais fourni d'un nombre suffisant de chemises, de gilets de flanelle, de bas, de souliers et de vêtements pour la durée de mon séjour probable. »

Il y a un demi-siècle environ que l'aimable publiciste se moquait ainsi agréablement, sur le dos de la Belgique, qui ne le méritait pas plus que les autres nations, de la douane et des passeports. Les choses ont plus ou moins changé, grâce au chemin de fer, pour les passeports ; et, les mesures de rigueur relatives à l'Alsace exceptées, les voyageurs n'ont plus guère, en général, à se préoccuper de présenter patte blanche à leur entrée dans un pays quelconque. Même pour l'Alsace, il faut le reconnaître, les exigences de la police locale n'ont pu se maintenir longtemps dans leur primitive rigueur.

Pour la douane, c'est autre chose, et telle elle était, il y a cinquante ans, telle elle est demeurée. Il est vrai que l'on a, plus que jamais, grâce à M. Méline et à M. de Bismarck, des raisons sérieuses pour visiter avec le plus grand soin tout colis qui, dans un sens ou dans l'autre — la réciproque étant, comme disent les géomètres, également vraie — se présente à la limite de deux pays soi-disant amis. Ne faut-il pas se prémunir contre l'introduction frauduleuse et funeste du blé, de la farine et de leurs *dérivés*; préserver les estomacs nationaux du danger de consommer du gigot ou du jambon d'origine étrangère; mettre les fumeurs à l'abri du tabac ou des cigares non régulièrement estampillés et soustraire le public au danger de bourrer ses poches d'allumettes moins chères et de meilleure qualité ?

Vous plaisantez à votre tour, dira quelque voyageur revenu, sans trop de désagréments, d'un voyage circulaire en Suisse, en Italie, en Hollande ou même en Allemagne. On m'a arrêté à toutes les frontières, c'est vrai. On m'a fait descendre à trois heures du matin sous la pluie ou sous la neige, par le vent ou par la gelée, du wagon où je dormais paisiblement, et l'on a retardé d'une demi-heure ou d'une heure le train rapide qui m'emportait, pour avoir le temps de marquer à la craie, après y avoir plongé plus ou moins profondément les mains, la valise dans laquelle j'avais soigneusement rangé mon linge, ou les trente-deux malles dans lesquelles ma femme et mes filles emportaient les quelques toilettes indispensables pour passer, avec simplicité, quinze jours au bord d'un lac ou au sommet d'une montagne. Mais, après tout, je n'ai eu à me plaindre de personne, et on y a mis tant de bonne grâce, que c'était à se demander si ce n'était pas une pure formalité. Ne faut-il pas que les douaniers fassent au moins semblant d'être utiles à quelque chose, puisqu'il y a des douaniers et qu'on les paie ?

Vous avez raison, ami lecteur, et je me joins bien volontiers à vous, pour me louer de l'aménité habituelle de messieurs les douaniers de tous les pays. Il y a des exceptions, cependant, où il peut y en avoir, et l'on a entendu parler de quelques mésaventures regrettables. C'est quelque chose d'ailleurs, que cette nécessité de descendre, bien ou mal portant, jeune ou vieux, femmes et enfants, parfois (car il y a des gares où l'on ne laisse dans les wagons ni un paletot, ni un parapluie, ni une personne, à plus forte raison) au risque de ne plus retrouver le numéro de sa voiture, ou d'attraper une fluxion de poitrine, pour faire connaissance avec les produits du pays où l'on entre.

Mais passons sur ce qui concerne la personne même des voyageurs et les bagages qui les accompagnent. Passons même, si l'on veut, sur les expéditions commerciales de toutes natures.

Admettons que, pour les premiers, les désagréments et les ennuis soient de minime conséquence, et que, pour les secondes, elles rentrent tout naturellement dans cet ensemble de démarches, de perte de temps et de dépenses que l'on appelle les frais généraux. Il y a, dans l'état actuel des relations journalières des peuples civilisés, une foule de circonstances dans lesquelles on a besoin de faire ou de recevoir, par grande ou par petite vitesse, des colis de diverses natures. Ce sont des livres qu'un savant étranger vous adresse ou vous demande ; ce sont ses vêtements d'hiver ou d'été que, par suite d'un séjour prolongé loin de chez soi, on a besoin de faire venir; c'est, en un mot, un envoi tout personnel, étranger à tout caractère commercial, qu'il s'agit de faire et, peut-être, de faire d'urgence. Savez-vous combien de formalités, de feuilles d'expéditions, de déclarations, de signatures, va entraîner cet acte si simple de la vie courante? Vous allez, si un colis vous a été adressé du dehors, être averti de passer, par exemple, à l'Entrepôt de la Chapelle; où si vous savez vous y prendre et si vous êtes quelque peu des gens avec qui l'on compte, décoré, député ou membre de l'Institut, vous avez la chance en une ou deux stations de trois ou quatre heures, de trouver le bureau auquel vous avez affaire, et d'obtenir la délivrance de la caisse ou du ballot que vous venez chercher. Si c'est vous qui envoyez, on vous demandera, outre la feuille d'expédition bien en règle, une déclaration en triple exemplaire, sur des feuilles spéciales, contenant l'indication des objets expédiés, leur nature, leur valeur et le reste. L'Angleterre elle-même, le pays du libre-échange, ne se fera pas faute de vous imposer, dans certains cas, des formalités à déconcerter la logique d'un protectionniste, et à démonter la patience d'un économiste. On vous fera spécifier, entre autres, à l'aide d'une demi-douzaine ou d'une douzaine de feuilles, si les livres que vous envoyez sont neufs ou vieux, à l'usage personnel du destinataire, ou non; donner leurs titres, le nom de l'auteur et de l'éditeur, la date de l'édition, le prix (pourquoi pas le nombre de pages et la mention des fautes d'impression?) et dire, finalement, si, après avoir servi de l'autre côté du détroit, ces précieux volumes resteront sur la terre étrangère ou reviendront dans leur patrie d'origine. Nous disions, tout à l'heure, que les passeports étaient abolis. Pour les personnes, soit ; mais pour les choses, il me semble qu'en voici d'assez jolis spécimens.

Et nous sommes dans le siècle des Expositions ! Et c'est par une exposition plus grandiose et plus universelle que toutes les autres, que nous avons prétendu clore le xixe siècle et saluer l'ouverture du siècle suivant ! A quoi bon, en vérité, si, après avoir, tous les onze ans, ouvert nos frontières à tous les produits du monde entier, et dressé, devant tous les peuples, la table commune à laquelle, avec un peu de bonne volonté, ils pourraient s'asseoir les uns à côté des autres, nous recommençons éternellement à renvoyer chacun chez soi, avec ce qu'il a à offrir, et nous nous condamnons mutuellement à la portion congrue ? Béranger, dans sa chanson des contrebandiers, disait ironiquement :

> Le bon Dieu fit un fleuve,
> Ils en font un étang.

Le bon Dieu a fait le monde pour être un atelier, un marché et une famille ; nous en avons fait une arène sanglante, où nous nous épuisons à nous nuire, à nous priver, à nous ruiner et à nous dévorer les uns les autres. Et nous nous étonnons de rester pauvres, malgré notre travail; faibles, malgré les merveilles de l'industrie et de la science, et finalement, d'être malheureux et mécontents! Nous ne l'avons pas volé.

LA QUESTION SOCIALE

On cherche tous les jours des procédés pour résoudre la question sociale ; et chacun à son tour propose le sien, sous la forme d'une panacée qui rétablirait instantanément l'équilibre rompu de la santé générale. Autant de remèdes de charlatans qui ne guériraient rien, mais qui pourraient aggraver le mal. Pour la santé du corps social comme pour la santé de nos corps individuels, ce ne sont pas des drogues qu'il faut ; c'est un bon régime, avec de l'air et de l'exercice, c'est-à-dire la liberté, qui permet et commande le jeu naturel des organes. C'est la suppression des erreurs et des abus de régime, des gênes, des entraves, des vexations, des impôts abusifs et trompeurs, de tout ce faux bagage, en un mot, de la réglementation officielle et arbitraire.

On cherche de grandes réformes. Mais il y en a une multitude de petites qu'il serait facile d'accomplir, et que l'on ne fait pas parce que cela paraît de trop peu d'importance. Il y a les mille gênes qui nous entravent dans notre activité, les mille liens qui, comme les fils dont les Lilliputiens avaient garrotté Gulliver, nous paralysent et nous arrêtent. Il y a les taxes de toutes sortes qui, pour donner dix à l'État, ou, ce qui est pis, à tel ou tel privilégié, prennent cent mille à la bourse de tous et à celle de l'État lui-même, en arrêtant à la fois le développement de la production et celui de la consommation. Il y a les abus et les formalités inutiles et les prétendues protections, qui sont des oppressions, comme les garanties assurées aux mineurs et aux incapables, lesquelles tournent presque fatalement contre eux. Il y a la bureaucratie, la paperasserie et le reste.

Si, au lieu d'organiser de nouveaux services publics, qui aboutissent à payer à nos frais des fonctionnaires pour nous mettre des lisières et des bourrelets, on desserrait peu à peu les liens de la tutelle dont on nous entoure; si on supprimait quelques-uns de ces « bureaux de bonnes d'enfants » qui sont chargés de nous conduire, de nous instruire, de nous nourrir et de nous mettre à la ration, on s'apercevrait bien vite qu'il est moins difficile d'améliorer la société qu'on ne se l'imagine, et qu'il n'y a qu'à la laisser marcher toute seule.

Débarrassez le malade imaginaire de ses médecins et de ses médecines, de ses purgations et de ses clystères; débarrassez-le surtout de la préoccupation perpétuelle de sa santé; laissez-le manger et boire à son appétit et se promener au grand air quand il en a envie; et il sera bientôt guéri. La société n'a peut-être, au fond, besoin d'autre remède que d'être débarrassée de ses Diafoirus et de sa crédulité à l'égard de leur prétendue science.

L'ARGENT NE SORT PAS DU PAYS

Edmond About, qui était un homme d'esprit et qui connaissait bien les questions économiques, disait un jour dans un article sur la monnaie : « Pour ne pas savoir ce que c'est que le billon, il faudrait ne pas avoir eu deux sous dans sa poche. »

A ce compte, il suffirait, pour savoir ce que c'est que la monnaie d'or ou d'argent, d'avoir dans sa poche ou d'avoir vu entre les mains d'un autre quelques pièces de métal blanc ou jaune. Et de même pour savoir ce que c'est que la monnaie fiduciaire, d'avoir eu en portefeuille ou regardé à la vitrine d'un changeur quelqu'un de ces papiers à vignettes dont notre grand établissement de crédit fait circuler à travers le pays pour 3 ou 4 milliards.

Il n'en est rien, hélas ! et le mot d'About n'était qu'une boutade. A preuve que son article, plein de bon sens, avait précisément pour but d'apprendre à ses lecteurs ce que c'est que le billon, qui n'est pas toujours de simple cuivre.

Nous savons ce que c'est, matériellement, que de la monnaie ; nous savons comment sont faits les papiers de diverses natures qui font office de monnaie. Nous ne savons pas, la plupart du temps, mais pas du tout, quel est le rôle de cette monnaie ; pourquoi elle remplit son office de marchandise intermédiaire ; à quelle condition elle peut être remplacée par des promesses qui en tiennent provisoirement lieu ; et dans quelle mesure cette richesse métallique, cette monnaie réelle ou fiduciaire, représente la véritable richesse du pays.

Je ne voudrais pas ici essayer d'expliquer tout cela et, sous prétexte de discuter une formule de langage plus ou moins banale, faire une étude sur la monnaie.

Je n'exposerai donc point comment, pour rendre plus facile les échanges de produits ou de services qu'ils sont obligés de faire les uns avec les autres, les hommes ont été amenés à rapporter toutes les valeurs à celle d'une marchandise universelle, adoptée d'un commun accord pour unité.

Je ne dirai point pour quel motif les métaux dits précieux, pourvus par eux-mêmes d'une valeur intrinsèque, faciles à diviser et à réunir sans perte, inaltérables, homogènes, c'est-à-dire toujours semblables à eux-mêmes et pourvus de qualité de poids, de son, de couleur, de malléabilité, de dureté qui permettent de les reconnaître aisément et de les marquer d'empreintes spéciales, ont été partout adoptés comme cette marchandise universelle.

Je me bornerai à combattre, dans l'une de ses formes et de ses expressions, l'erreur qui fait confondre la richesse d'un pays avec la monnaie existant dans ce pays, et le fétichisme — je dirai l'idolâtrie — qui attache à la conservation de cette monnaie à l'intérieur du pays une importance absolument exagérée. Peu de personnes se rendent un compte exact de la quantité de métal existant à l'état monétaire dans un pays donné ou dans l'ensemble des pays. Peu de personnes aussi savent exactement comment, d'un pays à l'autre, se font les payements.

Lorsque, pour faire face aux exigences de la situation, le gouvernement de M. Thiers contracta cet emprunt qui fut tant de fois souscrit, on se rappelle avec quel enthousiasme fut salué le chiffre proclamé de 45 milliards. On s'imaginait, en général, que le public français était prêt à apporter au Trésor 45 milliards en espèces sonnantes. 45 milliards ! mais c'est plus que la totalité de ce qui existait alors de numéraire, or ou argent, sur la surface entière de notre globe.

Pareillement, vers la même époque, lorsque fut versée à l'Allemagne la rançon de 5 milliards, exigée par elle, la plupart des Français voyaient en imagination des fourgons remplis de pièces d'or expédiés de Paris à Berlin, pour acquitter notre dette et permettre la libération de notre territoire. En réalité, une partie, relativement minime, de cette somme, fut soldée en numéraire ; le reste, la très majeure partie, fut payée au moyen de traites, d'effets de commerce sur Berlin, achetés eux-mêmes non contre de l'or ou de l'argent, mais contre d'autres papiers payables à Londres, à Paris ou ailleurs. Et c'est de la même façon, n'en déplaise aux partisans de ce qu'ils appellent *la balance du commerce*, que se soldent de nation à nation et de continent à continent les dettes respectives résultant des importations et des exportations.

« Il y a dans cette salle, disait un jour Laboulaye, à propos des relations de la France avec les États-Unis, un certain nombre de charmantes Américaines qui n'ont pas manqué, au bout de quelques semaines de séjour à Paris, d'aller visiter les princes de la couture et de se pourvoir de quelques toilettes de bon goût et d'un bon prix. Après quoi, ajoutait-il, elles ont prié messieurs leurs maris de vouloir bien, comme c'était leur devoir, payer les notes.

» Et vous avez payé, messieurs, continuait-il, de la meilleure grâce du monde. Mais comment ? Est-ce que vous aviez apporté dans vos bagages des sacs de dollars ou de lingots ? Non. De votre poche vous avez tiré un petit carnet dont vous avez déchiré une feuille. Sur cette feuille vous avez écrit un nom, un chiffre ; vous avez daté et signé, et vous l'avez remis au fournisseur de madame. Et tout a été dit.

» Pourquoi cela ? Parce que planteurs de coton, expéditeurs de grains ou de farines, fabricants de jambons, vous aviez envoyé en Europe, peut-être à Paris, peut-être à Londres ou à Anvers, des ballots de vos marchandises ; que par suite étant créancier sur les places d'Europe, vous aviez un crédit ouvert chez des banquiers européens. Votre coton, votre blé, vos jambons ont payé les toilettes de ces dames ; et les toilettes de ces dames ou les autres articles français achetés par elles ou par d'autres, ont payé vos jambons, votre farine ou votre coton. »

La démonstration est aussi solide que charmante ; c'est ainsi, en effet, que les choses se passent, sinon absolument, toujours, du moins presque toujours. Les soldes par envois matériels d'espèces sont une infime exception.

Mais il en serait autrement qu'il n'y aurait pas toujours lieu de s'en affliger. Il peut y avoir grand avantage à faire sortir de l'argent du pays, comme il peut y avoir grand dommage à en dépenser à l'intérieur. L'argent ne sort pas du pays, dit-on, pour se consoler d'une dépense improductive, d'un gaspillage de produits, de temps ou de services. Non, sans doute. La quantité de numéraire existant à l'intérieur des frontières est restée la même ; mais le capital national a été réduit, puisque des matières premières ont été gâchées et du temps perdu. Supposez pour un milliard de maisons renversées, de moissons détruites, de marchandises incendiées. Il n'y aura pas, peut-être, dix centimes de monnaie de moins sur la surface du territoire ; tout ce qui sera dépensé, demain comme hier, sera dépensé à l'intérieur ; cependant la nation sera appauvrie d'un milliard.

Supposez au contraire (je pousse les choses à l'extrême) qu'un milliard de notre numéraire sorte de France, mais pour assurer à des Français, dans des entreprises fructueuses, l'équivalent d'une valeur de 1.500 millions.

Supposez que, par des achats avantageux, nos compatriotes aient fourni au marché français, en matières premières pour son industrie et en objets de consommation, pour un milliard et demi. Ne serait-ce pas tout bénéfice ? Nation et individus, ce n'est pas pour le garder oisif dans un coin, c'est pour nous en servir en nous en dessaisissant, sauf à le faire revenir en vendant nos produits et nos services, que nous trouvons intérêts à avoir de l'argent. Qu'il aille à droite, qu'il aille à gauche, auprès ou au loin, peu importe : ce qui importe, c'est qu'il soit remplacé par une valeur au moins égale.

Un jour, il y a bien longtemps de cela, c'était vers 1854, la récolte — je l'ai rappelé ailleurs — avait été médiocre ; et, pour arrêter l'excessive élévation des prix, il fallait de toute nécessité acheter du blé à l'étranger. Ce n'était pas du blé anglais (l'Angleterre en achetait encore plus que nous) ; mais c'était à Londres, le grand marché, parce que c'est un marché libre, que se faisait la plus grande partie des achats. Se payaient-ils en argent ? j'en doute fort ; mais beaucoup le croyaient.

Un matin en chemin de fer, un brave bourgeois parcourant son journal et voyant l'arrivage au Havre d'un navire chargé de grains venant d'Angleterre :

— Les gueux d'Anglais, s'écria-t-il avec fureur ; ils nous prennent notre argent !

— Peut-être, lui réplique son voisin. Mais ils

ne nous le prennent pas pour rien ; ils nous donnent du pain en échange ; nous n'avons pas le droit de nous en plaindre.

Quelques années plus tôt, en 1847, un journal, qui se croyait démocratique, avait fait la même remarque. C'était à la Russie cette fois, comme grand fournisseur de blé, qu'il s'en prenait. « Nous envoyons des millions à l'étranger », disait-il. « Il est vrai que l'étranger, en retour, nous envoie du blé. Mais quand ce blé sera mangé, que nous restera-t-il ? »

Et Bastiat lui répondait, en souriant : « Il nous restera de n'être pas morts de faim ; c'est quelque chose. Sans doute, il eût mieux valu pour nous avoir une bonne récolte et garder notre argent ; mais, puisqu'il fallait choisir, ou manquer de pain ou voir diminuer notre numéraire, il fallait bien nous résigner ; heureux encore d'avoir de quoi payer. Bourse vide ou ventre vide : lequel des deux est le pire ? Si nous avions gardé notre argent, que nous serait-il resté ? Des cadavres. »

Que vous en semble, amis lecteurs ? Pour moi, je le répète, ce dont je me préoccupe lorsque je mets la main à la poche, ce n'est pas de savoir où ira mon argent ; qui jamais peut savoir d'ailleurs où ira dans ses pérégrinations sans nombre, cette monnaie faite pour rouler ? Ce qui me préoccupe, c'est de savoir ce que je mets à la place. En ceci, croyez-le bien, les nations sont comme les individus, et pour cause. Qu'elles veillent à ne point faire de sottes dépenses ; et ce sera assez.

LE TEMPS, ÇA NE COMPTE PAS

Si vous aimez la vie, disait Franklin, ne perdez pas le temps, car c'est l'étoffe dont la vie est faite.

On connaît la formule familière des Anglais : « Le temps, c'est de l'argent », *Time is money*.

Le temps c'est de l'argent! Combien de gens en France auraient besoin de s'en convaincre! Combien, à l'inverse du proverbe anglais, professent volontiers que le temps n'a pas de valeur, et, qui pis est, agissent en conséquence!

J'ai parlé, ailleurs, de ces femmes de la campagne qui, pour vendre cinq centimes de plus un demi kilogramme de beurre ou une demi-douzaine d'œufs s'en vont les porter à la ville, au lieu de les livrer au coquetier qui passe. Elles comptent le sou qu'elles reçoivent; elles ne comptent pas le temps qu'elles perdent. Le temps, ça ne compte pas.

D'autres vous diront de ceci ou de cela, d'un objet ou d'un travail, qu'il ne leur coûte rien ; ils n'ont dépensé que leur temps ; ils l'ont fait à temps perdu.

Cette illusion se retrouve bien souvent, là même où l'on devrait en être le mieux préservé, dans des milieux où l'on est accoutumé à tout calculer, à tenir compte des moindres différences. Un grand banquier, un riche industriel, un commerçant qui sait, et qui doit savoir que les francs se composent de centimes, et qu'une demi-heure épargnée pour l'exécution d'un article ou pour l'expédition de la correspondance se traduit en réduction de frais, c'est-à-dire en bénéfices au bout de l'année, aura quelquefois peine à comprendre que la leçon d'un professeur, la parole d'un avocat ou la consultation d'un médecin se paient et se doivent payer à un prix plus ou moins élevé. Qu'ont donné ces gens-là, en effet? Un peu de leur temps, rien de plus. Ils n'en seront pas plus pauvres après qu'avant. Ils n'ont rien livré; tandis qu'eux ils ont livré des choses effectives, des marchandises, des titres, des machines, de l'argent sonnant ou des billets avec lesquels on s'en procure.

Réfléchissons un peu pourtant, et demandons-nous de quoi, à vrai dire, toutes ces choses-là sont faites et avec quoi on se les procure. Avec du temps, tout simplement; avec du temps seulement. Et cela par une raison bien simple : c'est que l'homme n'a à sa disposition que du temps, et que c'est par l'emploi, bon ou mauvais du temps, qu'il tire des choses qui l'entourent plus ou moins bon parti. Ce qui n'exige de lui aucun travail, aucun effort, aucun emploi de son temps, en d'autres termes, n'a pour lui, commercialement parlant, aucune valeur.

L'air respirable est, assurément, le plus précieux

des biens dont nous jouissons; sans lui, la vie nous serait impossible. Mais il vient de lui-même gonfler nos poumons; il n'a point de valeur. Avons-nous besoin qu'on nous l'envoie dans une cloche à plongeur ou au fond d'une mine? Un travail est nécessaire; il faut construire et mettre en mouvement des appareils, autrement dit dépenser du temps. Aussitôt il faut payer pour obtenir le service. C'est le temps que l'on paie.

L'eau est à nos pieds; elle ne vaut pour nous que la peine de se baisser pour la prendre. Nous ne la paierons point; ou nous ne la paierons que l'insignifiant équivalent de cette légère peine. Elle est, à une certaine distance. Pour nous l'amener, il faut aller la chercher avec des vases ou des tonneaux. C'est du temps employé à construire ces appareils, du temps employé à faire la course d'aller et de revenir. L'eau se paiera. Mais est-ce bien elle que l'on paie? Ce sont les heures de travail sans lesquelles elle n'aurait point été mise à notre disposition.

Ainsi de tout. Et voilà pourquoi, sans valeur, lorsqu'elles sont à l'état primitif, vierges de toute atteinte du travail humain, les choses prennent de la valeur aussitôt que la main de l'homme les a touchées, c'est-à-dire aussitôt qu'une parcelle d'existence humaine a été dépensée pour s'en emparer ou pour les modifier. Or, qu'est-ce que l'existence humaine, sinon une succession d'instants dont il ne nous est point possible d'arrêter l'écoulement, mais dont il nous est possible de recueillir et de conserver l'équivalent en les appliquant à une tâche utile ?

Discutez, analysez, disséquez tant que vous voudrez la valeur des services ou des objets, vous ne trouverez jamais, au fond, autre chose que du temps plus ou moins heureusement employé. Étude de l'ingénieur ou du géologue, travail des ouvriers qui ont foré le puits de la mine et, avant eux, des autres ouvriers qui ont fabriqué leurs outils, bâti leurs demeures, façonné leurs vêtements ou préparé leur pain ; travail des mécaniciens qui ont installé la pompe d'épuisement, le ventilateur, les appareils de descente et de remontage, triage, chargement sur voitures, bateaux ou wagons, transports et le reste : du temps, toujours du temps et rien que du temps. Et c'est pour cela que cette pierre noire que nous changeons à volonté en chaleur, en force, en lumière, en électricité a de la valeur et se paye. C'est pour cela aussi qu'elle en a moins ici et plus là, selon qu'ici ou là elle représente plus ou moins de travail, c'est-à-dire de temps.

Ce que je dis de ce morceau de houille, de ce pain de l'industrie, je puis le dire avec non moins de raison, de ce pain du corps, de cette farine, de ce blé, de ce vin, obtenus en échange de la sueur du laboureur, du meunier ou du « geindre ». Je puis le dire de ce verger planté et dirigé par la main de l'homme ; de cette terre épierrée, amendée, cultivée par lui ; de tout, en un mot, ce qui, entre ses mains, a pris valeur. Et M. Victor Modeste avait raison lorsque, dans un de ses premiers livres, il disait, après avoir montré comment d'une surface les hommes ont fait un champ : ce qui s'échange « ce qui est dans le commerce, ce que nous appelons propriété, ce sont des coupons d'existences humaines. Nous avons l'air de payer les choses; nous ne payons, en réalité, que la vie, c'est-à-dire le temps qui y a été incorporé, ou plus exactement, ce qu'il en faudrait donner aujourd'hui dans l'état actuel de l'agriculture, de l'industrie, de la science, pour obtenir ces choses. »

Car, si rien ne se peut obtenir sans peine et sans temps, il est permis, en employant mieux la peine et le temps, d'obtenir davantage en échange d'une moindre fraction d'existence humaine.

Et c'est là ce qui constitue le progrès. La vie (je reprends l'image que j'employais tout à l'heure), c'est une eau qui s'écoule. On ne peut point l'empêcher de s'écouler; mais on peut la recueillir plus ou moins imparfaitement. Avec l'eau recueillie, on fait des réservoirs qui fécondent les terres en les arrosant, qui font mouvoir des roues et travaillent pour le service de l'homme. Avec la vie recueillie, on fait tout cet ensemble de travaux, de recherches, d'études, qui font le patrimoine du genre humain. Nous vivons littéralement sur la réserve des existences antérieures.

L'octogénaire de la fable plante des arbres pour que ses arrière-neveux jouissent de leur ombrage et de leurs fruits : ce sont ses dernières années qu'il recueille à leur intention. Et lorsque plus tard, les arbres ayant grandi, ils viendront, selon son espoir, s'asseoir à leur ombre ou cueillir leurs fruits, ce sera bien réellement la main du bon vieillard qui s'étendra sur eux pour leur offrir ces biens.

Je ne sais si je me trompe, mais il me semble qu'à voir ainsi les choses, tout s'élève et se transfigure en quelque sorte ; tout devient sacré parce que la vie humaine est sacrée. On distingue habituellement entre le meurtre et le vol ; et sans doute de l'un à l'autre il y a une différence. Mais c'est une différence de degré ; ce n'est point une différence de nature. Vous me prenez mon champ, ma récolte, un objet qui m'est cher ; vous me prenez mon temps ou mon salaire, qui en est la représentation. Sans doute, vous ne m'avez point pris mon existence entière ; mais vous m'avez pris une portion de mon existence ou de celle de mes devanciers, qui me l'ont transmise pour être incorporée à la mienne, comme une survivance. Le vol, c'est un meurtre partiel.

La perte du temps, son mauvais emploi, à plus forte raison, c'est un suicide. On dit communément tuer le temps. Tuer le temps, c'est se frapper soi-même.

LA FUMÉE DES AUTRES

Nous sommes, en général, très délicats pour ce qui nous touche, parce que c'est nous que cela touche, et très peu pour ce qui touche les autres, parce que ce n'est pas nous qui en souffrons. Nous sentons vivement les défauts de notre temps, disait Rossi, parce que c'est nous qui en sommes victimes. Nous prenons volontiers notre parti des souffrances de nos pères : nous ne les avons pas éprouvées.

Les fumeurs, en particulier, dit-on, et les chasseurs sont sujets à se laisser aller à cet égoïsme instinctif. Ceux-ci enverraient sans sourciller du plomb dans les jambes, voire dans la figure, de leurs compagnons, plutôt que de manquer un lièvre ou un faisan, sauf à leur dire en guise de consolation : « Pourquoi diable vous trouviez-vous là ? » Et les autres, plutôt que de se passer d'un cigare ou d'une pipe, asphyxieraient tranquillement dans un wagon où ils se croient à l'abri de toute gêne des femmes et des enfants qui n'osent pas se plaindre, ou dont ils trouvent les plaintes ridicules.

Il y a pourtant au sans-gêne des uns et à la patience des autres des exceptions parfois. Et j'en veux citer deux ou trois exemples à ma connaissance personnelle.

Mon père, dans les dernières années de sa vie, habitait Versailles. Ses affaires et ses fonctions l'appelaient presque journellement à Paris; et, comme il arrive en pareil cas, il s'était fait des habitudes. Il prenait presque toujours, avec les mêmes personnes, le même compartiment. Et, bien que la fumée ne l'incommodât pas, sachant que d'autres qu'elle incommodait et qui n'avaient ni son âge ni sa situation n'oseraient peut-être rien dire, il ne permettait pas de fumer dans son compartiment.

Un jour, un jeune homme, le cigare à la bouche, s'installe à côté de lui.

— Monsieur, lui dit très poliment mon père, ce compartiment est habituellement occupé par des personnes qui ne fument point. Permettez-moi de vous faire observer que vous avez à côté un compartiment qui vous est réservé.

— Je le sais, répond le nouveau venu. Mais la fumée des autres m'est désagréable.

— Eh bien! moi aussi, monsieur, lui riposte mon père d'une voix de cuivre qui n'admettait pas de réplique; la fumée des autres m'est particulièrement désagréable. Veuillez ne pas l'oublier.

Le jeune homme ne se le fit pas répéter, et alla mêler sa fumée à celle des voyageurs d'à côté.

Un autre jour — ceci remonte peut-être plus haut — deux messieurs, la rosette de la Légion d'honneur à la boutonnière, se trouvaient dans un compartiment de 1re classe. L'un deux, sans prendre la peine de demander la permission à son voisin, allume un cigare. L'autre, sans rien dire, baisse la glace. On était en hiver. Le premier la relève. Et, le second l'ayant baissée de nouveau, il la relève violemment de nouveau, en disant :

— Mais, sacrebleu, monsieur, je ne veux pas geler !

— Et moi, monsieur, reprend l'autre, je ne veux pas être enfumé.

Et, ce disant, il envoie un coup de poing dans la glace, en ajoutant :

— Comme cela, je ne le serai plus.

Fureur, naturellement, du fumeur, qui, tirant sa carte, dit :

— Vous avez la rosette de la Légion d'honneur, monsieur. Je puis vous donner mon nom.

— Voici le mien, monsieur, reprend l'autre : *Garde des Sceaux, ministre de la Justice.* Je remettrai le vôtre à mon collègue le ministre de la Guerre pour qu'il apprécie la politesse de certains de ses subordonnés.

Comme pendant, ou comme contraste, une troisième anecdote :

C'était au temps où le changement de trains entre les lignes de Versailles et de Saint-Germain se faisaient à Asnières. Souvent le train arrivant avait un peu de retard; et les voyageurs n'avaient guère le temps de regarder où ils montaient. Une femme encore jeune, pressée par les employés : « Vite. On part ! » monte dans le premier compartiment qui se trouve devant elle. C'était celui des fumeurs : il y en avait sept, le cigare allumé. L'un deux jette un coup d'œil sur la voyageuse qui venait de monter. Sans dire un mot, il s'incline et jette son cigare par la fenêtre. Et, d'un seul mouvement, les six autres en font autant. Je crois bien, d'après le signalement qu'elle m'en a donné, que c'étaient des officiers de la garnison de Saint-Germain.

Le fait leur faisait honneur, ainsi qu'à celle à laquelle ils avaient sacrifié sans un mot leur cigare, et qui, certes, si elle avait eu le temps de prévenir leur mouvement, se serait empressée de les prier de n'en rien faire : ils étaient chez eux.

LE CHAT-HUANT ÉCONOMISTE

« Un savant distingué, qui a été mon confrère à l'Institut, M. Maurice Block, observait, dans un de ses ouvrages, à propos de la tirelire et de la caisse d'épargne, « que la raison et le raisonnement ne sont pas toujours assez forts pour vaincre les tendances aux jouissances actuelles, propres à tout être vivant, homme ou bête ». Il ajoutait « que l'avantage de l'homme est qu'il a conscience de sa faiblesse, et sait trouver des combinaisons ou inventer des instruments qui facilitent la réalisation de ses bonnes intentions ».

Je ne sais pas si l'homme mérite, autant que le dit mon savant confrère, et le reproche et l'éloge. Je ne sais pas surtout si, quant à ce dernier, il diffère autant que le pense M. Block de ses frères inférieurs. Il y a des animaux qui travaillent en vue de l'avenir, ne fussent que les abeilles ; et j'ai entendu parler de cachettes dans lesquelles les écureuils, et certaines espèces de rats accumulent des provisions pour la mauvaise saison. On dit même qu'au Kamtchatka les habitants, qui connaissent ce fait, ne se gênent pas pour aller fouiller les garde-manger des rats du pays.

Mais c'est à un autre animal que j'ai involontairement pensé en lisant les réflexions de M. Block. C'est le chat-huant mis en scène par La Fontaine, qui m'est apparu comme l'inventeur de la caisse d'épargne, et il m'a semblé juste de lui rendre le tardif hommage qui lui est dû. Vous vous rappelez cet animal qui, ayant attrapé des souris et voulant en garder pour la faim à venir, les enfermait dans le creux d'un vieil arbre, où il leur donnait du grain à manger, mais après avoir pris soin de les mettre hors d'état de se sauver en leur rongeant les pattes.

Voyez, dit La Fontaine en citant ce fait :

> ... Que de raisonnements il fit :
> Quand ce peuple est pris, il s'enfuit.
> Donc, il faut le manger aussitôt qu'on le happe.
> Tout, il est impossible ; et puis pour le besoin
> N'en faut-il pas garder ? Donc il faut avoir soin
> De le nourrir sans qu'il s'échappe.
> Mais comment ? Otons-lui les pieds...

Ne sont-ce pas exactement les mêmes raisonnements que l'homme fait en présence de son gain ? Cet argent qu'il tient dans sa main, il va lui couler entre les doigts ; s'il le met dans sa poche, il y aura un trou au fond, et s'il le garde dans un tiroir, il sera toujours tenté d'y puiser. Que fera-t-il pour l'empêcher de s'échapper ? Il fera comme le chat-huant, il lui ôtera les pieds en le déposant dans un lieu sûr, d'où il ne puisse sortir. Et pour qu'il n'y dépérisse pas, pour qu'il s'y engraisse, au contraire, et soit plus à point au jour du véritable besoin, il l'y nourrira en lui faisant produire un intérêt qui viendra s'ajouter au principal. La similitude est complète, et voilà comme quoi ce n'est pas M. Delessert, c'est le chat-huant de La Fontaine qui est l'inventeur de la caisse d'épargne. J'ajoute, à l'encontre des ennemis de l'intérêt, que c'est précisément cet intérêt qui, en leur donnant un *intérêt* à économiser, les pousse à le faire et devient ainsi l'agent de la formation des capitaux, qui deviennent à leur tour le grand réservoir du travail et du salaire. Les bêtes semblent l'avoir compris ; les hommes en sont encore, la plupart du temps, à le comprendre. Et notre ami Block prétend qu'ils sont supérieurs aux bêtes!

LES SERVITEURS DE NICOLAS

Nicolas est un brave homme qui n'est pas riche, pas méchant non plus, et, malgré sa pauvreté, incapable d'un mauvais sentiment à l'égard de ses voisins mieux partagés que lui. Il serait bien aise peut-être d'être à leur place, mais il ne songerait jamais à commettre, pour la leur prendre, aucun acte de tromperie ou de violence. Il trouve qu'ils ont tiré un meilleur lot que lui, et c'est tout.

Cependant, en faisant son repas du soir, que sa brave femme lui a préparé pour son retour de l'ouvrage, il entend sonner la cloche de l'habitation dans laquelle il vient de travailler, et malgré lui il pense à la table mieux garnie que la sienne à laquelle s'assoit, avec sa femme et ses enfants, M. Bernard, le gros propriétaire cultivateur, un bon homme, oh! pour ça oui, mais un homme heureux, qui travaille dur, c'est vrai, mais à qui tout réussit, qui a de belles récoltes dans ses champs, de beaux troupeaux dans ses prés, de bons vins dans sa cave, et un bon dîner servi, par une bonne cuisinière et un bon valet de chambre, sur sa table. Et il se dit qu'il a de la chance, celui-là, d'avoir du monde à ses ordres, tandis que lui il n'a que sa pauvre femme, qui se donne bien du mal, et après elle il n'y en a pas un qui pense à lui.

Sur quoi, ayant comme d'habitude rudement travaillé et sentant le sommeil le gagner, il passe de la table au lit et s'endort. Mais, tout en dormant, il repense à ce qu'il vient de se dire, et voilà qu'il fait un rêve. Autour de la table qu'il vient de quitter, autour du maigre lit qu'il occupe, autour de la modeste chaumière qu'il habite, il voit arriver à la file, de tous les coins de l'horizon, des foules innombrables d'hommes, de femmes et d'enfants qui, en défilant devant lui, lui demandent s'il est content de leurs services.

— De quels services, grand Dieu! dit Nicolas, stupéfait; je ne connais pas ces gens-là; et du diable si je sais ce qu'ils me veulent!

— Comment, notre maître, répond l'un, tu ne connais pas mieux que cela ceux qui travaillent pour toi? Je suis le planteur qui a récolté le coton avec lequel a été faite ta cotte.

— Et moi, dit un autre, le voiturier qui l'a transporté au port d'embarquement.

— Et moi le capitaine du navire qui l'a amené en Europe. Et voici le pilote et le débardeur qui a déchargé le navire au Havre, et le camionneur qui l'a conduit à l'usine, et le mécanicien qui a construit le métier à filer ou à tisser, et la femme qui l'a dirigé, et le rattacheur qui la secondait, et le chauffeur qui alimentait le foyer de la machine à vapeur, et cent autres. Et pour chacun de ces produits, pour chacun de ces hommes dont le travail a contribué à la préparation ou à la confection de ce vêtement de coton, il y en a autant et plus dont la collaboration leur a été nécessaire.

Et c'est ainsi de chacun des objets dont Nicolas a fait usage : de ses outils et du fer dont ils sont faits, de sa cabane, de son écuelle de terre et de son couvert d'étain, de son lit, de sa chaise de paille, de ses sabots ou de ses souliers, de son pain, de son morceau de lard, de son journal ou de son almanach. Et le défilé continue toujours, et tous en passant devant lui et en lui rappelant ce qu'il a fait pour lui procurer telle ou telle partie de ses satisfactions, chacun de lui demander s'il est content de ses services. Tant et si bien que le pauvre Nicolas, épouvanté, finit par demander grâce et prier la procession de s'arrêter. « Assez ! assez ! s'écrie-t-il, je suis écrasé sous le poids de mes dettes de reconnaissance et je vois bien que je suis l'obligé de tout le monde. Comment m'acquitter, si ce n'est en travaillant à mon tour pour tout le monde ? »

SALAIRE

« Plus de salaire ! Il faut supprimer le salariat ! » entend-on crier de divers côtés et dans des intentions parfois fort différentes.

« C'est une servitude, une humiliation, une atteinte à la dignité humaine ! » — « Il faut l'améliorer », disent d'autres, « et pour cela faire disparaître les lois injustes ou vicieuses, les ignorances, les préjugés et les incapacités qui l'empêchent d'être ce qu'il devrait et pourrait être. »

Supprimer le salaire ! Sait-on seulement ce que c'est que le salaire ? « C'est la maigre rétribution accordée à un ouvrier par un patron qui l'exploite et abuse de sa misère », vous dit-on. C'est bien autre chose, en vérité ; et le phénomène est d'une autre importance. Le salaire, c'est la rémunération du travail, quel que soit ce travail ; et comme on ne travaille jamais qu'en vue d'un résultat, le salaire est partout. Il prend des noms et des formes diverses. Il s'appelle, selon les cas, traitement, honoraires, frais de représentation, indemnité ; mais, de quelque étiquette qu'il s'affuble, que ce soit la pièce d'or mise sur la cheminée d'un médecin, le billet de banque placé sous la couverture d'un dossier confié à un avocat, le jeton de présence touché par un administrateur, l'émolument d'un fonctionnaire ou d'un professeur, la solde d'un général ou d'un ambassadeur, la liste civile d'un Président de République, enfin, ou d'un souverain, c'est toujours un salaire, la compensation, juste ou injuste, mais supposée juste et nécessaire, d'un service qui, sans cette compensation, ne s'accomplirait pas ou ne s'accomplirait pas convenablement.

Il y a plus. Quand, au lieu de travailler pour un autre, un homme travaille pour lui-même et ne reçoit rien de personne, cet homme travaille en vue d'un salaire et en touche un. Ce salaire, qu'il se paie à lui-même, c'est le résultat de son travail. Et le salaire, en effet, c'est ou ce devrait être l'équivalent du travail. Quand on travaille pour soi, quand on fait, selon le mot de Turgot, commerce avec la nature, on est payé *par* son produit ; quand on travaille pour autrui, on est payé *pour* son produit. Mais quel est ce produit ?

Dans le premier cas, la question est simple ; c'est la totalité de ce qui a été obtenu. Dans le second, elle est compliquée, plus ou moins, et parfois beaucoup. Un homme travaille sur un métier qui lui est fourni, avec des matières qui lui sont fournies également, laine, coton, chanvre, bois ou fer, dans un local qu'il n'a pas organisé, et sur des plans ou dessins qui ne sont pas de lui, en vue de satisfaire à des commandes qui ne lui ont pas été adressées, ou pour mettre celui qui l'emploie à même de solliciter plus tard des acheteurs. Quelle peut être, au milieu de cette multitude d'opérations dont l'ensemble est nécessaire pour la confection totale de l'ouvrage, la part de la main-d'œuvre de cet homme, et comment la déterminer avec exactitude ? Comment, d'autre part, savoir si ce produit, qui peut-être ne sera vendu que dans un ou deux ans, aura donné du bénéfice ou de la perte, et faire, entre les divers éléments qui y auront concouru, la répartition précise de ce qui reviendra, en gain ou en perte, à chacun ? Comment, enfin, faire atttendre à cet homme, qui a besoin de son salaire aujourd'hui, ce lointain et incertain règlement de compte, et comment alors qu'il a donné un travail certain et limité, lui faire supporter les conséquences fâcheuses de circonstances qui lui sont étrangères, ou le faire bénéficier des combinaisons et prévisions heureuses de celui qui a eu le mérite de fonder, d'organiser et de diriger l'entreprise, et qui en a supporté seul les frais et les risques ?

Dans l'impossibilité de faire ce décompte, on a eu recours à ce que l'on appelle une cote mal taillée. En échange d'un dividende lointain et incertain (bénéfice peut-être, perte peut-être aussi) on a proposé à ce travailleur, qui ne peut attendre ni supporter des pertes, mais dont le travail actuel peut être mesuré et apprécié, une rémunération certaine et fixe. L'entrepreneur, le patron qui a supporté les frais d'installation, qui dirige, qui achète, qui vend, qui fait venir les matières premières et expédie les produits, qui, lorsqu'il y a des pertes, les supporte, s'est réservé les bénéfices, s'il y en a, en compensation des risques, et l'ouvrier, l'employé, le contremaître ont accepté, pour être dispensés de ces risques, un règlement à forfait.

C'est une forme, mais ce n'est qu'une forme du salaire, même industriel ou agricole; et il y en a beaucoup d'autres. Nous n'avons pas, pour le moment, la prétention de les examiner. Nous admettons que, selon les cas, telle ou telle manière de déterminer la rétribution due au travail puisse être préférable; stimuler davantage l'attention, l'intelligence et l'effort; proportionner mieux la récompense au mérite. Ce que nous maintenons, c'est que ces formes diverses, présentées parfois comme des moyens de supprimer le salaire, ne sont que des manières différentes d'en fixer le chiffre ou le mode; et que tout se réduit, d'une part, à rendre le travail plus efficace et plus productif pour lui donner droit à un dividende plus élevé, et, d'autre part, à mieux établir la quote-part qui lui revient dans l'œuvre collective, afin de le payer aussi exactement que possible *pour*, c'est-à-dire en *raison de* son produit.

LA RÉFORME DES IMPOTS

I

Nos impôts sont mauvais, et ils sont excessifs, ce qui les rend pis encore. C'est pourquoi depuis longtemps, il faudrait dire de tout temps, les contribuables en ont réclamé la réforme et la diminution. C'est pourquoi aussi les gouvernements, les trouvant insuffisants pour satisfaire les appétits qu'ils se croient obligés de contenter, se préoccupent, depuis longtemps aussi, de les modifier et de les augmenter. Nous allons, à en croire ce que nous promettent les déclarations officielles, assister, enfin, c'est-à-dire être soumis, à une grande opération de ce genre. On va, chose invraisemblable, faire disparaître quelques-unes de nos contributions, et l'on va, chose moins invraisemblable, nous en faire connaître d'autres, dont nous devrons être enchantés, bien qu'elles doivent nous prendre quelques centaines de millions de plus ; il ne s'agit, paraît-il, que de savoir s'y prendre, et plus nous paierons, plus nous y trouverons de plaisir.

J'ai de la méfiance, je l'avoue, et je doute que mon voisin Jacques Bonhomme, qui peut-être n'en a pas autant que moi, qui même est quelque peu dupe de l'opération qu'on lui va faire subir, se trouve, quand il lui en faudra solder les frais, aussi satisfait qu'on le lui assure.

D'abord, bien qu'il ne faille pas prétendre que l'ancienneté d'une maladie autorise à en prendre son parti parce qu'on a dû s'y habituer, il y a quelque chose de vrai dans cette assertion que le moins mauvais des impôts est le plus ancien. Les impôts sont comme les vêtements et les chaussures, qui gênent toujours quand ils sont neufs, et qui ne gênent plus ou ne gênent plus tant lorsqu'ils ont pris leur forme sur le corps.

Les impôts ont, d'ailleurs, avec les souliers et les habits, à côté de cette ressemblance, une différence qui doit aussi faire réfléchir avant de les modifier. Ma chaussure ou mon vêtement n'intéresse que moi, et si j'en change, il n'y a que moi qui en souffre ou qui en profite. Les impôts que je paie intéressent mes voisins et, de proche en proche, tous mes concitoyens; et, quand on croit augmenter ou réduire ma charge, c'est souvent d'autres que l'on soulage ou que l'on charge. Le marchand, a dit Franklin, met la taxe dont on le frappe dans sa facture; le propriétaire, si ses locaux sont demandés, reporte sur le prix de location les taxes mises sur sa propriété ; le cultivateur ou l'industriel, qui ne pourraient durablement travailler à perte, cotent leurs produits en raison de leurs frais de productions ; et les augmentations de salaires, quand elles ne résultent pas de l'amélioration de l'outillage et du meilleur rendement du travail, sont bientôt compensées par une augmentation du prix des denrées ou par un ralentissement de la demande du travail.

Les charges et les allégements se tassent, comme l'on dit, et, par une série de répercussions, le poids en est toujours, à la longue, supporté définitivement par le consommateur, fatalement chargé de solder le compte des frais, comme il est appelé à profiter des dégrèvements. Mais ce compte ne s'établit pas, dans la réalité, comme sur le papier, par un simple calcul et une série de virements : il ne s'opère que peu à peu, à l'insu des parties le plus souvent. Or, en attendant que le nivellement se produise et que l'équilibre s'établisse, beaucoup de relations sont modifiées et beaucoup de gênes et de souffrances viennent troubler les situations acquises. *Quieta non movere :* N'agitez pas les eaux qui dorment, dit un vieux dicton à l'usage, je crois, des théologiens et des politiques. Il n'est pas moins à l'adresse des financiers ; et avant de procéder à des remaniements de taxes, lorsque ce ne sont pas de simples réductions, ils font bien d'y regarder à plusieurs fois.

Je ne veux point examiner ici en détail les divers projets dont le Parlement peut être appelé à s'occuper ; mais je ne crois pas inutile de présenter au moins, sur un point ou deux, quelques observations générales. Les unes concernent l'impôt sur le revenu, les autres l'impôt sur les successions.

Il semble, en vérité, à entendre tout ce qui se débite sur ce sujet, que l'idée d'imposer le revenu soit une nouveauté et que jamais avant nous on n'ait songé à puiser à cette source. Tous les impôts, en réalité, portent sur le revenu. Et où donc, à moins de prendre le capital, c'est-à-dire d'attaquer la richesse publique, en supprimant la richesse privée, pourrait-on trouver à prendre ? *Où il n'y a rien, le roi perd ses droits*, disait-on, quand il y avait des rois; le fisc aussi. Pour que chaque année le percepteur puisse puiser dans la bourse des citoyens, il faut que chaque année, par l'emploi de leurs facultés et de leurs ressources, de leurs capitaux, de leur intelligence et de leurs bras, les citoyens aient renouvelé l'actif de leurs budgets, et préparé, par un ensemencement fécond, leur récolte personnelle. Le revenu social, seule source à laquelle puisse s'alimenter le budget public, n'est et ne peut être que l'ensemble des revenus individuels.

Donc, quand on parle de l'impôt sur le revenu comme d'une nouveauté, on est dupe d'une singulière illusion et l'on se paie de mots. Ce qui est vrai, et ce qui peut donner lieu à des changements et des innovations (reste à savoir s'ils sont désirables), c'est qu'il y a plusieurs façons d'imposer *le* ou *les* revenus. On peut imposer isolément tel ou tel revenu, et l'on peut imposer ou tenter d'imposer en bloc l'ensemble des revenus de chaque contribuable. On peut, pour atteindre ce ou ces revenus, prendre pour base d'évaluation des signes extérieurs tels que la valeur locative des immeubles, le chiffre du loyer, le produit des actions et des rentes possédées, et prélever, sur chacune de ces sortes de revenus, une quote-part déterminée sans se préoccuper du total formé par leur réunion dans la même main. Et l'on peut, en faisant, au contraire, ce total, établir la contribution sur l'ensemble vrai ou supposé de la fortune de chaque contribuable.

On peut, pour établir le chiffre de la matière imposable, se servir de signes et de constatations plus ou moins contestables, mais indépendants de prévention personnelle ; on peut demander au contribuable des déclarations que l'on se réserve de contrôler ; on peut enfin exiger de lui qu'il déclare, sous des peines plus ou moins rigoureuses, le montant global de sa fortune et de ses revenus.

Et, que l'on adopte l'un ou l'autre de ces systèmes d'évaluation, on peut, selon celui recommandé par la première Constituante, taxer la fortune proportionnellement à son chiffre, sans acception de personne ou de situation, ou la frapper dans des proportions différentes, progressivement ou dégressivement, ce qui revient au même, selon ce chiffre, de façon à charger les uns plus lourdement et à ménager les autres.

J'ai dit bien des fois, et je n'essaierai pas de le redire, pourquoi, malgré l'autorité de quelques économistes dont je reconnais le mérite, je reste opposé à l'impôt progressif, et partisan, sauf à mieux établir les bases d'évaluation, du système de la Constituante. Si l'on veut tenir compte, pour établir des différences de traitement entre les contribuables, de leur différence de fortune, il faut aussi tenir compte de l'inégalité de leurs charges de toutes natures : nombre d'enfants, obligations de famille, âge, santé, etc., car, avec le même revenu, l'un est très riche et l'autre très pauvre. On entre alors dans un dédale de recherches, au milieu desquelles il devient impossible de se reconnaître avec certitude.

Il ne peut, d'ailleurs, y avoir aucun tarif de progression qui soit par lui-même à l'abri de toute critique; aucun dont l'application n'aboutisse plus ou moins rapidement à l'absorption totale du revenu et que, forcément, on ne cesse d'appliquer pour les fortunes les plus considérables. C'est l'arbitraire; c'est la guerre à la richesse acquise ou en voie de formation et, par conséquent, la guerre à l'activité laborieuse et à l'esprit d'entreprise. C'est enfin, ou ce peut être, dans la main du pouvoir, un moyen de corruption ou d'intimidation, une forme de spoliation ou de privilège : le bâton, disait Guichardin, avec lequel les Médicis brisaient la tête de leurs adversaires. Nous avons une autre conception de l'impôt; et nous ne reconnaissons au gouvernement, quel qu'il soit, d'autre excuse, pour les prélèvements qu'il opère sur nos ressources, que la nécessité de se rembourser des frais des services que nous recevons de lui. Mais je laisse de côté cette partie du sujet et je demande la permission de m'arrêter davantage sur une autre partie : l'aggravation des droits de succession.

LA RÉFORME DES IMPOTS

II

De très bons esprits, ai-je dit, des économistes sérieux, et nullement fascinés par la chimère de l'égalisation artificielle et du nivellement des fortunes par voie législative, se sont déclarés partisans de l'impôt sur les successions : certains voient même dans cet impôt, c'est-à-dire dans son aggravation, la principale source à laquelle peuvent et doivent puiser désormais les gouvernements pour subvenir à l'augmentation de leurs dépenses ou pour soulager du poids de taxes trop gênantes les populations surchargées. Je crains qu'ils ne soient dupes d'erreurs séduisantes, mais dangereuses.

Une succession, disent-ils d'abord, est toujours, pour ceux à qui elle arrive, abstraction faite des tristesses que peut leur apporter la mort de celui dont ils héritent, une bonne aubaine. C'est une fortune, petite ou grosse, qui leur tombe du ciel et, quelle que soit la part qui en soit prélevée par le fisc, ils y gagnent toujours. Qu'on leur prenne, comme compensation de la garantie sociale qu'on leur assure, le cinquième, le quart ou la moitié de la succession, ils y auront toujours avantage et ils devront toujours de la reconnaissance à l'État qui, pouvant tout garder ou tout prendre, veut bien se contenter d'une partie.

Rien de moins exact, et, sans parler des autres considérations que je discuterai plus loin, on est ici la victime d'un grossier trompe-l'œil. Assurément, l'héritier ou le légataire qui reçoit une succession est, ou plutôt sera, au bout de la liquidation, s'il lui reste quelque chose, plus riche qu'il ne l'était auparavant ; mais la question est de savoir précisément s'il lui restera quelque chose, et, en attendant, il peut se trouver, et il se trouvera le plus souvent, par le fait même de cette succession, aux prises avec la gêne et, parfois, la ruine. Il y a d'abord les dettes qui, avant la distraction, prévue depuis 1900, des charges authentiques, pouvaient rendre insolvable ou onéreuse une succession en apparence opulente et faire payer des frais de transmission énormes sur un actif grevé de 5o, 6o, 8o o/o et plus de passif. Actuellement encore, malgré ce soulagement tardif et insuffisant, il y a des fortunes dont l'actif réel diffère étrangement de l'actif apparent; et comme le fisc ne peut, évidemment, tenir compte que des charges officiellement et certainement constatées, il y a presque toujours, si les droits sont élevés, lésion pour le succédant.

En second lieu (et ceci n'est pas moins grave), l'obligation de trouver, dans un délai fort court, et peut-être dans des circonstances difficiles, la somme liquide exigée par le fisc, est non seulement très lourde, mais parfois absolument ruineuse. Un homme ou une famille hérite d'une fortune d'un million, sur lequel l'État lui réclame cent ou deux cent mille francs, cinq ou six cent mille peut-être, si on laisse faire nos modernes législateurs. Mais le million est en terres ou en maisons qui ne rapportent pas plus de trente ou trente-cinq mille francs par an, et, pour payer la grosse somme qu'on lui demande, notre homme devra engager ses revenus, ceux de sa fortune actuelle comme ceux de l'héritage, pendant cinq, six, huit ou dix ans. Ce n'est pas assez dire : comme il n'a que six mois pour s'acquitter et que, faute d'avoir soldé dans les six mois, il se verra, à moins d'une faveur spéciale de l'administration de l'enregistrement, poursuivi, saisi et vendu, il se trouve dans la nécessité d'emprunter, si les circonstances le permettent, à gros intérêts, sur ses biens, ou même d'aliéner, peut-être à vil prix, ses biens eux-mêmes ; de telle sorte que, du million, les frais acquittés, il ne lui restera rien ou peu de chose.

A cela, dit-on, on pourrait remédier en obtenant des délais plus longs ou en prenant des arrangements avec le Crédit foncier. Quelquefois, dans une certaine mesure, peut-être. Souvent, non. Et, je le répète, c'est la gêne, la ruine, tout au moins la fonte entre les mains de l'héritier, avant qu'il ait pu y goûter, de la meilleure partie de cet avoir que le fisc lui dispute.

C'est possible, répond-on ; mais, après tout, où est le mal ? Quel droit, au fond, les enfants, ou les parents, héritiers ou légataires, ont-ils sur cette fortune à laquelle ils n'ont point contribué ? La société, en prélevant pour elle-même la grosse part, fait-elle autre chose que reprendre ce qui lui appartient ? Si un homme a pu s'enrichir, c'est par son travail sans doute, et par un travail honnête, nous voulons le supposer. C'est pourquoi, sa vie durant, on lui laisse et on lui garantit la jouissance du fruit de son travail. Mais c'est aussi, et d'abord, parce que cette jouissance lui a été garantie; parce que, sans la sécurité que lui assure la protection des lois, il n'aurait pas pu travailler ou profiter de son travail; en sorte que la société peut bien se dire co-propriétaire. Et c'est, ensuite (ce qui justifie bien autrement cette co-propriété, ce qui a fait dire à des philosophes éminents comme M. Fouillée que, dans toute propriété particulière, il y a une part de propriété sociale); que, sans l'asistance qu'il trouve dans le milieu auquel il appartient, sans les travaux antérieurs aux siens, sans les inventions faites, les capitaux amassés, les débouchés ouverts et tout ce fond de ressources sur lequel nous vivons, cet homme n'aurait jamais pu faire ce qu'il a fait et réaliser les économies qu'il a réalisées. La société, sa collaboratrice, ne réclame de lui, de son vivant, que le remboursement des frais de la protection qu'elle accorde à ses membres; mais, à sa mort, elle revendique sa part, et c'est justice.

Non, ce n'est point justice; c'est arbitraire et violence.

Les héritiers, dites-vous, n'ont aucun droit à l'héritage, car ils n'ont, eux, contribué en rien à la formation de la fortune. Ce n'est pas toujours vrai. Les enfants, des parents, des amis quelquefois ont collaboré de la façon la plus sérieuse et la plus utile à l'œuvre du défunt. C'est à leur aide, à leurs conseils, à leurs indications qu'il a dû d'être ce qu'il a été. C'est en vue d'eux tout au moins qu'il a travaillé et épargné; et s'il peut être vrai qu'ils n'aient point, eux, droit à sa fortune, il a, lui, le droit et parfois le devoir de la leur laisser.

> Mes arrière-neveux me devront cet ombrage.

a dit, à ce propos, le fabuliste.

> Cela même est un fruit que je goûte aujourd'hui.

Pouvoir laisser après soi le fruit de son travail à des êtres chéris, l'affecter à la réalisation d'œuvres auxquelles on tient, c'est le salaire en vue duquel on a peiné; et si la perspective du salaire est enlevée l'effort producteur diminue d'autant: la société, en croyant s'enrichir, s'appauvrit par l'atteinte qu'elle porte à l'esprit d'économie. Vous parlez de ce que les fortunes individuelles doivent à la société; et vous avez raison. Mais vous oubliez de penser à ce que la fortune sociale doit aux efforts individuels; et ce qu'elle leur doit, ce n'est pas une partie de son avoir: c'est tout. S'il y a patrimoine commun: si en entrant dans ce monde, nous y trouvons une terre habitable, des voies de communication, des procédés de culture, d'industrie, de science et, pour les appliquer, des matériaux préparés, des provisions accumulées, des habitations construites, des outils et des machines prêts à fonctionner, c'est parce que les générations qui nous ont précédés ont créé, par un continuel renouvellement d'efforts individuels, tout cet ensemble de ressources que la société, comme vous le dites, tient à la disposition des arrivants. Mais ces arrivants, à leur tour, en se servant de ces ressources, en travaillant comme ont travaillé leurs prédécesseurs, dans leur intérêt personnel, en réalisant des améliorations dont ils profitent, en se procurant des moyens d'existence et, s'ils le peuvent, des moyens d'enrichissement, continuent la tâche commencée, répandent autour d'eux l'aisance à laquelle ils participent et préparent pour leurs successeurs, des ressources plus abondantes et un avenir meilleur. C'est ainsi qu'ils paient leur dette à la société ; c'est ainsi que, puisant d'une main dans le milieu social, ils y reversent de l'autre d'autant plus abondamment qu'ils ont mieux réussi. Et ce partage entre ce qui vient d'eux et ce qui vient de la société se fait par la force des choses, sans violence, sans arbitraire et sans erreur; pour le profit de tous. Supprimer, sous prétexte de revendication ou d'égalisation par la loi, la faculté pour les vivants de donner, et pour les mourants de laisser à qui ils entendent le faire, la survivance de leur labeur, c'est contrarier comme à plaisir, en lui enlevant toute satisfaction, l'instinct naturel qui nous porte à songer à ceux qui viendront après nous. C'est briser le grand ressort de l'activité laborieuse et de la prévoyance; supprimer le tremplin, de génération en génération plus élevé et plus élastique, qui permet aux nouveaux venus de s'élancer avec plus de force dans l'arène ; c'est, pour tout dire, réduire l'humanité à refaire indéfiniment une toile de Pénélope, indéfiniment détruite à la disparition des mains qui l'auront commencée. Ce que nous appelons la civilisation, en somme, n'est autre chose que l'insuffisant reliquat du labeur accompli et des gains réalisés par les générations disparues. Et plus, sous un prétexte ou sous un autre, on portera atteinte à la libre transmission de ce produit net des activités épuisées, plus on ralentira la formation de ce patrimoine commun et de cet héritage universel, qui n'est autre chose que le rayonnement naturel des héritages particuliers.

PLUMÉ GRATIS

L'une des illusions les plus funestes parmi celles qui égarent sur de fausses pistes les désirs et les efforts des hommes avides d'amélioration et de progrès, c'est l'illusion de la gratuité.

On trouve dur de payer, quelquefois très cher, les services que l'on reçoit de ses semblables, de l'État, des départements ou des communes. On voudrait ne plus avoir de ce chef de charges à supporter et l'on demande, en conséquence, à l'État, aux départements ou aux communes de vous rendre ces services, ou de se charger de vous les faire rendre, sans rien exiger de vous en retour. N'ont-ils pas des ressources, et ces ressources ne sont-elles pas destinées précisément à rendre des services aux administrés ? On réclame donc (pourquoi se gêner pendant qu'on y est ?) l'instruction gratuite, les chemins de fer gratuits, l'eau et le gaz gratuits, et, pour ne pas les oublier, les bureaux de placement gratuits.

Ce serait à merveille, si cela se pouvait. Eh ! mais pourquoi pas aussi le pain gratuit, la viande gratuite, le vin gratuit, le logement, le vêtement et les amusements gratuits : *panem et circences ?* Seulement cela se peut-il ? Et cette prétendue gratuité serait-elle autre chose qu'une manière différente de payer, parfois plus commode peut-être, parfois aussi plus onéreuse et moins équitable ? Qu'au lieu de payer une redevance chaque fois que nous passons sur un pont, nous fournissions, comme contribuables, au budget local ou au budget national, une part, supposée proportionnelle, de la dépense, cela se comprend, et ce n'est pas sans motifs sans doute que ce mode de paiement a été préféré ; mais c'est un paiement toujours, et le mot même le dit : une *contribution*.

Il en est ainsi pour tout le reste, et rien de ce qui n'est pas un pur don de la nature, comme l'air respirable (et encore), ne peut être gratuit. On peut se dispenser ou se faire dispenser de payer les services que l'on reçoit en les mettant, par la force ou par la ruse, par la loi ou par une convention, à la charge de gens qui ne les reçoivent pas. On peut les obtenir à titre de charité ou d'assistance et, dans ces cas, sans doute, on les obtiendra gratuitement. Mais il faudra toujours qu'ils soient payés, puisque ceux qui les rendent ne peuvent les rendre sans se faire indemniser et sans qu'ils coûtent. Vous ne payez plus l'instituteur à l'école duquel va votre enfant ; c'est bien et cela vous convient ; soit. Mais il faut que l'instituteur soit rétribué, et il l'est par vous, qui payez les mois d'école au percepteur, au lieu de les payer à l'instituteur, ou par d'autres qui payent pour vous, au même percepteur, une quotepart plus forte que leur dû. Vous voyagerez demain gratis sur toutes les lignes ferrées, ou vous trouverez dans les mairies, dans les chambres syndicales, et ailleurs, des bureaux de placement gratuits, avec des employés à vos ordres ; soit encore. Mais est-ce qu'il ne faudra pas toujours, pour vous permettre de voyager sans billet, des ingénieurs, des gares, des chefs de gare, des ouvriers de la voie, des mécaniciens et des surveillants ? Et ne faudra-t-il pas que tout ce monde soit payé, ainsi que les machines, les rails, les bâtiments, et tout le nombreux personnel qui aura travaillé à leur confection ? Est-ce que les locaux dans lesquels seront installés vos bureaux de placement gratuits n'auront rien coûté à installer et ne coûteront rien à entretenir ; et pensez-vous que ce sera pour l'amour de Dieu ou du prochain que les secrétaires, écrivains ou archivistes qui tiendront les registres, répondront aux demandes et aux offres et feront la correspondance, se donneront la peine d'accomplir cette besogne ? Ils ne vous réclameront pas deux francs pour vous inscrire, ou tant pour cent sur le traitement qu'ils vous auront procuré ; mais tous les jours, et à toute heure, que vous ayez besoin d'eux ou non, et qu'ils vous aient bien ou mal renseigné, ils seront rétribués par vous sous forme d'appointements fixes, prélevés, par le percepteur ou par le trésorier de votre syndicat, sur vos contributions ou sur vos cotisations.

Discutez tant que vous voudrez sur les avantages ou les inconvénients de telle ou telle manière de vous faire servir et de rétribuer ceux qui vous servent ; soit. Mais quant à prétendre que, par le seul fait de vous avoir pris votre argent dans votre poche sans vous le dire, on a cessé de vous le prendre, et qu'il suffit d'appeler le service gratuit, pour qu'il ne coûte plus rien, c'est une plaisanterie qui passe la permission.

Il y a même lieu de penser que, dans la plupart des cas, non dans tous, encore une fois, non seulement vous serez plus mal servi, mais cela vous coûtera beaucoup plus cher, et par une raison bien simple : c'est que, ne payant plus directement le service chaque fois qu'il est rendu, vous ne serez plus à même d'en discuter le prix et de vous en rendre compte ; et vous serez sans défense, plumé chaque jour, mais plumé gratuitement.

Payez et discutez ! Et souvenez-vous que les bons comptes font les bons amis et les bons services.

LES PORCS ET LES SANS-TRAVAIL
en Angleterre

Les journaux ont publié jadis, à titre de document curieux, une lettre d'un agitateur populaire, M. Frank-Smith, à propos de l'indifférence qu'il reprochait au Parlement britannique à l'égard des réclamations des sans-travail et de l'intérêt témoigné, disait-il, par ce même Parlement, à la santé de l'intéressante population des porcs anglais.

Je ne veux point m'occuper ici de la question des sans-travail et examiner ce qu'il peut y avoir à dire pour justifier ou pour incriminer la conduite du Parlement en ce qui les concernait. Je ne voudrais faire qu'une simple observation, à propos de l'indignation qui saisit M. Frank Smith à la pensée que quatre heures de discussion avaient été employées à s'occuper des moyens de préserver les porcs anglais de la fièvre aphteuse.

Il semblait, en vérité, à lire les commentaires ironiques de M. Smith, que s'occuper des porcs ce ne soit pas s'occuper des hommes. Et à quoi donc, s'il vous plaît, sont destinés ces intéressants animaux, sinon à devenir la pâture des hommes ? A qui importe-t-il qu'ils soient nombreux, sains et de bonne qualité, sinon à ceux qui les mangent ? Moins de porcs, moins de bœufs, moins de blé, moins de bière et moins de vêtements, toutes choses d'ordre très inférieur évidemment, mais sans lesquelles la vie humaine ne peut être convenablement entretenue, c'est moins d'hommes ou des hommes plus mal nourris et plus mal vêtus.

Occupons-nous donc des sans-travail, soit, à la condition de nous en occuper utilement, c'est-à-dire en prenant des mesures intelligentes et efficaces et non en prenant des mesures inintelligentes qui, sous l'apparence de remèdes, sont des poisons.

Occupons-nous des sans-travail. Occupons-nous des misères humaines de toutes sortes ; mais ne nous figurons pas que s'occuper de la nourriture des hommes ne soit pas s'occuper des hommes.

Et parce qu'il s'agit de porcs, ne faisons pas les dédaigneux et les dégoûtés. Le maréchal Bugeaud était un jour à Lyon, où commandait son collègue le maréchal de Castellane. Celui-ci, pour lui faire honneur, avait voulu lui donner le spectacle d'une petite guerre. Au plus beau moment de la bataille simulée, il cherche son hôte pour jouir de sa satisfaction et ne le trouve pas. Qu'était-il devenu ? On le cherche, et on le trouve en conversation, au fond de la campagne, avec un paysan qui gardait un troupeau de porcs. Grand étonnement et grand scandale du maréchal de Castellane.

— Oh ! mon cher maréchal, lui dit Bugeaud ; voilà un brave garçon qui, en soignant bien ses bêtes, trouve moyen de livrer de la viande de bonne qualité et à bas prix à ses concitoyens. Il travaille à nourrir les hommes; nous, nous travaillons à les faire périr. Son métier vaut peut-être bien le nôtre !

LES DEUX PIGEONS

Oh ! ce ne sont point ceux de la fable — on ne refait pas ce qui a été fait par La Fontaine — et ce n'est pas d'amour tendre, du déchirement de la séparation ou des ravissements du retour qu'il s'agit ici. La chose n'en est pas moins digne d'être contée.

Un observateur digne de foi, M. A. Thauziès, de Périgueux, cité par la *Revue scientifique*, suivait un jour d'un œil attentif les allées et venues d'un pigeon qui, pour amasser les matériaux de son nid, recueillait de côté et d'autres des brindilles, des pailles et d'autres menus objets, qu'il déposait soigneusement au même endroit. L'animal n'épargnait pas sa peine. Mais cette peine ne lui profitait guère, car il n'était pas plus tôt reparti en chasse, qu'un autre pigeon, soigneusement caché derrière un buisson, s'approchait à son tour et s'empressait de faire main basse sur son butin — du bec, s'entend.

Le manège durait depuis quelque temps lorsque le volé, qui avait donné des signes d'étonnement et d'inquiétude, visiblement désappointé, parut prendre une résolution soudaine. Lui aussi, après avoir feint de s'éloigner, se cacha soigneusement dans le voisinage. Et, lorsque au bout de quelques instants le ravisseur, se croyant en sûreté, voulut recommencer son larcin, il fondit sur lui de toute la vitesse de son vol, lui administra une correction bien méritée, à laquelle celui-ci parut ne rien trouver à redire, et le renvoya les ailes basses.

L'histoire, comme le remarque l'observateur auquel nous la devons, n'est-elle pas instructive ? Elle montre, d'une part, que les animaux, auxquels on se plaît trop souvent à refuser toute intelligence, peuvent être capables non seulement de réflexion, mais de raisonnement et même de moralité ; qu'ils ont le sentiment, tout au moins dans une certaine mesure, du bien et du mal ; que pour eux, comme pour nous, le travail et l'effort constituent un titre ; et que s'emparer du nid qu'un autre a construit, ou des matériaux qu'il a préparés pour en construire un, est un acte malhonnête, pour lequel on ne peut se plaindre d'être puni.

Cette constatation autorise à penser que la loi morale, dont nous faisons volontiers notre apanage, est plus universelle et plus absolue que nous ne l'imaginons. Elle est de nature, assurément, en relevant dans notre esprit nos frères inférieurs, à nous donner une idée moins imparfaite de nos devoirs envers eux. Elle est peut-être, du même coup, faite pour nous rabaisser quelque peu à nos propres yeux. Mais si, en diminuant notre orgueil, elle augmentait en nous le sentiment de notre responsabilité et nous portait à plus de justice et de bienveillance à l'égard des bêtes et à l'égard des hommes, nous n'y perdrions rien.

Ce n'est pas seulement chez les pigeons, c'est chez les bipèdes sans plumes et sans ailes qui, comme eux, ont à chercher leur nourriture et à se bâtir leur abri, qu'il est coupable et qu'il est funeste de ne point respecter la peine et le bien de ses semblables, et de chercher à substituer le vol au travail.

JE VOUS L'AVAIS BIEN DIT

C'est encore un vieux souvenir qui me revient. Mais les vieux souvenirs constituent, à mon âge, le meilleur actif de la vie ; ils représentent l'expérience acquise et parfois aussi, pas toujours, hélas ! ils peuvent devenir des espérances.

C'était, il y a cinquante ans, à Bordeaux. *La Société philomatique*, cette grande et belle institution, qui, depuis le début du xixe siècle, n'a cessé d'être à la tête de tous les progrès, qui, par ses cours de toutes sortes a préparé à la vie laborieuse et honnête tant de dizaines de milliers de jeunes gens, et qui a su accomplir treize fois ce prodige de réussir sans subventions une exposition universelle, m'avait fait l'honneur de m'appeler à faire sous ses auspices un cours public d'économie politique. A Bordeaux comme ailleurs, il y a à côté des hommes d'initiative qui osent penser et agir, des hommes timides, craintifs, routiniers, que toute innovation effarouche et qui, si on les écoutait, ne laisseraient jamais ni parler, ni écrire, ni remuer. Ceux-là, naturellement, avaient trouvé téméraire l'ouverture de ce cours dans lequel allaient être abordées les questions les plus délicates de l'ordre social, et ils n'avaient pas manqué de prédire, d'ailleurs, que ce serait un échec complet et que personne ne viendrait écouter la parole d'un étranger inconnu à Bordeaux, pour ne pas dire partout.

Il arriva (c'est aux Bordelais qu'il en faut rapporter le principal mérite, car ce sont, comme j'ai eu l'occasion de le leur dire, les auditeurs qui font les orateurs et les professeurs) que les choses tournèrent tout autrement. Le cours, dès la première séance et avant que l'on eût pu savoir comment il serait professé, avait attiré tout ce qu'il y avait d'intelligent et de distingué dans la ville, et bientôt la salle où il se faisait, devint insuffisante.

Un de ceux qui en avaient été le plus partisans et qui se réjouissaient le plus de ce succès, me dit un jour : « Voyez-vous, mon cher ami, il n'y a rien de tel que de réussir. Il y a quelques semaines encore on me disait : « A quoi bon votre cours d'économie
« politique ? Cela ne rime à rien, et, si c'était suivi,
« cela pourrait devenir dangereux. Mais cela ne
« sera pas suivi ; et votre professeur en sera, comme
« vous, pour sa peine. »

» Aujourd'hui, les mêmes gens me disent : « Eh
« bien ! il ne va pas mal votre cours d'économie
« politique. Vous devez être satisfait. C'est vraiment
« intéressant. » Le mois prochain ils me diront : « Je

« vous l'avais bien dit que ce serait un succès. Vous
« ne vouliez pas nous croire. »

Le bon Martinelli — c'était lui qui me parlait
ainsi — avait bien raison : rien de tel que de réussir.

Et pour réussir, il ne faut pas avoir peur de commencer, et il faut avoir le courage de continuer.

SOUVERAINETÉ DU BUT

« Souveraineté du but », — « Salut du peuple », — « Gloire de Dieu ». Trois formes ou trois noms de la même immoralité, de la grande duperie pour les uns, de la grande hypocrisie pour les autres, au moyen de laquelle on excuse, on glorifie même tous les crimes.

Le fanatique, quelle que soit sa croyance, est toujours le même : il se croit tout permis, commandé même, quand il s'agit de faire triompher sa foi ou sa cause. Le pharisien, pour défendre la forme de sa religion, en renie le fond et condamne au supplice le juste qui veut ramener ses frères au culte en esprit et en vérité. L'inquisiteur, pour sauver ceux qu'il appelle des hérétiques, les soumet à la torture et les envoie au bûcher. Le catholique intolérant, le royaliste aveugle, le jacobin terroriste, le soi-disant libre penseur, qui ferme les Églises et proscrit les prêtres, tous sont, au fond, de la même école, de l'école du despotisme et de la servitude. De l'école du mensonge et de la fraude aussi, pieuse fraude à leur avis, parce qu'elle est excusée par le motif ; la pire de toutes, en réalité, parce qu'elle déshonore les causes qu'elle prétend servir et les compromet. Rousseau propose le rétablissement de l'esclavage pour que les citoyens, déchargés des soins matériels de la vie, puissent être libres. Robespierre et Marat veulent imposer la vertu par la force et demandent la mort des Français pour assurer le bonheur de ceux qui resteront ; et tel notable défenseur du trône et de l'autel, pour obtenir le siège parlementaire qui lui permettra d'être le champion de l'Église et de la monarchie, altérera les faits et communiera entre deux mensonges, ou mentira entre deux communions.

Massacres de la Saint-Barthélemy, guillotinades de la place de la Concorde, noyades de Carrier, fusillades de l'inoffensive manifestation du 22 janvier, assassinat de Carnot ou d'Humbert, extermination des Juifs ou des Arméniens, incendies des châteaux et propagande par le fait au moyen de bombes, qui atteignent les innocents et les amis eux-mêmes ; c'est toujours le même système, la même erreur, la même abominable et maladroite doctrine, la croyance impie à la souveraineté du but, qui s'imagine servir la vérité par le mensonge, la paix par le meurtre et la liberté par la tyrannie.

CELA FAIT DU TRAVAIL POUR LES OUVRIERS

Il y a longtemps qu'on le dit, mais il faudra le dire longtemps encore avant de le faire comprendre : les principales causes des souffrances humaines sont les idées fausses qui nous trompent sur le véritable caractère de la plupart de nos actes, et nous font prendre pour avantageux, en nous en masquant les conséquences dernières, les faits les plus réellement contraires à notre bonheur et à notre bien-être.

On s'imagine que l'alcool est un fortifiant et un producteur de chaleur animale, parce que, au prix d'une combustion momentanément plus active de notre substance, il nous donne l'impression passagère d'un accroissement de vitalité. Et le résultat définitif est une diminution de force, de chaleur et surtout de résistance, avec le cortège plus ou moins rapide d'altérations organiques et d'infirmités parfois fatales.

On croit, si l'on est un simple individu victime de ses mauvais instincts, éviter ou épargner la peine en se refusant au travail honnête par lequel on gagne un pain dur, trop souvent, mais savoureux, et en cherchant dans la fraude, dans la débauche et dans le vol, les moyens honteux de satisfaire ses appétits déréglés. Et, comme le dit si bien, par la bouche de Jean Valjean, Victor Hugo, dans *Les Misérables*, on se trouve condamné, pour vivre dans l'abjection et dans le danger perpétuel, à une dépense de force, de ruse, d'imagination et de soucis, cent fois plus considérable que celle qui aurait été nécessaire pour se créer une existence honorable et tranquille.

On se figure, gouvernement ou peuple, faire une bonne affaire en mettant, par la conquête, la main sur de nouveaux territoires, où, par de bonnes relations d'échange ou de services, on aurait pu se créer des marchés pleins d'avenir et une clientèle bienveillante. Et l'on se suscite, avec la jalousie des concurrents ou des rivaux que l'on prétend évincer du partage de la proie, et qui demeurent prêts à vous la disputer, des animosités, des haines, des causes incessamment renaissantes de révolte et de trouble. Et l'on dépense, en fin de compte, en se faisant maudire, cent fois plus, pour détenir sous le joug des territoires ruinés, qu'il n'en aurait fallu pour exploiter, en les enrichissant et en s'en faisant les bienfaiteurs, ces mêmes territoires.

On se figure, enfin, que le travail, parce qu'il est l'agent producteur de la richesse, est la richesse elle-même, et que, dès lors, tout ce qui fournit l'occasion de travailler, tout ce qui, sous une forme quelconque, fait ouvrir un chantier, appeler un ouvrier, commander une dépense, est une cause d'enrichissement. Et souvent, bien souvent, c'est le contraire.

Il n'y a peut-être pas, parmi les sophismes dont les ouvriers sont dupes et victimes, et dont, malheureusement, les empoisonnent de bonne foi les honnêtes gens, de cause plus réelle de la lenteur avec laquelle la somme énorme de travail accompli chaque jour parvient à réduire, dans une si faible proportion, la misère qui pèse encore sur l'Humanité. Quelques faits, d'ailleurs incessamment renouvelés, permettent d'en donner la preuve.

Dans une ville quelconque (on pourrait aussi bien chercher son exemple à côté), la municipalité prend, un beau jour, avec l'approbation de la plupart de ses administrés, le parti de faire bitumer tous les trottoirs ; et, pendant quelques mois, le nombre des kilomètres à préparer et à enduire étant considérable, les habitants respirent à satiété, en se disant que ce doit être sain, les vapeurs de goudron minéral. Après quoi, en posant les pieds sur la surface nette et solide de leurs promenoirs mis à neuf, ils se disent que, si la préparation a été un peu pénible, le résultat est bon, et que maintenant ils en ont pour longtemps avant d'être exposés à de nouveaux ennuis. Ils ont compté sans la sollicitude municipale, qui leur ménage un redoublement de faveurs.

A peine la pose du bitume est-elle terminée dans une partie des voies, et les chaudrons viennent-ils d'être dirigés vers des régions voisines, que d'autres ouvriers s'emparent des trottoirs mis à neuf la veille, les éventrent délicatement, et, dans leur beau milieu, creusent une tranchée qui en rend l'accès impossible. « Quel est ce nouveau travail, demandez-vous en passant ? » — « C'est pour le télégraphe, vous est-il répondu. » — « Ah ! Et ne va-t-il pas y avoir bientôt autre chose à poser ? » — « Si, probablement, reprend-on. Il est question du téléphone, et de l'éclairage électrique ; mais ce sera pour plus tard ; on ne peut pas tout faire à la fois. » — « Ce serait pourtant plus raisonnable, risquez-vous ; vous ne nous dérangeriez qu'une fois, et l'on ne ferait qu'une fois aussi la dépense du bitumage. » — « Mais, monsieur, c'est bien exprès qu'on s'y prend à plusieurs fois : cela donne du travail aux ouvriers. »

Cela donne du travail aux ouvriers ? Malheureux, comment ne voyez-vous pas que c'est tout le contraire, et que tout ce travail artificiel et improductif est autant d'enlevé au travail naturel et productif, à celui qui profite à la richesse commune, pour être reporté sur les besognes ingrates et ruineuses ? Vous doublez, vous triplez, pour l'établissement des divers services que vous voulez installer le nombre des journées employées et le chiffre de la dépense, autrement dit des sommes à réclamer par l'impôt aux contribuables, dont vous êtes. C'est une perte sèche de temps et d'argent qui auraient pu être employés à vous procurer d'autres services, municipaux ou privés, et vous en serez moins bien servis et moins riches d'autant. Les habitants des rues éventrées et raccommodées, de leur côté, ayant ou des ennuis au delà du nécessaire et ayant subi une gêne du fait de l'augmentation du budget municipal, s'abstiendront, pour cause de force majeure, d'une partie des dépenses qu'ils auraient faites. Celui-ci donnera contre-ordre au maçon qu'il avait appelé pour une réparation ou un agrandissement de ses bâtiments. Cet autre ne fera pas renouveler le gazon de sa pelouse ou le gravier de ses allées. Un troisième diminuera son offrande au bureau de bienfaisance ou se privera d'un meuble qu'il devait acheter. Chacun, sous une forme ou sous une autre, en se voyant contraint de subir des dépenses qui ne lui profiteront pas ou ne lui profiteront qu'en partie, renoncera, bon gré mal gré, à celles qui lui auraient profité plus complètement, mais pour lesquelles il n'aura plus de ressources. Et le résultat sera un appauvrissement général ou, tout au moins, un ralentissement de l'enrichissement.

Et c'est pour cela, Jacques Bonhomme mon ami, et vous, gouvernements et municipalités de toutes dénominations et de tous pays, que votre fille est muette, comme disait le sage Sganarelle, c'est-à-dire que vos bourses et vos caisses sont vides.

LA CHARRUE DEVANT LES BŒUFS

Il ne faut pas, dit le proverbe, mettre la charrue devant les bœufs. Le proverbe a raison ; car, comment la charrue marcherait-elle, si les bœufs n'étaient devant pour la tirer? Il ne faut pas davantage (je ne sais si quelque proverbe le dit, mais il devrait le dire) dépenser sans savoir comment on paiera. A le faire, on risque d'aller à la faillite, et, pour n'avoir pas suffisamment contenu ses désirs, de ne plus pouvoir satisfaire aucun désir. Bon gré mal gré, sages ou non, les particuliers sont bien forcés de s'en rendre compte, et quand ils dépensent plus qu'ils ne reçoivent, ils voient le fond de leur bourse et sont obligés de s'arrêter.

Les États, malheureusement pour eux, ne sont pas dans le même cas. Ils ont bien comme les particuliers deux budgets, celui des recettes et celui des dépenses, mais, à la différence des particuliers, ils sont ou ils se croient maîtres du premier aussi bien que du second. Et, par suite, au lieu de régler le second sur le premier, ils règlent, le plus habituellement au moins, le premier sur le second. Ils ne se disent pas, comme se dirait un honnête bourgeois :

« Nous avons tant à recevoir ; nous pouvons dépenser tant ; quelles sont, pour cette somme, les meilleures dépenses que nous pourrions faire ? » Ils se disent : « Qu'est-ce que nous pourrions bien avoir envie de dépenser ? » ou, si vous voulez, supposons-les aussi sages et aussi prudents que possible : « Quelles sont les dépenses qui nous paraissent utiles ? » Ils en font le total, ils les votent ou les font voter ; et, cela fait, ils se demandent comment ils pourront arriver à faire face à ces dépenses.

Le passif est fixé, il s'agit de pourvoir à l'actif ; et, comme on dit dans la langue parlementaire, « de boucler son budget ». Et l'on y arrive parce que l'on dispose, pour y arriver, de ressources élastiques ; on n'a rien moins à sa disposition que la fortune totale des contribuables. Mais on n'y arrive pas sans difficultés, ni sans gêne pour les contribuables. On augmente les impôts, on invente des impôts nouveaux. On frappe des actes jusqu'alors laissés libres. On transforme en monopoles et en industries d'État des industries précédemment laissées à l'initiative individuelle. On double, on triple, on décuple le prix de certaines consommations d'usage général que l'on frappe. On gêne, en un mot, et l'on grève la vie et le travail sous mille formes, et l'on ne songe pas que, en gênant la vie et le travail des citoyens, c'est la fortune publique elle-même que l'on atteint à sa source, par les mille ruisseaux par lesquels l'alimentent les fortunes privées.

On ne s'en tient pas là, et l'on ne se contente pas,

et pour cause, de varier, de multiplier et d'alourdir les impôts. Il y a, dans cette voie, une limite au delà de laquelle il n'est pas possible d'aller. Jean-Baptiste Say l'a indiqué lorsqu'il a dit qu'il y a des taxes qui suppriment la consommation; qu'il y en a même qui suppriment le consommateur. On cherche dans une autre voie, et, après avoir épuisé le présent, ou pour éviter, à ce que l'on croit, de l'épuiser, on s'adresse à l'avenir. On emprunte, se figurant que par l'emprunt on évite l'impôt, et qu'en rejetant sur les générations futures le poids des dépenses actuelles, on épargne aux générations actuelles la peine de le supporter. Hélas! on peut bien charger l'avenir; on ne peut pas décharger le présent. Et tout emprunt, comme l'a dit excellemment Turgot, dans son admirable lettre au roi Louis XVI, conduit fatalement à un impôt. Il faut bien des ressources actuelles, c'est-à-dire des ressources prélevées chaque année sur la bourse des contribuables, pour faire face aux intérêts de la dette. Emprunter, c'est voter un impôt perpétuel.

Qu'on l'obtienne sous une forme ou sous une autre, d'ailleurs, l'argent que l'on se procure est toujours, quoi qu'on fasse, prélevé sur le capital actuel de la nation. Qu'un gouvernement demande un milliard aux contribuables, qui le lui livrent malgré eux et de mauvaise grâce, ou qu'il demande un milliard aux prêteurs, qui le lui apportent avec empressement, parce que pour eux, prêteurs, c'est un placement qui leur paraît avantageux, il y a toujours, dans un cas comme dans l'autre, un milliard soustrait à l'ensemble de la fortune nationale, un milliard qui, au lieu d'alimenter les industries privées, d'encourager l'agriculture, de commanditer des entreprises, de payer des habitations plus confortables pour les populations, ira s'engloutir, sauf le cas de force majeure, où un grand intérêt patriotique l'exige, dans le gouffre sans fond de la dette publique.

Avec un tel régime, disait M. Gladstone, à l'époque de la guerre de Crimée, un peuple ne sait jamais réellement ce qu'il fait. Et c'est ainsi que, sur la pente fatale de l'emprunt, sur la pente non moins fatale de cet amortissement fictif qui n'amortit rien, on glisse, comme ont glissé et comme continuent à glisser toutes les nations de l'Europe, de chute en chute, et d'abîme en abîme. La France a aujourd'hui, en chiffres ronds, quelque chose comme 35 milliards de dette, pour lesquels elle supporte 1.350 millions d'impôts. Les autres nations, sans atteindre des chiffres aussi élevés, sont dans la même situation, et la proportion des intérêts de leur dette à leur budget n'est pas moindre.

L'Italie, qui n'en a que pour une douzaine de milliards, plie également sous le faix.

Tout cela pourquoi ? Tout simplement parce que l'on ne veut pas comprendre qu'il n'y a pas plus deux arithmétiques que deux morales, et que ce qui et ruineux pour un particulier ne saurait être profitable pour une nation. Tout cela parce que, au lieu de régler ses dépenses sur ses recettes, on a la prétention de régler ses recettes sur ses dépenses, c'est-à-dire sur ses fantaisies, ou parce que, pour reprendre le mot par lequel nous avons commencé, on met la charrue devant les bœufs.

LE SALAIRE INTÉGRAL

— Oui, monsieur, c'est une infamie ; tous les ouvriers sont volés par leurs patrons. Il n'y en a pas un, pas un, vous m'entendez bien, qui touche ce qui lui est dû !

— Pas un, mon ami, en êtes-vous bien sûr ?

— Si j'en suis sûr ! Et comment pourrait-il en être autrement, sous votre régime capitaliste ! Le capital est maître du travail.

— Peut-être, quand ce n'est pas le travail qui est maître du capital.

— Allons donc ! Il peut attendre, lui, le patron. Est-ce que l'ouvrier le peut ?

— Pas toujours, assurément, et c'est très fâcheux, mais plus souvent que vous ne le dites ; et la preuve, c'est que, dans bien des cas, c'est lui qui dicte la loi au patron. Il y a beaucoup de grèves qui ne réussissent pas, et qui ne peuvent pas réussir, parce que les prétentions des grévistes sont inadmissibles et que leur succès équivaudrait à la mort de leur industrie. Mais il y en a qui réussissent. Et sans grèves, ce qui vaut mieux, on voit les salaires monter dans nombre de cas, tantôt sur la simple demande des salariés, tantôt par l'initiative des patrons. La plus sûre chance d'amélioration du salaire, croyez-moi, est encore la prospérité des affaires. Quand le patron se ruine, c'est pis que l'insuffisance du salaire ; c'est sa suppression. Le capital peut attendre ? Quelquefois, heureusement pour le travail ; car autrement il fermerait boutique à la première alerte. Pas toujours ; et combien y a-t-il de maisons qui succombent ou ne battent que d'une aile !

— Air connu ! Avec tout cela c'est toujours le capital qui se fait la grosse part et le travail qui se serre le ventre.

— Ou l'inverse.

— Ta ! ta ! ta !... Quand est-ce que vous avez vu l'ouvrier pouvoir acheter son produit avec son salaire ? Voilà des maçons qui à eux douze ou quinze ont bâti une maison. Est-ce qu'ils peuvent l'acheter en se cotisant pour réunir leur paie ? Voilà un cordonnier qui a fait une paire de chaussures qui se vend douze francs cinquante. On la lui paie peut-être tout au plus trois francs. Est-ce qu'on ne lui vole pas la différence ?

— Pardon, s'il vous plaît ! Mais qu'est-ce que vous appelez bâtir une maison ou faire une paire de souliers ? Pour ceux-ci, il me semble que vous oubliez le paysan qui avait élevé le veau, avec la peau duquel on fait la paire de souliers, et l'ouvrier tanneur, pour ne parler que des ouvriers, qui l'a préparée, cette peau ; et les camarades qui ont écorcé le chêne, et le garçon du moulin à broyer l'écorce, et les journaliers, qui ont extrait le minerai de fer, et ceux qui ont peiné dans les forges et dans les ateliers pour convertir le minerai en fonte, en fer, en acier et en outils pour tailler ou percer le cuir, et les multitudes d'autres sans lesquels le cordonnier serait bien embarrassé de faire quoi que ce soit ? Ils ont droit à être payés, eux aussi, je suppose, sur le prix de vente. Sans parler du patron, qui a bien son rôle également, sa boutique à payer, sa famille à nourrir et sa clientèle entretenir pour être en état de fournir de la marchandise à mettre en œuvre au cordonnier.

Et vos maçons ! Vous plaisantez quand vous dites qu'ils ont fait la maison. Dites qu'ils en ont fait une partie, et peut-être pas la plus grosse partie, malgré les apparences. Et les charpentiers, et les serruriers, et les couvreurs, et les plombiers, et les peintres, et les vitriers, qu'est-ce que vous en faites ? Ils ont bien leur part à réclamer aussi, eux. Et avant eux, comme pour le cordonnier, tous ceux sans lesquels ils n'auraient eu ni leurs instruments de travail, ni leurs matières premières : le carrier qui a extrait les pierres ou les a taillées, le chaufournier qui a cuit le plâtre ou la chaux, les voituriers qui ont amené les matériaux à pied-d'œuvre, les métallurgistes, les bûcherons, les fabricants de couleurs, et toute la kyrielle des travailleurs de toutes sortes, par les mains desquels l'ouvrage a passé avant d'arriver aux mains de ceux, encore si nombreux, qui se sont partagé la construction de la maison ? Je ne vous parle pas du propriétaire du terrain, qu'il a fallu payer avant d'appeler des entrepreneurs pour y bâtir, ni de l'architecte qui a fait les plans : vous me diriez que ce sont des bourgeois et que vous ne vous occupez pas d'eux. Mais rien qu'en ouvriers manuels, vous voyez qu'il y en a une longue file qui vont se présenter en même temps que vos maçons pour demander leur salaire. Tous ont travaillé ; tous doivent être payés ; et il ne peuvent l'être que sur la valeur de la maison. Il faut donc bien qu'il y ait partage et qu'on trouve moyen de donner à chacun, aussi exactement que possible, ce qui lui revient. On n'y arrive peut-être pas toujours exactement. L'opération est compliquée et le calcul, si on voulait le faire, ne serait pas facile. On s'en approche tout au moins ; et la part de chacun sera d'autant plus exacte que le débat aura été plus libre ; d'autant plus forte aussi qu'il aura plus contribué à l'ensemble et qu'en faisant mieux et plus vite sa besogne spéciale, il aura produit davantage. Salaire intégral, oui, pour tous ; salaires partiels pour chacun. Imaginez toutes les combinaisons possibles, vous ne sortirez jamais de là.

LES PETITES CHOSES

Y a-t-il de petites choses ? Je serais tenté, quant à moi, de soutenir que non. Et celui-là rendrait, je le crois, un service des plus sérieux à l'humanité qui lui donnerait le sentiment de la grandeur des petites choses.

Petites choses ! Mais de quoi donc sont faites les plus grandes ? Des animalcules infiniment petits ont formé des continents entiers. C'est de gouttes d'eau que sont faits les ruisseaux, les rivières et les océans ; et c'est de la plus humble graine que sort souvent l'arbre le plus gigantesque. Cet arbre lui-même les plus faibles efforts répétés peuvent triompher de sa résistance. « De petits coups de hache, a dit Franklin, abattent un grand chêne, et avec ses petites dents une souris coupe à la longue un gros câble. » La Fontaine, avant le bonhomme Richard, nous avait montré le rat faisant par « patience et longueur de temps », ce que n'avait pu la force et la rage du lion. Un cheveu n'est rien. C'est de beaucoup de cheveux que se compose la plus belle chevelure et c'est un à un que la tête la mieux garnie, en perdant les siens, devient chauve.

S'agit-il du temps, c'est-à-dire de le vie dont le temps est l'étoffe, suivant le bonhomme Richard encore ? Qu'est-ce donc que la vie, sinon des années, des mois, des semaines, des jours, des minutes et des secondes ?

« Il a été perdu deux heures en or, garnies chacune de soixante minutes en diamants », écrivait, dans les annonces de son journal, le grand promoteur de l'instruction primaire aux États-Unis, Horace Mann. « On n'offre pas de récompense à qui les « rapportera ; ces choses-là ne se retrouvent jamais. »

« Il a été bien employé des minutes et des secondes » aurait pu dire un autre compatriote de Franklin, l'américain Elihu Burrit, l'inventeur, pour le dire en passant, de la fameuse formule des huit heures (non, qu'il en eût réclamé l'insertion dans la loi), parce que le jour où il l'a pu, il en avait fait la règle de sa vie. Il était forgeron et il avait le goût de l'étude. Il semblait difficile de concilier ensemble l'obligation de battre le fer sur l'enclume et le désir d'étudier. Mais, pendant que le fer chauffait, ne pouvait-on pas apprendre quelque chose ? Bah ! quelques instants à peine. Que faire avec cela ? Avec cela Burrit apprit le latin, puis le grec, puis l'hébreu ; et plus tard, lorsqu'il eut pu diviser sa journée selon son plan, bien d'autres choses encore, qui lui permirent de devenir l'un des hommes les plus instruits, et, ce qui vaut mieux, l'un des plus utiles et des plus bienfaisants de son temps.

C'est à petits pas que marche la tortue; petits pas, par petits pas, elle arrive au bout avant le lièvre, qui n'a pas su comme elle utiliser les instants.

Cela n'est rien, dit-on; une petite négligence, une tache sur le vêtement, une goutte d'encre sur le cahier; une fantaisie que l'on se passe; une faute qui ne tire pas à conséquence; une seconde n'a pas plus d'importance en elle-même; une troisième non plus, ni une quatrième ou une cinquième. Et, cependant, voici le vêtement souillé, le cahier malpropre, le caractère abaissé et le ressort moral anéanti.

Peu et peu font beaucoup. Il n'y a pas de petites choses; il n'y a pas de petits devoirs. Il y a ce qui est bon et ce qui est mauvais, ce qui se doit et ce qui ne se doit pas.

INTENTIONS ET POTIONS

Bastiat disait plaisamment, la veille de sa mort, en achevant de vider une fiole que lui avait préparée son médecin : « Allons, épuisons la science du docteur ! »

La science du docteur ne lui fut pas de grande utilité, hélas ! Il est vrai qu'elle n'y prétendait probablement pas : son état ne laissait plus d'espoir. Il a dit plus sérieusement, dans l'un de ses charmants opuscules : « Ce n'est pas la bonté de l'intention qui fait la bonté de la potion. » Il n'a dit que trop vrai. Mais comment empêcher ceux qui ont de bonnes intentions de croire qu'elles dispensent de science, et les malades qui souffrent de se livrer à leurs expériences ?

C'est surtout (et c'était à ceux-là que pensait Bastiat) en fait de médecine sociale que la remarque est vraie. Et de là, en dépit de tous les enseignements de l'expérience, cette multitude de recettes proposées chaque jour, de la meilleure foi du monde, par des gens par ailleurs souvent très distingués, pour guérir d'un coup toutes les maladies et toutes les misères du corps social. Oui, toutes ou à peu près, car, une fois trouvé, à ce qu'ils pensent, le remède à l'une de nos plaies, tout le reste, par une naturelle conséquence, leur paraît s'en suivre, et de proche en proche la santé se répandra autour du point guéri.

Voici, par exemple (on vient de me faire l'honneur de me le soumettre) un projet de revivification et de purification de l'organisme national — l'auteur n'a pensé qu'à la France — par la vertu d'un système d'impôt non seulement bénin, bénin, comme disait encore Bastiat, mais bienfaisant et moralisateur. Il s'agit tout simplement (l'ambition est modeste) de sauver les enfants en bas âge, de prendre soin des abandonnés et des orphelins, d'assurer aux familles nombreuses et pauvres le logement et la nourriture, en leur donnant droit à des allocations, échelonnées, de 150 francs à 1.000 francs ; et du même coup de faire disparaître l'immoralité, la débauche, l'ivrognerie, d'éteindre les appétits illégitimes, d'étouffer à leur source les revendications violentes et les illusions collectivistes, et de combattre la dépopulation, en rendant au mariage, tout ensemble, sa sainteté et sa fécondité.

Il ne s'agit, pour cela, que de faire du célibat et de la stérilité un délit, ou tout au moins une déchéance ; de la paternité un devoir légal, un titre à l'honneur et à la faveur tout au moins. Et l'on fait jouer dans ce but, avec la précision d'un mécanisme fiscal et administratif, le tout-puissant ressort de l'intérêt.

Tout célibataire, à partir de trente ans, supportera une taxe de dix francs pour la première année, de vingt francs la seconde, de trente la troisième et ainsi de suite jusqu'à deux cents francs. Tout ménage sans enfants, ou tout veuf dans le même cas, paiera moitié. Ceux qui n'auront qu'un enfant paieront le quart. (Je ne donne que les traits principaux.) Et du produit de ces trois taxes, évalué, par de longs et savants calculs, à 373 millions, il sera fait, par département, par canton et par commune, au moyen d'enquêtes, dans lesquelles la faveur ne pourra avoir part, sans acception d'opinions religieuses, politiques ou autres, avec cette impartialité légendaire qui a fait la réputation de notre administration, une répartition entre les familles pauvres, nombreuses et laborieuses, de façon à leur assurer — la condition est importante — nourriture et logement convenables. Ce ne sera pas, d'ailleurs, une aumône ; ce sera une dette, dont le paiement, pour sauver leur dignité, leur sera porté à domicile par des dames ou vieilles demoiselles riches ou aisées, lesquelles ne manqueront pas, bien entendu, d'y joindre d'appréciables suppléments.

N'oublions pas, ceci est essentiel, que, pour bien constater le caractère officiel de ces allocations et, sans doute, aussi par souci de la dignité des titulaires et pour prévenir toute récrimination et toute manœuvre frauduleuse, le tableau de ces allocations sera, chaque année, affiché, avec le nom des destinataires, à la mairie de leurs communes. Moyennant cela, chers lecteurs, et grâce à la recherche de la paternité et à la mise de la fille-mère sur le même pied que la mère légitime, les infanticides et les avortements disparaîtront, la séduction se raréfiera, le mariage sera en honneur, les familles nombreuses pulluleront, le vice et la misère s'éteindront et les doctrines subversives, qui menacent de nous replonger dans la barbarie, cesseront d'inquiéter les gens prévoyants et sages.

Ne riez pas, chers lecteurs, et gardez-vous de croire que je plaisante. Cela est sérieux, et très sérieusement présenté, soumis même, je crois, à une commission officielle, par un homme intelligent, instruit, généreux, animé du plus sincère amour de l'humanité, et qui cherche tout simplement, en toute bonne foi, les moyens de se rendre utile à ses semblables, en améliorant leur état matériel et moral. Combien d'autres sont dans le même cas !

Inclinons-nous avec respect devant l'excellence de leurs intentions ; mais défions-nous de leurs potions.

COMMERCE ET COMMERÇANTS

Il est reçu, parmi certaines personnes, que le commerce n'est qu'un parasite qui ne mérite ni égard ni ménagement. Un des écrivains qui mettent au service de cette doctrine le plus de verve et d'entrain, M. Jules Doumergue, dans une brochure intitulée *Libre échange et protection*, croit la justifier à l'aide d'une interprétation complaisante de la statistique.

Huit pour cent de commerçants, dit-il, d'après le dernier recensement : 1 692.000, sur 17.715.000 personnes représentant la population active ! Cela vaut-il vraiment la peine d'en parler ? Et quels services rendent-ils, d'ailleurs, ces commerçants, qui n'ont autre chose en tête que de réaliser des bénéfices, et pour qui tout se réduit à acheter le moins cher possible, pour vendre le plus cher possible ? Ce qu'il nous faut, ce sont des producteurs ; et nous en avons, Dieu merci ! 73 o/o qui, au moins, sont bons à quelque chose, et qui n'ont jamais eu, eux, le moindre intérêt au libre-échange.

J'en demande bien pardon à M. Doumergue, mais, n'en déplaise aux classifications plus ou moins exactes des recensements officiels, ce n'est pas 8 ou 9 o/o de commerçants qu'il faut compter, dans la société française, comme dans toute autre société, c'est 100 o/o, ni plus ni moins. Car, pour être commerçant, il n'est pas nécessaire de tenir boutique, de payer patente et d'avoir une enseigne. Il suffit (et quel est donc celui de nous à qui cette nécessité ne s'impose pas?) de vendre ou d'acheter quelque chose, c'est-à-dire d'avoir besoin des services d'autrui ou d'avoir des services à rendre à autrui. Commerçant, le journaliste, le romancier, le feuilletoniste qui vend sa prose; et commerçant, le directeur de journal, l'éditeur ou le public qui la lui achètent. Commerçant, le propriétaire qui loue ses terres ou ses locaux et le fermier ou le bourgeois qui lui en paient la jouissance. Commerçant, l'acteur, le chanteur, le pianiste ou le violonniste qui, *en échange* des sons qu'il tire de son instrument ou de son gosier, reçoit une rétribution, un salaire, un prix déterminé plus ou moins par le cours de sa marchandise, et qu'il cherche, naturellement, comme le fabricant de blé ou le fabricant de fer ou de vêtements, à élever le plus haut possible, ayant comme eux, d'ailleurs, cherché à obtenir, au plus bas prix possible, les leçons qui lui ont permis de savoir son métier et l'instrument qui lui sert d'outil. Commerçant, le professeur qui vit de la transmission des connaissances qu'il a acquises, le fonctionnaire qui touche un traitement: tous ceux, enfin, sous quelque nom (traitement, indemnité, honoraires, émargement, etc.) qui dissimulent le prix auquel ils vendent ce que l'on veut bien, sous un régime libre, leur acheter. Tout est commerce, puisque tout est échange, et échange volontaire, à moins que la force ou la ruse, légale ou illégale, c'est-à-dire la fraude, ne permette aux uns de débiter leurs marchandises à faux poids ou à faux prix, et ne contraigne les autres à la recevoir et à la payer au-dessus de sa valeur.

Tous commerçants? Oui; et tous producteurs, puisque, pour qu'un service ou un produit (qui est un service) trouve acheteur, il faut d'abord qu'il existe; et tous, dès lors, ayant intérêt tout à la fois à la liberté du travail qui produit et à la liberté de l'échange ou du commerce qui répartit. Car, en vérité, il faut être bien aveugle pour ne pas comprendre que si le produit ou service ne trouvait pas d'acheteur, il n'aurait pas servi à grand'chose au producteur de se rendre capable de l'offrir; et que c'est la circulation seule qui, en alimentant les marchés, assure à la production les débouchés qui l'alimentent.

Et voilà pourquoi, au lieu de médire du commerce, qui joue, dans les sociétés humaines, le même rôle que le sang dans notre organisme, qui prend où il faut les prendre et porte où il faut les porter les éléments de la vie, il faudrait, au contraire, le glorifier, en le purifiant, c'est-à-dire en lui assurant le seul stimulant qui ne s'endorme pas et le seul contrôle que rien ne puisse fausser : *la Liberté*. La liberté, qui est, en réalité, la véritable protection, la seule à laquelle tous aient droit et qui ne trompe personne, la protection de l'effort et la garantie de son utilité.

LE BIMÉTALLISME AU VILLAGE

Jacques Bonhomme. — Dites donc un peu, père Mathurin, vous qui êtes un malin, qu'est-ce que c'est que leur bimétallisme, avec lequel ils nous disent qu'ils vont empêcher toutes les crises, et nous rendre tous riches ?

Mathurin. — Ce que c'est, Jacques Bonhomme, mon ami, c'est une grande blague avec laquelle ils espèrent t'attraper encore une fois, comme ils l'ont fait avec leur protectionnisme qui devait faire prospérer l'agriculture et hausser les salaires, et qui n'a rien fait prospérer du tout, que la bourse de quelques-uns, au profit de qui on t'a fait payer plus cher tout ce que tu consommes et tout ce que tu emploies, depuis ton pain jusqu'à ton fromage, depuis ta chemise jusqu'à tes souliers, et depuis ta bêche jusqu'à ta machine à battre.

— Mais pourtant, il paraît que l'argent a fait comme le blé, il a baissé de valeur, et la pièce de cinq francs ne vaudrait plus, si on la faisait fondre, que 2 fr. 50.

— Ne la fais pas fondre, mon ami, personne ne t'y force, mais ne te fie pas à ceux qui te promettent de la faire remonter. Ils t'avaient fait de belles promesses pour le blé, en te disant « qu'ils sauraient bien te le faire vendre cher et te faire acheter ton pain à bon marché »; tu sais ce qu'il en est.

— Ah! c'est vrai. Mais l'or et l'argent c'est pas des marchandises, à ce qu'ils prétendent.

— Non, c'est pas des marchandises. Et avec quoi donc que ça s'obtient de l'or et de l'argent?

— Dame, avec du travail, quand on va le chercher soi-même, dans des endroits où il y en a, ou avec d'autres marchandises, avec du fer, du bois, du blé, des étoffes, quand on les demande à ceux qui en ont.

— Très bien, mon ami, tu parles comme un livre. Mais dis-moi, quand on achète ton blé, tes pommes de terre ou ton vin, c'est-à-dire quand tu achètes de l'argent avec ton blé, tes pommes de terre ou ton vin, est-ce que tu en donnes toujours la même quantité pour le même prix? Est-ce qu'il y a, en d'autres termes, un rapport fixe entre la valeur de tes denrées et celle de la monnaie?

— Ah! ben non, pour sûr; tout le monde sait bien qu'il y a des années où la pomme se donne pour rien, tant et si bien, ou si mal, qu'on ne prend même plus la peine de tout ramasser, et qu'il y a des années où on la paie cher, et où ne fait pas du cidre qui veut.

— Est-ce que c'est seulement par rapport à l'or ou à l'argent que le prix de ces produits varie?

Est-ce qu'on donne toujours le même nombre de boisseaux de pommes pour le même nombre de boisseaux de blé ? ou le même nombre de litres de vin pour le même nombre de litres d'huile ?

— Ah ! pour ça non encore, ça dépend de la récolte.

— Oui, de la récolte et aussi de l'état des approvisionnements, du goût des consommateurs, qui n'est pas toujours le même, et de l'idée qu'on se fait des chances de la récolte suivante.

— Bien sûr, et c'est pour ça qu'il y en a qui gardent leur foin ou leur blé, et d'autres qui se dépêchent de les vendre.

— Eh bien, Jacques Bonhomme, mon ami, il en est de l'or et de l'argent comme de tout le reste. Ce sont des marchandises qui ont un cours comme les autres, et leur cours varie non seulement par rapport au bétail, au blé, au vin, aux habits ou au travail, mais, il varie de l'une à l'autre. L'or baisse ou monte suivant les époques, par rapport à l'argent. Pendant la première moitié de ce siècle, il a valu pour le même poids à peu près 15 fois 1/2 l'argent. Vers 1850, quand on a découvert les mines d'or de la Californie et de l'Australie, il n'a plus valu que 14 ou 14,5. Plus tard, quand on a exploité des mines d'argent d'une grande richesse, il a valu jusqu'à 32 fois l'argent, c'est-à-dire que l'argent a valu plus de la moitié moins qu'il y a cinquante ou soixante ans. Demain peut-être, par l'exploitation des mines de l'Afrique, l'or baissera de nouveau et ne vaudra plus que 28, 25, 20. Personne n'en sait rien, c'est le secret de l'avenir. Personne n'y peut rien non plus et il n'y a qu'une chose à faire, c'est de renoncer à faire violence à la nature et de laisser les cours se régler eux-mêmes.

— Oui, mais tout de même, père Mathurin, comment nous y reconnaîtrons-nous avec cette monnaie variable ?

— Pas plus variable qu'aujourd'hui, moins variable au contraire, puisque aujourd'hui, quand tu vends et qu'on s'engage à te payer un certain nombre de francs, tu ne sais pas exactement ce que ça veut dire et ce qu'on te donnera. Des francs ! Est-ce des francs en argent ou des francs en or ? Tu n'en sais rien et pourtant ce n'est pas la même chose.

— Mais c'est la même chose ou c'est tout comme, puisque je peux toujours changer ma pièce de 5 francs en argent, que vous dites qui ne vaut plus que 2 fr. 50, contre 5 francs en or, tout comme je peux changer 0 fr. 50 en sous, qui ne valent peut-être que 0 fr. 25 ou 0 fr. 30, contre 0 fr. 50 en argent

— Oui, mon ami, mais ce n'est pas la même chose en dehors de la France et d'un ou deux pays qui se sont entendus avec elle pour avoir la même monnaie. Et c'est pour ça que l'or qu'on se procure à bon marché en France avec de l'argent, s'en va hors de France et que nous faisons, à nos dépens, les affaires des étrangers. Encore aujourd'hui on ne frappe plus de pièces d'argent. Mais ce que demandent les bimétallistes c'est qu'on recommence à en frapper indéfiniment, tant que les gens qui auront des lingots d'argent en apporteront à la Monnaie, et qu'on leur donne de l'or à la place, à raison de 1 pour 15,5. Tu comprends qu'ils feraient une jolie affaire, et c'est pour ça qu'ils y tiennent tant.

Ils ont réussi à faire ce petit commerce-là aux États-Unis ; cela a coûté gros au Trésor américain. Cela ne coûterait pas moins gros au Trésor français. Et c'est toi, Jacques Bonhomme, comme toujours, qui paierait.

— Mais qu'est-ce qu'il faut alors ? Car, enfin, on ne peut pas se passer de monnaie et on ne peut pas non plus toujours payer en or. On a trouvé les pièces de 5 francs en or trop petites, et on n'en voit plus guère, cela se perdait trop facilement.

— Tu as raison, on ne peut pas se passer de monnaie, et il n'est pas du tout nécessaire de se priver de la monnaie d'argent. Mais on peut faire pour la monnaie d'argent ce qu'on fait pour la monnaie de cuivre qu'on appelle du billon. Les Anglais, qui s'entendent au commerce, ont adopté ce régime depuis 1816, et ils s'en trouvent bien. Leur monnaie légale, c'est l'or. Tous les gros paiements ne se font qu'en or et, à moins d'une convention contraire, c'est en or que le créancier est obligé de se laisser payer. Mais pour les petits payements on peut employer l'argent comme nous employons le cuivre.

Et si l'on veut faire de gros payements en argent, alors on les fait au cours comme l'on ferait chez nous si nous n'étions pas forcés de recevoir l'argent pour le double de ce qu'il vaut.

Vois-tu, Jacques Bonhomme, il n'y a jamais rien de tel que de voir les choses comme elles sont, et cela ne sert à rien d'en changer le nom, quand on n'en change pas la qualité.

Autrefois les rois s'imaginaient qu'il dépendait d'eux de déterminer la valeur de la monnaie, et du jour au lendemain, quand ils avaient à payer, ils disaient que la même pièce d'argent vaudrait le double, ou quand ils avaient à recevoir qu'elle vaudrait moitié moins. Ils faisaient de la fausse monnaie tout simplement et trompaient le public, comme tu tromperais ton acheteur, si tu lui mesurais un hectolitre de blé pour deux. C'est de la fausse monnaie qu'on veut nous faire refaire. Seulement ce ne sont plus les rois, ni les présidents de la République qui mettraient la différence dans leur poche et profiteraient de la fraude, ce sont quelques malins qui ont des mines à exploiter, ou qui s'entendent à spéculer sur les cours, mais ça serait toujours toi, mon ami, et moi et nous tous du bon public, qui serions les dindons de la farce.

LA FRATERNITÉ DES CHOSES

« Le ciment des sociétés », disait Laboulaye, c'est l'amitié. » « Les choses elles-mêmes nous enseignent la fraternité », avait dit avant lui saint Augustin. Un édifice ne tiendrait pas debout si les pierres qui le composent n'étaient liées les unes aux autres par une sorte d'affection mutuelle : *Si non se quodam modo amarent.* Paradoxe sentimental, diront quelques-uns. Non, vérité d'ordre matériel aussi bien que d'ordre moral, et qui devrait crever les yeux du corps aussi bien que les yeux de l'esprit.

Voici un objet quelconque : une pièce d'étoffe, un couteau, un clou, un verre ou une assiette. Je prends à dessein des choses de peu de valeur et d'une confection en apparence facile. Que serait-ce si je parlais de ces produits gigantesques ou compliqués dont on a pu dire qu'ils sont tout un monde : d'un navire même non cuirassé, d'une locomotive, d'une moissonneuse à vapeur, ou d'une de ces merveilles de complication et de précision qu'on appelle une montre, une machine à composer ou à écrire, un compteur d'eau ou de gaz ?

C'est bien peu de chose, ces objets, et ils ne représentent, en somme, comme travail humain, que bien peu de temps et de peine, puisqu'on peut les obtenir en échange de si peu d'heures ou de minutes. Et cependant quelle série innombrable d'opérations ont été nécessaires pour les produire ! Quelle multitude de pensées et de mains ont dû concourir au résultat définitif ! Quelle association, quelle coopération, ignorée souvent, mais réelle et indispensable de volontés et d'actes : culture des plantes, lin, coton ou chanvre, c'est-à-dire étude de leur mode de croissance, récolte, préparation, transport, filature, tissage et teinture, invention et fabrication des métiers, par conséquent, construction des habitations ou des usines, utilisation de la force de la vapeur ou du poids de l'eau, voitures, chemins, navires, extraction des métaux, que sais-je encore ? Tout cela pour mettre à ma portée un mètre de cotonnade ou de flanelle de cinquante centimes ou de trois francs ! Et tout autant, sinon davantage pour ce verre, cette écuelle de faïence, cet « eustache » de deux sous, ces épingles ou ces aiguilles, dont je puis avoir un millier pour cinq francs.

Qu'est-ce à dire, sinon que, pour la moindre de nos satisfactions, pour le plus simple de nos travaux, pour la plus fugitive des consommations, nous sommes assistés, à toute heure, par des milliers et des millions de coopérateurs inconnus, mais réels, vivants ou morts, prochains ou éloignés ; et que, dans ce clou, dans ce verre, dans cette épingle, si nous savions voir, nous sentirions battre les cœurs et se mêler les sueurs de générations entières ?

« Si nous songions », disait Franklin, « aux guerres que se sont faites stupidement les peuples qui se croient civilisés pour la possession des colonies à esclaves, nous ne pourrions pas regarder un morceau de sucre sans frémir d'horreur, tant il nous paraîtrait souillé du sang de nos frères blancs et noirs. » Si nous savions réfléchir, devrions-nous dire à l'inverse, nous ne pourrions pas manger une bouchée de pain, boire un verre de vin, mettre une chemise ou une paire de souliers, prendre une feuille de papier ou une plume de fer, coudre un bouton ou planter un clou, sans nous sentir émus de reconnaissance pour les bienfaiteurs ignorés qui ont préparé pour nous ces ressources, et sans admirer la grande loi de solidarité, de collaboration et d'amour qui s'impose à nous alors même que nous l'ignorons. Que serait-ce si, au lieu de la violer à toute heure, nous voulions l'observer et la bénir ; si, au lieu de nous unir pour le mal, nous nous unissions pour le bien ; si nous comprenions enfin cette loi suprême de la fraternité des choses ?

OREILLES FERMÉES

Il n'y a, dit le proverbe, *pire sourd que celui qui ne veut pas entendre.*

A quel propos ce proverbe me revient-il en mémoire ? Peu importe, mais il me rappelle un incident de ma courte vie parlementaire, qui, tout insignifiant qu'il puisse paraître, a son enseignement.

C'était au début de cette campagne dont le développement nous a valu de payer le sucre trois fois plus cher que nos voisins d'Angleterre et de fournir en outre, sous forme de primes et de subventions, un nombre respectable de millions aux industriels qui veulent bien puiser dans nos poches.

J'avais fait, contre les premières propositions encore timidement produites à la Chambre, un discours qui avait produit quelque impression. Je remontai à la tribune pour en faire un second et, convenablement pourvu de documents et d'arguments, maître de mes idées et bien en voix, je me figurais que je n'avais pas fait trop mauvaise besogne. Comme je retournais à mon banc, quelques amis me dirent : « Vous avez fait un très bon discours, mais on ne vous a pas entendu. Les betteraviers ont fait à dessein tout le bruit possible pour couvrir votre voix. »

Le lendemain, quelques minutes avant l'ouverture de la séance, j'entre dans la salle. Une demi-douzaine de députés s'y trouvaient déjà, aux environs de la place où je siégeais; parmi eux, l'un des principaux représentants de l'industrie sucrière.

— Mon cher collègue, me dit-il le plus gracieusement du monde, est-ce que vous avez écrit quelque chose sur ce que nous discutons en ce moment? J'aimerais bien à en prendre connaissance.

— Vraiment? lui dis-je. Vous êtes bien aimable aujourd'hui. Mais on me dit qu'hier vous vous montriez moins pressé de prêter l'oreille à mes raisons.

— Ah! ça, c'est vrai, répliqua-t-il aussitôt. On sait que vous êtes un honnête homme et que vous ne parlez que des choses que vous connaissez. Vous auriez pu faire impression sur la Chambre, et, qui sait? peut-être nous faire changer d'avis nous-mêmes. Nous ne voulions pas nous y exposer. Et nous avons fait tout le bruit possible pour empêcher de vous entendre. Mais, vous savez, nous n'en avons pas pour cela moins de considération pour vous, au contraire.

Sur quoi, me tournant vers les autres collègues qui se trouvaient là : « Vous l'entendez, messieurs? leur dis-je, voilà comment on cherche la vérité et l'on fait les affaires du pays. »

Et maintenant, à quel propos ai-je cru devoir

rappeler cet incident, et quel enseignement convient-il d'en tirer ? Que ceux qui ont des oreilles pour entendre, des yeux pour voir, et une intelligence pour comprendre le disent si cela leur convient. Quant aux autres, à quoi bon leur parler ? *Leur siège est fait.*

LE TEMPS DU CONTRIBUABLE

Time is money : Le temps c'est de l'argent, disent les Anglais, et ils ont raison. C'est bien autre chose. C'est du travail et c'est du loisir; c'est de l'instruction ; c'est de la réflexion ; c'est du bonheur dans la famille, ou des consolations mutuelles quand elle est atteinte par l'affliction. C'est de la vie, en un mot, avec tout ce que comporte la vie. Si vous aimez la vie, disait Franklin, ne perdez pas le temps, car c'est l'étoffe dont la vie est faite.

Les administrations, en France au moins, n'ont jamais eu beaucoup l'air de s'en douter. On leur reproche assez généralement de n'être pas économes de la dépense, c'est à-dire de notre argent, et l'on n'a pas tort. Mais s'il y a une chose qu'elles ménagent encore moins et qu'elles gaspillent ou font gaspiller à plaisir, c'est le temps : le leur et le nôtre.

Un jour, je voyageais en famille. J'arrive dans une ville où nous ne devions nous arrêter que quelques heures. Je laisse, naturellement, mes bagages en consigne. Et, en remettant le bulletin qui m'avait été livré au départ, je fais observer que le poids y est indiqué et qu'on n'aura qu'à le reporter sur le nouveau bulletin.

— Oh! non, monsieur, me dit-on. Il faudra d'abord aller retirer vos bagages de la consigne, puis les faire enregistrer à nouveau avec notre poids. Vous ferez bien de venir vingt minutes d'avance.

— Mais, dis-je, c'est du temps perdu pour vous et pour moi et de la peine inutile.

— Ça ne fait rien, monsieur, nous avons des hommes.

Nous avons des hommes. Dans combien de circonstances ne dit-on pas cela, et avec quelle facilité ne profite-t-on pas de ce que l'on en a pour leur faire faire des besognes inutiles, ou même des besognes dangereuses et malfaisantes ?

Un autre jour, je suis invité à passer à la mairie d'un arrondissement — le onzième, pour ne pas le nommer — *pour affaire m'intéressant*. C'est la formule. La course était longue, et j'eus quelque difficulté à trouver, à un étage supérieur, à travers un dédale de corridors, le bureau d'où émanait la pièce. Il s'agissait de je ne sais plus quelle redevance, d'assez peu d'importance, concernant un immeuble situé dans l'arrondissement.

— C'est bien, dis-je, voici l'argent. Ayez la bonté de me donner une quittance.

— Ah! pardon, monsieur, me répond l'employé, ce n'est pas ici qu'il faut payer, c'est à l'Hôtel-de-Ville.

— Parfaitement. Il m'est indifférent de payer ici

où là-bas. Mais je ne vois pas bien pourquoi, pour savoir que j'ai à verser quelques francs, à l'Hôtel de Ville, il faut que l'on me fasse venir à l'autre extrémité de Paris.

Ma réflexion parut à l'excellent employé tout à fait extraordinaire. Il ne pouvait pas comprendre, le brave homme, que l'on trouvât inutile de faire deux courses quand une seule suffisait. Ce n'était pas lui, il est vrai, qui quittait son fauteuil.

Une troisième fois, enfin, un employé du commissaire de police vient très poliment m'apporter un pli m'engageant à me rendre, à heure et date déterminées, au commissariat. C'était au sujet de faits sur lesquels j'avais cru devoir appeler l'attention d'un procureur de la République. A l'heure dite, aussi ponctuel que le renard de la fable, je me présente au bureau de l'honorable fonctionnaire.

— C'est, me dit-il, le plus gracieusement du monde, pour vous faire savoir que M. le procureur de la République auquel vous vous êtes adressé, a ouvert une enquête.

— Et c'est tout ce que vous avez à me dire ou à me demander, monsieur le commissaire ?

— Oui, monsieur. C'est-à-dire, pardon, ayez l'obligeance de signer que je vous ai notifié la communication de M. le procureur.

Ce que je fis, bien entendu, immédiatement.

Mais, puisqu'il ne s'agissait que de me faire donner une signature sur un morceau de papier, est-ce que je n'aurais pas pu donner cette signature sans me déranger ; j'ajoute sans déranger personne ? L'agent qui m'avait apporté la convocation, aurait pu aussi bien, peut-être, me présenter la feuille à signer. Il n'aurait pas fait pour cela un pas de plus ni de moins. Ou bien — mais ceci est bien révolutionnaire — puisque l'on commence à reconnaître que les significations par huissiers peuvent se faire par la poste, on aurait pu user de l'intermédiaire du facteur, que sa profession condamne à se présenter tous les jours chez les habitants, et parfois pour des choses graves, comme des remises d'argent ou des lettres de haute importance.

Oui. Mais « l'on a des hommes » ; et chaque service tient à faire lui-même ses affaires. Soit. Mais cela fait-il les affaires du public ? Et, si le temps ne compte pas pour les administrations, est-ce bien sûr qu'il ne compte pas pour les administrés ?

L'INTÉRÊT

On crie contre l'intérêt. « Le prêt, dit-on, devrait être gratuit, tout ce que le prêteur fait payer pour son prêt est un vol. L'argent ne produit rien ; des écus ne font pas de petits ; et quand l'emprunteur a rendu la somme qu'on lui a avancée, il ne doit plus rien. »

D'abord il n'est pas vrai que l'argent ne produise rien. Si cela était, personne ne chercherait à en avoir et à en emprunter. L'argent qu'on laisse dormir dans un coin est stérile, sans nul doute, comme l'outil, la charrue, le marteau ou le ciseau qu'on laisse se rouiller dans l'oisiveté. Mais l'argent que l'on emploie est productif, et il l'est, parce qu'il n'est qu'un moyen de se procurer, en s'en défaisant, des outils, des matériaux ou des services. Avec des pièces de monnaie, qui ne font pas de petits, disait Bentham, on peut acheter un bélier et des brebis qui en font, et, en rendant la somme au terme convenu, et avec elle la valeur d'un ou deux agneaux, on se trouve encore plus riche ou moins pauvre du surplus d'agneaux.

La somme prêtée, d'autre part, peut n'être pas rendue ; il faut bien, si le prêteur ne veut pas être dupe, qu'il s'assure contre les risques de perte, et il ne peut le faire qu'en demandant à ses emprunteurs comme le fait une compagnie d'assurances contre le feu ou l'eau, une prime calculée d'après le plus ou moins de chances d'insolvabilité de ceux-ci.

Enfin l'emprunteur, si ce n'est pas une aumône plus ou moins déguisée qu'il implore, compte tirer parti du prêt, et il est juste qu'il donne à son prêteur une part de ce profit qu'il lui doit et que celui-ci pourrait faire directement en gardant son argent.

Mais ce qu'il faut surtout se bien mettre dans la tête, c'est que ce n'est pas de l'argent, en réalité, que l'on a besoin de se procurer ; ou plutôt on ne se procure de l'argent que pour s'en défaire en le remplaçant par autre chose. Ce dont on a besoin, ce dont on veut se pourvoir, ce sont des locaux, des instruments, des métiers, des matières premières, du fer, du coton, de la laine, du blé pour semer et récolter ; et des moyens de travailler ou de produire. Or, tout cela, bien employé, est productif. Le capital, donc, dont l'argent n'est qu'une représentation, une promesse, est productif ; et il est naturel que celui qui fournit l'agent de production ait une part du produit.

LE GOUVERNEMENT

QUI LAISSE LE COMMERCE NOURRIR LE PEUPLE

Je l'ai déjà contée, cette histoire. Je ne m'en cache pas et je m'en excuse encore moins. Il faut bien que je la conte de nouveau, puisque ceux-là même qui l'ont entendue n'en ont pas fait leur profit et que ceux qui ne la connaissent pas s'en laissent conter d'autres qui ne sont que des contes.

C'était vers 1854, à cette époque où, par suite d'une succession de récoltes médiocres, l'Europe occidentale fut, pendant quatre ans, condamnée à payer son pain à des prix qui entraînaient, pour la majeure partie des populations, de sérieuses souffrances. L'insuffisance des approvisionnements fut alors, on s'en souvient peut-être, d'autant plus accusée que les grands arrivages de l'Amérique et des autres contrées lointaines, dont on s'est fait depuis un épouvantail, n'existaient guère encore, et que la guerre de Crimée, en interceptant le commerce avec la Russie, privait la France et la Grande-Bretagne, ses ennemies, du secours considérable qu'elle aurait été en mesure de leur fournir.

On s'ingéniait à trouver des procédés pour combattre le mal. La ville de Paris avait institué une caisse de la boulangerie qui devait permettre d'atténuer l'élévation des prix en réduisant momentanément la taxe au-dessous du véritable cours, pour se rembourser plus tard en l'élevant au-dessus. Quelque ingénieuse que fût l'idée, l'opération n'a pas donné tout ce qu'on en espérait.

Comme toujours d'ailleurs, et grâce à la persistance des erreurs et des préjugés avec lesquels on se croit obligé de compter, on avait songé plus aux apparences qu'à la réalité, et l'on s'était préoccupé de tranquilliser les populations plus que de les nourrir à bon marché.

Dans ce but, on avait songé à faire établir, dans les grandes villes, des magasins municipaux contenant pour deux mois de grains et de farines. Greniers d'abondance, comme on les a baptisés dans les siècles passés; greniers de disette, comme les appelait plus justement Turgot, et greniers de cherté, puisque, pour faire ces approvisionnements considérables, les municipalités devaient peser lourdement sur les marchés, et qu'après y avoir fait la cherté et la rareté, elles devaient, pour maintenir leurs greniers pleins jusqu'à la moisson, soustraire à la consommation de l'année un sixième des quantités existantes. Mais on se disait qu'en voyant ces amas de subsistances accumulées sous leurs yeux, les habitants se sentiraient rassurés et se tiendraient tranquilles.

Tout le monde ne goûta pas cette manière de raisonner, et toutes les municipalités n'obéirent pas. A Bordeaux, un homme de bien, qui était un négociant de premier ordre, M. Armand Lalande, alors chargé comme adjoint au maire des finances de la ville, démontra à ses collègues que l'établissement des greniers municipaux coûterait fort cher ; ce qui, naturellement, retomberait sur les consommateurs en tant que contribuables, et que, dans ces greniers, les grains et farines seraient moins bien gardés que chez les gens du métier, ce qui aboutirait à faire manger à la population du pain moins bon à plus haut prix.

A Lyon, ce fut autre chose. M. le sénateur Vaisse, administrateur du département du Rhône, vit un jour entrer dans son cabinet le chef de la statistique municipale qui, très effaré, venait lui apprendre qu'il n'y avait dans la ville que pour huit jours de grains et de farines. Il demandait quelles mesures comptait prendre M. l'administrateur.

— Quelles mesures ? dit celui-ci, après un instant de réflexion ; mais aucune, car toutes celles que je pourrais prendre seraient dangereuses. Faire des achats pour le compte de la municipalité ? Avertir les habitants de ménager leur pain ? Mettre les boulangers en demeure de forcer leurs approvisionnements ? C'est sonner la trompette d'alarme, faire monter les prix, provoquer des troubles et des violences. Non, gardons pour nous ce que vous venez de m'apprendre.

Pas un mot à qui que ce soit, mais faites relever exactement les quantités mises en consommation ; celles qui sortiront ; celles qui entreront ; et, chaque matin, après avoir fait le décompte, donnez-moi l'état exact des subsistances existantes en ville.

Ainsi fut-il fait. Le lendemain, les entrées avaient exactement balancé les sorties et les consommations. Le surlendemain et les jours suivants, il en était de même. Le commerce, sans ordre, sans instructions administratives, par le seul appel des demandes qui lui faisaient combler les déficits à mesure qu'ils se produisaient, comme l'eau vient d'elle-même remplir un réservoir à mesure qu'il se vide, avait pourvu aux besoins.

— Et ce fut ainsi pendant quatre ans, disait plus tard, dans une enquête officielle, M. le sénateur Vaisse, sans que nous nous en soyons autrement préoccupés. Pendant quatre ans, la ville de Lyon n'a jamais eu que pour huit jours de grains et de farines, mais elle a toujours eu pour huit jours de grains et de farines. Elle ne s'en est pas plus mal trouvée, et, grâce à notre prudente abstention, personne ne s'en est jamais inquiété.

C'est qu'il y a, a observé Voltaire, quelqu'un qui a plus d'esprit que personne : c'est tout le monde. C'est, en d'autres termes, comme le disait un ancien préfet de police de la Ville de Paris, M. Vivien, que, pour assurer l'approvisionnement de la plus grande ville, de Paris même, l'administration n'a, pour ainsi dire, qu'une chose à faire : ne pas s'en mêler. Les prix sont des hauteurs et les marchandises, comme les liquides, tendent toujours à se niveler en se portant de préférence vers les points où elles font défaut, à moins que l'on n'ait la maladresse de les en empêcher par des digues et des barrages qui s'appellent des lois et des règlements.

LA MONTRE

Le Père. — Ta montre va toujours bien, mon garçon ?

L'Enfant. — Oui, papa. Oh ! j'y fais bien attention ! C'est si bon d'avoir une montre et de n'être plus exposé à se tromper d'heure ou obligé de s'adresser toujours aux uns et aux autres.

Le Père. — C'est une belle invention, en effet ; et celui qui, le premier, a pensé à mettre ainsi dans sa poche le mouvement de la terre et le temps qui passe a été bien hardi et nous a rendu un fameux service.

L'Enfant. — Comment cela, papa, le mouvement de la terre ?

Le Père. — Sans doute. La petite aiguille qui marque les heures et la grande qui marque les minutes, ou la troisième qui marque les secondes, ne font autre chose que de mesurer pour nous, d'une façon visible à nos yeux, la vitesse de la rotation de la terre, puisque cette rotation s'opère en vingt-quatre heures, comme le double tour de la petite aiguille.

L'Enfant. — C'est vrai. Mais qu'est-ce qui règle

ce mouvement de la montre en accord avec celui de la terre ?

Le Père. — Le ressort, qui, retenu par le balancier, se détend régulièrement, par petites secousses, de la quantité voulue pour correspondre exactement au mouvement de la terre.

L'Enfant. — Et il marche tout seul, ce ressort ?

Le Père. — Non, mon ami, il y a quelqu'un qui le fait marcher ; et ce quelqu'un, c'est toi.

L'Enfant. — Moi, papa ?

Le Père. — Oui, toi ; c'est toi qui fais tourner les aiguilles autour de leur axe.

L'Enfant. — Mais je n'y touche pas aux aiguilles, et tu m'as même défendu d'y toucher en me disant que je risquerais de déranger ma montre !

Le Père. — Tu ne pousses pas les aiguilles directement, et tu endommagerais ta montre si tu le faisais ; mais tu les fais mouvoir indirectement par l'intermédiaire du ressort ; car c'est toi qui, en montant ta montre, tends ce ressort, c'est-à-dire emmagasine en lui une force qui, en le détendant, agit sur les rouages et, par suite, sur les aiguilles. C'est donc ta main, en réalité, qui meut les aiguilles, aussi véritablement que si, à chaque seconde, tu leur donnais une petite impulsion.

L'Enfant. — Alors, papa, le mouvement de ma montre, c'est de la force humaine, de la mienne, quand c'est moi qui la monte, enfermée dans du métal élastique, qui la rend ?

Le Père. — Justement. Et l'on en peut dire

autant de toutes les machines, les plus compliquées comme les plus simples et les plus puissantes comme les plus faibles. Les machines, contrairement à ce qu'on croit souvent, ne produisent pas de force, et elles n'en peuvent pas produire; par elles-mêmes elles sont inertes : elles ne font que transmettre, en la transformant, la force qu'on leur communique, que cette force vienne de la main de l'homme, du travail des animaux ou de sources extérieures, telles que le vent, la marée, la chaleur du soleil, l'électricité ou la tension des gaz. Mais, de quelque source qu'elle soit tirée, cette force, quand elle n'agit pas aveuglément et au hasard, a toujours reçu l'impulsion ou la direction de la main et de la pensée de l'homme. C'est donc lui, en fin de compte, qui agit dans et par la machine, comme toi dans ta montre. On raconte qu'un jour le grand George Stephenson, le créateur des chemins de fer, voyant passer dans le lointain un train avec son panache de fumée, dit tout à coup au docteur Buckland, savant géologue, avec qui il se promenait : « Eh ! docteur, j'ai une question à vous adresser. Qu'est-ce qui fait marcher ce train ? — Une de vos grosses machines, répondit Buckland. — Sans doute, reprit Stephenson, mais qu'est-ce qui fait marcher la machine? — Probablement un bon mécanicien de Newcastle. — Et si je vous disais, moi, reprit Stephenson, que c'est le soleil ? — Comment cela, le soleil ? — Oui, le soleil, car sa chaleur a été nécessaire aux plantes pour condenser en elles le charbon qui a formé leur tissu. Et maintenant, après des milliers et des milliers d'années et de siècles, cette chaleur latente reparaît au jour ; elle se délivre et elle travaille dans nos appareils pour accomplir les grands desseins de l'homme. »

Stephenson avait raison, c'est de la chaleur du soleil que vient tout mouvement, toute force, dans cette partie du monde qui est la nôtre. Mais c'est de la main et de l'esprit de l'homme que vient la pensée et l'action directrice qui utilisent cette force solaire. Et c'est d'une source supérieure, d'où émane la pensée et la vie, que vient l'une et l'autre.

LE PAIN DE L'ÉGALITÉ

L'histoire économique comme l'histoire politique a son côté plaisant, et c'est quelquefois aux heures les plus sérieuses, les plus tragiques même, qu'elle est le plus ridicule.

On connaît le *gilet de la fraternité*, par lequel les Saint-Simoniens prétendaient rappeler à tous les hommes la solidarité qui les unit et la bienveillance qu'ils devraient avoir les uns pour les autres.

On aurait pu parler du *pain de l'égalité*, par lequel, à une autre époque, un personnage plus terrible, Couthon en personne, si je ne me trompe, essaya de faire sentir à une partie de ses contemporains qu'ils étaient tous de la même pâte.

C'est en Auvergne que la chose s'est passée. Les mangeurs de pain, alors comme aujourd'hui, n'avaient pas tous, paraît-il, les mêmes goûts, et les boulangers, alors comme aujourd'hui aussi, cherchant à satisfaire leur clientèle, variaient leur fabrication en conséquence. On voyait chez eux des pains de toutes sortes : il y en avait de bis, de blancs, de ronds, de longs, de plats tout en croûte, d'épais tout en mie, les uns plus cuits et les autres moins

Il y en avait de première qualité et de seconde : il y en avait même, horreur ! qui étaient qualifiés pains de fantaisie ou de luxe. Si bien que, même dans la satisfaction du plus indispensable des besoins, le besoin de nourriture, l'inégalité de condition, la différence des fortunes et les caprices de la sensualité avaient leur rôle. C'était l'aristocratie des estomacs. Un vrai démocrate, un pur, ne pouvait tolérer un tel désordre !

Défense fut donc faite aux boulangers de continuer à se préoccuper des désirs ou des ressources des consommateurs, et la population fut avertie que, désormais, il n'y aurait plus dans le département qu'une seule qualité de pain, celle que le représentant du peuple voulait bien autoriser ses administrés à acheter : le pain officiel, *le pain de l'égalité*.

Je parie qu'il y eut des gens, alors, et qu'il y en aurait encore aujourd'hui, pour trouver cela superbe. Et pourquoi, en effet, y aurait-il des privilèges pour les estomacs ? De quel droit ceux-ci mangeraient-ils un pain de fine fleur de farine, tout à la fois croustillant et mollet, tandis que ceux-là devraient mordre dans une lourde miche, dont la couleur trahit la présence du son qu'un blutage insuffisant y a laissé ?

Et de quel droit, s'il vous plaît, avez-vous meilleur appétit que moi, ou vous faut-il, à votre repas, une portion double ou triple de la mienne ? De quel droit avez-vous des dents bien plantées, capables de broyer l'aliment le plus dur, quand j'en ai de mauvaises ou quand je n'en ai plus du tout? De quel droit êtes-vous dans la force de l'âge quand d'autres sont encore dans la faiblesse de l'enfance ou déjà dans la décrépitude de la vieillesse ? Ce sont des inégalités tout cela, et auxquelles, ne vous en déplaise, la succession des ans n'apporte pas toujours son correctif, car la vie n'a pas pour tous ni les mêmes vicissitudes ni la même durée.

Il avait oublié tout cela, le niveleur de la Révolution, comme il avait oublié que les hommes n'ont ni la même taille, ni la même vigueur, ni les mêmes aptitudes, ni la même application à se servir de leurs aptitudes, ni les mêmes mérites et les mêmes démérites, pour tout dire. Égalité de fait, voilà ce que vous avez la prétention de réaliser, messieurs les démagogues. Vous n'y réussirez pas ; mais vous sacrifierez la seule égalité qui soit respectable, la seule qui s'allie avec la liberté, la seule qui soit compatible avec le progrès, l'égalité de droit.

L'INTÉRÊT DE L'ARGENT

Mathieu. — Bonjour, père Jacques, ça va-t-il ce matin ?

Jacques. — Comme vous voyez, père Mathieu, pas trop bien. Je rentre de faire mon marché pour alimenter la boutique ; les ménagères vont venir, et je n'ai pas trouvé grand'chose. Les légumes sont hors de prix et les fruits sont rares. Je ne sais vraiment pas comment je vais faire.

Mathieu. — Bah ! votre fils est actif et débrouillard. Il n'est pas encore tard ; renvoyez-le à la halle avec votre carriole ; il vous rapportera des provisions.

Jacques. — Bon ! c'est facile à dire ; mais mes chevaux sont fatigués, et je ne veux pas les crever ; d'autant qu'ils ne sont pas à moi, vous savez. Je les loue à Antoine ; même qu'il me les fait payer diantrement cher. Des rosses qui ne valent pas trois cents francs à elles deux ; j'en suis responsable, et il faut lui payer deux francs par jour. Cela fait plus de sept cents francs pour l'année. Avec cette somme-là je pourrais en acheter qui seraient à moi, je n'aurais plus de louage à payer.

MATHIEU. — C'est juste. Et si on vous la trouvait, cette somme ?

JACQUES. — Si on me trouvait sept cents francs ?

MATHIEU. — Oui, sept cents francs en bonnes espèces.

JACQUES. — Oh ! celui qui me ferait cette trouvaille me rendrait un fameux service.

MATHIEU. — Et vous lui en rendriez bien un à votre tour, père Jacques ?

JACQUES. — Je crois bien. Il faut obliger ceux qui vous obligent.

MATHIEU. — Eh bien ! je vous les prête, moi, les sept cents francs ; mais à une condition, ou plutôt à deux conditions : vous me ferez, pour rentrer mes foins, trois ou quatre journées de travail avec vos chevaux et votre carriole.

JACQUES. — Bon, qu'à cela ne tienne. Et on boira un coup ensemble de bonne amitié. Et l'autre condition ?

MATHIEU. — L'autre condition ? Vous me paierez, jusqu'à remboursement, six francs par mois, à titre d'intérêt.

JACQUES. — Six francs par mois ! Soixante-douze francs par an, pour sept cents francs ! Mais ça fait plus de dix pour cent, ça. Vous êtes un fameux usurier, vous, père Mathieu !

MATHIEU. — Oui, je sais bien que le Code civil, qui a été fait par des gens sages, à ce qu'il paraît, a décidé qu'on était un usurier quand on prêtait de l'argent à plus de cinq ou de six pour cent suivant les cas. Il paraît qu'on ne l'est pas quand on prête des chevaux à cent ou deux cents pour cent, comme les vôtres. Mais il faut protéger les emprunteurs contre les prêteurs. Elle est jolie la morale de votre Code civil, et intelligente !

JACQUES. — Mais des chevaux et de l'argent, ce n'est pas la même chose.

MATHIEU. — C'est juste. Seulement avec de l'argent on peut se procurer des chevaux ; et avec des chevaux on peut se procurer de l'argent ou en gagner. Bonnet blanc ou blanc bonnet, voyez-vous. Ce que j'en faisais, c'était pour vous faire faire une bonne affaire, en en faisant une petite que je ne trouvais pas mauvaise. Cela ne vous va pas. Continuez à payez cent pour cent de peur d'en payer dix ; et faites beaucoup d'opérations comme celle-là. Vous êtes sûr de prendre le chemin de la fortune.

HISTOIRE D'UN CRIME OU D'UN PARAPLUIE

Je me trouvais un jour dans un wagon de la Compagnie de l'Est, qui me ramenait à Paris. Je causais, avec un compagnon de voyage, du musée de la Guerre et de la Paix, que nous étions allés inaugurer quelques jours auparavant à Lucerne, et du beau musée historique de Bâle, que j'avais visité le matin même, et qui en est, à certains égards, un complément ou une annexe.

— Vous revenez de Suisse, monsieur ? me dit, tout à coup, une dame, assise en face de nous et que tourmentait évidemment le besoin de se mêler à l'entretien.

— Oui, madame, répondis-je simplement et sans indiquer en rien le désir d'en dire plus long.

— Beau pays, monsieur, admirable pays, mais qu'il faut voir par le soleil, et vous n'en avez guère eu. Avez-vous seulement pu apercevoir les neiges des montagnes ?

— En effet, madame, nous n'avons pas été heureux. Nous avons pu toutefois prendre une idée de la beauté du lac, jouir de la traversée du Brunnig, et admirer la magnifique horreur de la gorge de l'Aar.

— La gorge de l'Aar, monsieur, oui, c'est très beau, mais c'est effrayant ! Et c'est très dangereux ! Pas plus tard que lundi dernier, on y a assassiné un voyageur.

— Vraiment, madame ? J'y étais précisément ce jour-là. Vous me faites peur rétrospectivement.

— Lundi dernier, monsieur ; oh ! il n'y a pas à avoir l'air d'en douter. C'était vers trois heures. Une personne qui s'estime très heureuse d'en être revenue a trouvé, à l'entrée d'une brèche, dans le rocher, vers la moitié de cette effrayante plate-forme, suspendu au-dessus de l'abîme, un poignard, un vrai poignard, long d'une quarantaine de centimètres, manifestement disposé pour être aisément caché sous les vêtements, dans une gaine étroite. Et, un peu plus tard, dans la plaine, au point où le courant élargi et ralenti permet aux objets qu'il charrie de s'arrêter dans les herbes ou les broussailles, un paysan a retiré de l'eau un parapluie brisé.

— Un poignard et un parapluie brisé ! Vraiment ?

— Les témoins du crime, monsieur ! les indices accusateurs ! La chose est claire, et il n'est que trop aisé de reconstituer la scène.

Un malheureux touriste (ce pouvait être vous, monsieur), assailli dans ce coupe-gorge — cette gorge affreuse en est bien un — par un malfaiteur, a essayé, à défaut d'autre arme, de se défendre avec son parapluie ; mais cette arme inoffensive s'est brisée entre ses mains, et l'assassin, après avoir accompli son œuvre, l'a jetée, avec sa victime, dans le gouffre, puis, voyant, à ce moment, apparaître au tournant le plus proche un autre visiteur, la peur l'a pris ; et, sans avoir le temps de ramasser son poignard, qu'il venait de poser pour faire passer le corps par dessus le garde-fou, il a pris la fuite.

Vous souriez, monsieur, vous doutez. Mais il y a des témoins, encore une fois; et qui sont sans reproche, comme ceux de Petit Jean. Pensez-vous récuser le poignard et le parapluie ?

— En aucune façon, madame, repris-je alors, le plus sérieusement du monde. Je suis prêt, au contraire, à les reconnaître, car ils sont à moi, l'un et l'autre. Ou plutôt ils ne font, c'est-à-dire ils ne faisaient qu'un avant l'aventure.

— Que voulez-vous dire, monsieur; et qu'est-ce que cette mauvaise plaisanterie ?

— Je veux dire, madame, qu'habitant d'ordinaire un quartier très isolé, j'ai l'habitude, lorsque je rentre tard, de porter quelque arme défensive, dont, Dieu merci ! je n'ai jamais eu à me servir : tantôt un revolver, tantôt un parapluie à épée; parfois les deux. C'est ce dernier que, faute d'en trouver un autre à ma portée, j'avais, en partant pour la Suisse, pris avec moi. Je le tenais à la main dans la gorge ; et m'étant assis un instant pour me reposer, je l'avais placé entre mes jambes. Tout à coup, je m'aperçois qu'il n'y est plus. Bon ! me dis-je, il a glissé entre les interstices de la plate-forme, et, cherchant par où il avait pu passer, je vois la poignée arrêtée par une traverse.

C'était de la chance ; hélas ! non, ce n'en était que l'apparence. Le bouton à ressort qui retenait la lame dans le manche s'était ouvert ; le parapluie était tombé à l'eau, où je ne pouvais songer à l'aller repêcher. Le poignard seul restait, et je ne pouvais guère davantage ni l'envoyer rejoindre la gaine, ni l'emporter pour me promener, au grand étonnement des populations. Et voilà comment, quelques instants plus tard, on l'a retrouvé, comme on a retrouvé le parapluie.

Voilà aussi, madame (et il y a peut-être une morale à en tirer), comment, sur des apparences parfois spécieuses, mais trompeuses, on échafaude des romans, on accumule des présomptions et on rédige des actes d'accusation avec lesquels on épouvante les gens timides et l'on fait, hélas ! parfois, tomber la tête des innocents. Que de lanternes qui ne sont que des vessies ; et que d'assassins qui ne sont que de simples promeneurs armés d'un parapluie, sans poignard même !

LA SOLIDARITÉ

Réflexions d'un pauvre homme

I

Le père Jacques est un brave ouvrier, qui n'est pas riche et qui a eu bien du mal dans sa vie; mais enfin, en travaillant (et l'ouvrage ne lui manque pas, car on l'estime) il gagne son pain, et ses enfants ne pâtissent pas comme il a pâti. Pas savant non plus; de son temps les écoles n'étaient pas ce qu'elles sont aujourd'hui, et il n'avait guère le loisir d'y aller. Mais pas bête pour cela ; accoutumé à réfléchir, et plus sage souvent que tels qui se croient des malins et montent la tête aux autres avec de grands mots. Aussi cause-t-on volontiers avec lui, et y trouve-t-on souvent profit.

Je m'étais arrêté hier à le regarder labourer. Il faisait chaud, et la terre était dure. Il y allait de bon cœur tout de même, et n'avait pas l'air de plaindre sa peine.

— Bonjour, Jacques, lui dis-je. Toujours courageux et de bonne humeur, et consciencieux ! Ce n'est pas vous, comme certains, qui chercheriez à en faire le moins possible et à tromper le patron.

— Oh ! monsieur, me répond-il, les bons comptes font les bons amis, et quand on ne veut pas être trompé il ne faut pas tromper non plus. Le patron me donne son argent ; je lui donne mon temps ; donnant donnant, partant quitte. Et puis, ajouta-t-il, ce n'est pas pour le patron seulement que je travaille, et il y en a d'autres envers qui je suis redevable.

— Ah ! et qui donc, s'il vous plaît ?

— Mais les camarades, monsieur, les camarades d'ici, et les camarades de là-bas, et de partout ; car ils travaillent pour moi pendant que je travaille pour eux. Je laboure pour qu'il y en ait, que je ne connais pas, qui mangeront du pain. Mais je suis logé parce que d'autres, qui ne pensaient pas à moi, ont bâti une chaumière ; j'ai des vêtements parce qu'on a cultivé le coton en Amérique, élevé des moutons en Australie, inventé des métiers en Angleterre et en France ; et si je bois un verre de vin par ci par là ou prends une tasse de café, c'est qu'il y a des vignerons en Bourgogne ou dans l'Hérault et des planteurs au Brésil ou à Java. Je ne les connais pas, et ils ne me connaissent pas, encore une fois ; mais quand je profite de ce qu'ils ont produit, c'est comme s'ils me tendaient la main en m'offrant leurs services et en me réclamant l'équivalent. Et je n'ai qu'un moyen de m'acquitter : c'est de les imiter et de faire besogne utile.

— Voilà qui est bien dit, Jacques, mon ami, repris-je ; et vous parlez comme vous agissez : en honnête homme et en sage. Si tout le monde faisait comme vous, les choses iraient mieux. Nous ne vivons que les uns par les autres. Nous devrions vivre les uns pour les autres. Nous faisons tout le contraire : nous nous épuisons à nous empêcher de vivre; et nous nous plaignons du sort. Prenons-nous-en à nous-mêmes, et tâchons d'être moins bêtes, si nous ne pouvons pas être meilleurs ! Ce sera déjà quelque chose.

LA VRAIE FORMULE DE L'ÉCHANGE

Vous croyez peut-être, ami lecteur, que lorsque l'on fait un échange avec quelqu'un, c'est pour y trouver quelque profit ? Vous pensez que si je vous achète du fer ou du blé au lieu de le fabriquer ou de le récolter moi-même, c'est parce que, grâce à une situation plus favorable, ou à un développement supérieur de votre agriculture ou de votre industrie, vous pouvez me les livrer à un prix moins élevé que celui auquel je les obtiendrais directement ? C'est pour cela, supposez-vous, que le vigneron de la Gironde ou de l'Hérault achète sa houille aux mines de la Loire, de l'Aveyron, ou de quelque autre district favorisé, et que le Nord, le Pas-de-Calais, la Normandie ou la Picardie tirent leur vin de la Côte-d'Or, du Beaujolais, du Médoc ou des Charentes. Donner ce qui vous coûte moins pour obtenir ce qui vous aurait coûté davantage, et réciproquement, tel est le secret de l'échange, et c'est pour cela que le philosophe Condillac a pu dire, sans l'expliquer suffisamment, il est vrai, qu'il y a dans l'échange quelque chose qui le rend avantageux aux deux parties.

Eh bien ! vous vous trompez, et pour que l'échange soit normal et utile, il faut qu'il ne s'accomplisse qu'avec des personnes ou des peuples placés, quant à la production des objets échangés, dans des conditions identiques. Libre échange à l'égard de tous ceux qui ne nous sont en rien supérieurs, ni par le climat, ni par l'industrie, ni par la science, ni par le commerce, et de qui, par conséquent, nous n'avons rien à attendre de plus que de nous-mêmes, mais protection, c'est-à-dire restriction et exclusion, à l'égard de ceux qui, grâce à quelque supériorité naturelle ou acquise, pourraient nous offrir plus que nous ne leur offririons, en même temps que, par nos supériorités d'un autre genre, nous pourrions leur offrir plus qu'ils ne nous offriraient.

Voilà la vraie formule, la formule réellement pratique, telle que la doivent concevoir et appliquer des hommes qui se piquent de ne point sacrifier aux principes absolus, de n'être asservis ni à la doctrine protectionniste, ni à la doctrine libre-échangiste, et qui considèrent que tout, ici-bas, dépend des circonstances, et que la vérité est affaire de milieu et d'époque.

Ce n'est pas dans la *Réforme économique*, ni dans les discours de M. Méline, bien que l'on pût assurément les y découvrir, que je trouve ce bel exposé de principes, pardon, cette belle déclaration contre les principes. C'est dans une brochure intitulée : *France et Allemagne*, écrite par un député prussien,

M. Arendt, et traduite en français, avec la charitable intention de mettre fin à la cécité dont on est atteint de ce côté des Vosges, par un autre Prussien établi à Lausanne, excellent écrivain d'ailleurs et maniant parfaitement notre langue, M. Erman. Je ne veux rien dire de l'objet principal de cette brochure. Elle tend à démontrer la nécessité, dans l'intérêt de l'Allemagne et de la France, d'une réconciliation sincère entre ces deux nations, prélude d'une alliance économique et d'un désarmement qui soulagerait enfin l'Europe du fardeau qui l'écrase. Le but est louable, et l'intention excellente. L'argumentation employée pour nous le démontrer ne me paraît ni heureuse ni équitable, et j'aime mieux ne pas en parler.

Mais s'il ne me paraît pas bon, dans l'intérêt de la paix, d'aborder certaines questions ou de suivre sur leur terrain ceux qui les abordent, je ne vois pas les mêmes inconvénients à discuter, en toute bienveillance, une thèse économique et à demander à M. Arendt et à son traducteur quel avantage ils peuvent bien se promettre d'une alliance économique dans laquelle, ni l'une ni l'autre des deux parties n'ayant rien à gagner à commercer avec son alliée, il ne se ferait aucun échange. Vous voulez laisser libres de vous offrir leurs produits contre les vôtres, ceux dont les produits sont les mêmes que les vôtres, et présentent la même valeur. Je vois bien que le filateur de coton, le fabricant de draps ou le cultivateur allemand n'aura rien à redouter du filateur, du cultivateur ou du fabricant français, si ceux-ci ne peuvent livrer leurs produits au consommateur allemand qu'à un prix identique au sien.

Et je vois bien que la réciproque sera également vraie. Mais je ne vois pas quel intérêt, dès lors, le consommateur allemand pourra avoir à acheter du fil, du drap ou du blé français, ou le consommateur français à acheter du blé, du fil ou du drap allemand. Ce sera tout un pour lui. Dès lors; quel commerce voulez-vous qu'il s'établisse entre les deux nations ? Que votre frontière reste hermétiquement fermée, ou qu'elle soit toute grande ouverte, dans votre hypothèse, c'est la même chose. Pour que l'eau coule, il faut qu'elle y soit sollicitée par des différences de niveau. Pour que les marchandises se déplacent, il faut qu'elles y soient sollicitées par des différences de prix ou de qualités. Les prix sont des hauteurs. Or, d'où proviennent les différences de prix ou de qualités, sinon des différences de sol, de climat, d'avancement industriel, de l'inégalité des conditions de production, pour employer le terme consacré ? Et à quoi puis-je avoir intérêt, moi consommateur, sinon à trouver sur le marché où je m'approvisionne, les produits les plus avantageux, autrement dit les produits obtenus à plus bas prix ou de qualité supérieure à prix égal ?

Si le blé que vous produisez dans la plaine me coûte, à moi habitant de la montagne, moins cher que celui que je pourrais produire, ou que peut-être je ne pourrais pas produire sur la pente aride que j'habite ; et si, d'un autre côté, mon vin est meilleur et d'un prix plus abordable que le vôtre, vous me vendrez du blé et je vous vendrai du vin. C'est-à-dire, car la vente et l'achat en numéraire ne sont ici qu'une phase passagère de l'opération, que je vous donnerai du vin en échange de votre blé. J'y gagnerai d'avoir peut-être deux kilogrammes de pain à manger au lieu d'un, et vous deux litres de vin à boire au lieu d'un. Vous bénéficierez de ma supériorité, je bénéficierai de la vôtre. Ah!! dans ces conditions, je conçois que l'échange soit une opération utile et à laquelle tout naturellement on se livre, lorsque l'on n'est pas mis, par des entraves artificielles, dans l'impossibilité de s'y livrer.

Et l'on s'y livre, en effet, toutes les fois qu'on peut le faire, toutes les fois, en d'autres termes, que l'échange est libre ; la preuve en est que, pour empêcher les peuples, c'est-à-dire les individus qui les composent, de s'y livrer, on est obligé de faire des lois pour le leur interdire, d'établir des barrières au point où des commerciaux se rencontrent, et de mettre sur pied, aux frais des consommateurs, des armées de chevaliers de la restriction, chargés de croiser la baïonnette contre les aliments, et de préserver leurs compatriotes de tout ce qui pourrait, par le bon marché ou par l'abondance, les mettre un peu plus à l'abri de la privation, de la nudité ou de la souffrance.

Mais quand une fois on a mis le pied sur la route

de l'erreur, et qu'on se pique d'être logique, il n'y a pas de raison pour s'arrêter, et l'on va jusqu'au bout. Quand une fois on a adopté le principe de la politique sans principes, il n'y a plus d'invraisemblance qui coûte, d'énormité qui arrête et d'impossibilité qui étonne. C'est ainsi que l'on apprend, dans la brochure de M. Arendt, que la protection, telle qu'il l'entend, c'est-à-dire l'échange restreint aux peuples de qui l'on n'a rien à attendre, développe le commerce, et que le libre échange, lisez, encore une fois, l'échange libre, l'échange non empêché, tarirait absolument toute exportation. Il est clair, en effet, que sous ce régime, si les autres nous envoyaient leurs marchandises, ils se garderaient bien de nous rien demander en échange, et que, dès lors, recevant pour rien tout ce que nous pourrions désirer, nous serions infailliblement ruinés.

Et voilà pourquoi, ô Molière, tu trouverais encore l'occasion de rire ; et pourquoi M. de Bismarck a été un grand économiste et M. Méline est un dieu.

Voilà pourquoi le tarif de 1891 a fait la fortune de la France et pourquoi, en 1893, notre commerce a diminué de près d'un milliard. La *Réforme économique* vous dira, quand vous voudrez, que c'est un milliard qu'elle vous a fait gagner.

Si, par hasard, elle avait été embarrassée pour le démontrer, elle ne le serait plus désormais. Je lui ai indiqué où elle pourra trouver des arguments. C'est un service qui me vaudra peut-être de sa part un peu plus d'indulgence.

ÉPARGNER, C'EST DÉPENSER

Un homme d'État, dans la discussion de l'impôt sur le revenu, disait, en discutant quelques-uns des arguments qu'il combattait : « Le président de la commission a objecté que celui qui ne dépensait pas ses revenus n'allait pas payer autant d'impôts que celui qui les dépense »... Et il a répondu que « l'État n'y perdrait rien. La taxe de succession équivaut à un impôt sur le revenu différé. Il ne faut pas décourager l'épargne et s'en plaindre... »

La réponse est excellente ; mais elle peut être complétée, et elle doit l'être.

Ce n'est pas, à proprement parler, un revenu différé ou inemployé ; c'est un revenu autrement, et peut-être aussi bien, ou même mieux employé. Je m'explique. A l'exception des sommes que l'on met dans un tiroir et que l'on laisse dormir (ce qui n'est, toute proportion gardée, qu'une minime fraction de l'ensemble), tous les revenus sont dépensés ; mais ils ne sont pas dépensés de la même façon. Certains, soit parce que leurs ressources ne suffisent qu'à leurs besoins, soit parce qu'ils ont des besoins qui dépassent leurs ressources, dépensent entièrement leurs recettes annuelles, et les dépensent sans retour, soit pour l'entretien personnel de leur existence, soit pour leurs plaisirs et leurs caprices. C'est la récolte de l'année mangée tout entière, sans que rien en ait été employé pour l'ensemencement de la récolte suivante. Ils continuent à vivre sur le produit de leur capital, s'ils en ont un, ou de leur profession. Parfois même, si leurs dépenses excèdent leurs recettes, ils tarissent la source de celles-ci, et, au lieu de contribuer à accroître ou à maintenir au moins le niveau de la richesse sociale, ils la diminuent. D'autres, plus heureux ou plus sages (tous ne sont pas à même d'y réussir), prélèvent sur leurs ressources annuelles, après avoir assuré leur existence, une somme plus ou moins importante, qu'ils placent, selon leurs préférences, en terres, en actions industrielles, en participations à des entreprises dont ils espèrent des bénéfices. Et c'est ce que beaucoup de personnes, trompées par l'apparence, appellent ne pas dépenser ses revenus, et ce dont, parfois, l'on fait un crime à ces gens économes, en leur reprochant de ne point « faire aller le commerce ».

Ce sont eux, en réalité, qui développent les affaires et entretiennent l'activité productive, ce sont eux, non pas qui dépensent le plus, au cours de l'année présente, mais qui dépensent le mieux, le plus utilement, pour la société comme pour eux-mêmes, et qui préparent, pour les années suivantes, l'augmentation progressive de leurs dépenses et de celles des autres. Que font-ils, en effet ? Ils convertissent des ressources passagères, qui, entre des mains moins prévoyantes, disparaîtraient sans rien laisser derrière elles, en ressources durables ; ils constituent des capitaux nouveaux, qui alimenteront un nouveau travail, accroîtront la fortune publique et fourniront, par conséquent, à l'impôt, une base plus large. C'est ce que l'économiste Adam Smith exprimait en disant : « L'économe est le fondateur d'un atelier public, qui fournira du travail, et de plus en plus, aussi longtemps qu'il n'aura pas été arrêté par la maladresse de ses successeurs. Le prodigue est un héritier indigne, qui jette au vent la cendre de ses pères et tarit la source des bienfaits qu'ils avaient préparés pour leurs descendants. » *Épargner, c'est dépenser.*

LE GILET DE LA FRATERNITÉ

Les saint-simoniens, à l'époque où, sous la direction d'Enfantin, ils avaient adopté un costume spécial et s'étaient retirés sur les hauteurs de Ménilmontant, portaient entre autres, comme symbole visible de la fraternité dont ils faisaient profession, un gilet qui s'attachait par derrière, et que, par conséquent, on ne pouvait mettre seul.

L'idée était belle. La façon de l'exprimer était ridicule et enfantine (soit dit sans calembour).

Il n'est nullement nécessaire pour sentir le besoin que nous avons les uns des autres, de nous astreindre à la gêne volontaire d'un vêtement incommode et disgracieux. Il n'est, à vrai dire, aucune pièce de notre costume, quel qu'il soit, aucune partie de notre ameublement, aucun outil, aucun ustensile, aucun objet de consommation, si simple soit-il, qui n'exige, pour être mis à notre disposition, le travail successif ou simultané de milliers et de milliers de mains, et qui ne soit, par le nombre incalculable d'efforts divers qu'il a exigés, par le mélange de pensées, de volontés, de sueurs, dont il est le fruit, un témoignage incontestable de la sociabilité et de la solidarité humaine.

Un gilet de coton ou de laine, un pantalon, une chemise de toile, supposent : ici, l'élevage des moutons ; là, la plantation du chanvre, du coton ou du lin, avec tout le cortège d'arts et de métiers sans lesquels la culture, même la plus simple, serait impossible; là, la navigation, les chemins de fer, les voitures, les canaux sans lesquels le déplacement des matières premières n'aurait pu être effectué ; Ailleurs, les procédés de filature, de tissage, de teinture, c'est-à-dire toutes les recherches et toutes les inventions de la chimie, de la physique, de la mécanique, sans lesquels ces matières premières n'auraient pu subir les transformations qui en ont fait des étoffes. Et avec tout cela, les édifices pour loger les hommes qui ont accompli ces opérations diverses, les professions indispensables pour leur assurer la nourriture, les institutions qui garantissent leur liberté et leur sécurité, le monde entier, pour tout dire, mis à toute heure, sous une forme ou sous une autre, à la disposition de chacun de ses membres.

Il y a dans la littérature anglaise un petit poème intitulé *la Chanson de la Chemise*, qui dit tout cela admirablement; je la reproduirai peut-être un de ces jours en substance. Mais ce que cette chanson dit d'une chemise, ce que je dis d'une pièce de vêtement quelconque, on peut le dire, et je l'ai déjà fait, absolument de tout. Une assiette de deux sous, un verre grossier, une écuelle de bois, un clou, un simple clou, pour qui sait voir et comprendre, est une merveille qui n'a pu être accomplie que grâce à des prodiges d'intelligence et d'entente dont il est impossible de donner une idée exacte et complète. Une femme qui s'est occupée avec distinction d'économie politique, l'anglaise miss Martineau, a écrit, en prenant un exemple approprié à sa nation, que le plum-pudding suppose une division du travail qui confond l'imagination. Miss Martineau a eu raison, mais il est triste que l'on soit obligé de répéter ces choses, et réduit à les répéter si souvent en vain. Les hommes ne peuvent se passer les uns des autres ; ils ne peuvent rien que par l'union de leurs efforts, et ils passent leur temps à se quereller au lieu de s'aider, et à se contrarier dans leurs travaux au lieu de se tendre la main pour les rendre plus faciles et plus fructueux.

Décidément, l'on a bien fait de ne pas adopter le gilet saint-simonien ; mais l'on aurait grand besoin d'entendre encore, sur ce point au moins, la prédication saint-simonienne.

LES PRODUITS ÉTRANGERS

Nous sommes dans un temps où beaucoup de personnes semblent considérer comme un malheur pour un pays d'avoir des relations commerciales avec les autres pays. Tout au plus, ces personnes semblent-elles croire qu'on est à plaindre quand on achète à ses voisins ; et, pour éviter ces désagréments, elles ne savent qu'inventer dans le but d'écarter ce qu'elles appellent l'*invasion des pays étrangers*. Elles ne s'aperçoivent pas, dans leur naïveté, que si l'on se refuse à acheter aux autres, on se condamne du même coup à ne leur point vendre ; car l'un est la contre-partie de l'autre, et toute vente suppose un achat, comme tout achat suppose une vente.

Elles oublient également que, si l'on achète aux autres ce qu'ils ont à offrir, c'est apparemment parce que l'on en a besoin, nul, à moins d'y être contraint par la force, ne faisant la sottise de se défaire de son argent ou de ses produits autrement que pour y trouver un avantage. Matières premières servant à l'industrie et, par conséquent, aliments du travail national, objets de consommation directe servant à la satisfaction de nos besoins et, par conséquent, aliments de notre bien-être : tout ce que nous achetons à l'étranger *librement* rentre dans ces deux catégories et, dès lors, est un bien pour nous.

La meilleure preuve qu'il en est ainsi, c'est que nous consentons, pour nous procurer ce bien, à vendre ce que nous avons produit, c'est-à-dire à nous dessaisir de ce que nous possédons et à faire un sacrifice que nous jugeons profitable. Au fond, sacrifice et bénéfice sont réciproques ; et c'est pour cela que l'opération s'accomplit.

La France, par exemple, cède à l'Angleterre ce qu'il en coûterait plus à l'Angleterre de produire elle-même que d'acheter en France, et l'Angleterre, de son côté, cède à la France ce que la France ne pourrait, sans plus de peine et de frais, se procurer par elle-même. De telle sorte, faut-il dire en fin de compte, que dans tout échange libre — il importe ici d'insister sur ce mot — il y a, comme je l'ai fait ressortir après Condillac, gain pour les deux parties, et que le profit de l'un, au lieu d'être, comme le prétendait Montaigne, le dommage de l'autre, est également le profit de l'autre.

Ce serait, assurément, une raison suffisante pour souhaiter le développement de plus en plus marqué des relations commerciales entre les diverses nations, entre celles qui constituent la société européenne, notamment. A les rompre, à les interrompre ou à les restreindre seulement, on peut avoir, si c'est une satisfaction, la satisfaction de nuire aux autres; mais on a très certainement, lors même que l'on se refuse à se l'avouer, le mécompte de se nuire à soi-même. Ce n'est pas tout ; ce n'est même pas là le côté le plus important du commerce international. S'il est utile et bienfaisant, au point de vue des intérêts matériels, comme stimulant de l'industrie, puisque sans industrie il n'y a pas de commerce, comme fournisseur du travail et de l'alimentation nationale, puisque tout ce qu'il apporte, leur profite, il est bien plus important encore comme agent et comme gage de bienveillance, de concorde et, par conséquent, de paix. Ce n'est pas en vain que l'on a, avec des voisins, hommes ou peuples, des relations habituelles d'affaires ; que l'on voit en eux des clients, vendeurs ou acheteurs que l'on est tenu de ménager ; que l'on échange avec eux, en d'autres termes, des services quotidiens ; car tout produit est un service, toute affaire un lien ; et la langue diplomatique n'a point eu tort qui, de tout temps, a consacré cette formule : *traité de commerce et d'amitié*.

Ce n'est pas impunément, par contre, que l'on desserre ces liens et qu'à l'amitié fondée sur l'intérêt réciproque, on s'expose à substituer l'antagonisme de prétendus intérêts contraires.

Aussi, Cobden avait-il raison lorsqu'il disait au gouvernement de son pays, à l'occasion de demandes de crédit pour des blindages de navires et des fortifications de côtes : « Donnez-moi les droits qui entravent encore notre commerce avec les autres nations ; laissez-moi ouvrir en pleine liberté nos ports à toutes les marines et à tous les commerces du monde, et je vous ferai, moi, sans qu'il en coûte rien à la liberté et à la bourse des citoyens anglais, avec des ballots de laine et de coton, avec des chargements de blé et des amoncellements de charbon, des remparts plus assurés et plus impénétrables cent fois que tous ceux que vous pourrez fabriquer en livrant au démon de la science moderne les millions et les milliards que vous arrachez à la sueur et au sang des populations ! »

Je reprends, je répète, en les appliquant comme Cobden, à mon pays, mais en les étendant, comme il le faisait assurément, dans son haut esprit, à tout l'ensemble du monde civilisé, ces paroles à la fois si fines, si justes et si profondes. Elles sont, aujourd'hui, bien plus qu'elles ne l'étaient alors, de circonstance, car bien plus qu'alors l'Europe est en train de se hérisser de canons et de forteresses et d'épuiser, pour alimenter l'art de détruire et préparer sa ruine et sa misère, tout ce que l'art de produire pourrait lui fournir pour préparer sa prospérité et sa richesse.

LA CHARITÉ A LA MÉCANIQUE

Est-ce un canard, n'en est-ce pas un ? Après tout, dans un siècle qui envoie non seulement la pensée, mais la parole à travers l'espace, par delà les montagnes et les mers; dans un siècle qui met les sons en magasin et se vante de transmettre à la postérité la plus reculée, la voix des orateurs et des artistes ; dans un siècle qui enregistre automatiquement les moindres variations des influences atmosphériques et saisit au vol les images les plus fugitives, qu'y aurait-il de surprenant à ce que l'on eût trouvé le moyen de confier à une machine le soin de distribuer, aux trop nombreuses mains qui les réclament, les sous que la pitié ou l'importunité arrache chaque jour aux nôtres ? Ce qui serait plus surprenant, si la chose est vraie, c'est que cette machine, en remplissant sa tâche automatique, la remplirait avec plus d'intelligence, plus d'utilité surtout, que nous n'avons l'habitude de le faire.

Vous connaissez ces appareils, placés maintenant un peu partout, qui, en échange d'une pièce de dix centimes, donnent à qui veut une tablette de chocolat, un paquet de papier à cigarettes ou tel autre objet plus ou moins analogue. Il s'agirait, suivant un journal anglais, de leur faire donner ce qu'aujourd'hui ils reçoivent : des pièces de dix centimes.

N'importe qui, ayant besoin ou envie de deux sous, n'aurait qu'à les demander à la machine à deux sous, comme il demande aujourd'hui une tablette de chocolat à la machine à chocolat. Il n'y aurait de changé que la manière de s'y prendre. On tournerait une manivelle, et au bout d'un certain nombre de tours, les deux sous vous tomberaient dans la main. Seulement — et c'est là l'idée originale — cette manivelle actionnerait un mécanisme utile. Elle mettrait en mouvement une pompe qui ferait monter de l'eau, développerait un courant électrique, accumulerait quelque part, pour des usages sérieux, une force actuellement perdue. Ce serait avec du travail, et du travail bon à quelque chose, que l'on achèterait la pièce de monnaie dont on aurait besoin.

Ma foi! l'idée est ingénieuse. Je ne suis pas bien sûr que de tous les deux sous ainsi achetés, pas plus que de tous les deux sous journellement reçus pour rien, il ne fût jamais fait qu'un bon emploi. Il y aurait encore des ivrognes endurcis qui, aussitôt leur pièce de billon gagnée, s'en iraient la changer pour un petit verre ; mais il n'y en aurait pas tant certainement et, du moins, ils auraient payé de quelque service la satisfaction de leurs mauvaises habitudes. Et puis, voyez quel avantage pour les gens qui hésitent entre la pitié et la crainte d'encourager la fainéantise ! Au lieu de donner deux sous à un mendiant, on les mettrait devant lui, dans la machine, et on lui dirait : « C'est pour vous, mon ami ; vous n'avez qu'à prendre la peine de dire à la machine de vous les rendre. »

Quelle leçon de morale enfin, et à l'usage de tout le monde ! Quelle prédication efficace et irrésistible que cette prédication en plein vent, à tous les coins de rue, disant à tous, sous forme visible et tangible : Toute peine mérite salaire ; mais tout salaire mérite peine.

Le jour où nous serions tous convaincus de la vérité de cette formule, le monde serait changé, et, des trois espèces de personnes qui s'y disputent les moyens d'existence : les voleurs, les mendiants et les salariés, il n'en resterait plus qu'une : les salariés.

Décidément, la machine à deux sous est une belle invention. Et la charité automatique, si elle se réalise, sera la plus grande révolution du xxe siècle.

QUINZE POUR CENT DE FÉCULE

Nous entendons crier tous les jours contre la concurrence et contre les fraudes auxquelles elle pousse les marchands. Elle n'a pas même épargné les aliments les plus indispensables; et la mort, a dit, dans un beau langage, un poète anglais, est à l'œuvre jusque dans les éléments de la vie.

Aussi, tous les jours, fait-on appel à la vigilance de l'administration, et lui demande-t-on de vérifier avec un soin scrupuleux et, sans doute, avec une sûreté infaillible, la nature et la pureté des substances qui nous sont offertes en vente.

Que cette surveillance et cette vérification soient de sa compétence, dans un certain nombre de cas, et qu'il soit difficile de se passer d'elle, je ne voudrais pas le nier. On ne comprendrait guère, je l'avoue, que le commerce des champignons fût laissé sans garantie, ou que l'abatage des animaux de boucherie se fît sans aucune inspection de nature à écarter les viandes manifestement malsaines. On s'explique encore, bien que l'efficacité en soit assez douteuse, les vérifications faites chez les débitants de boissons pour s'assurer de l'innocuité des mélanges qu'ils livrent aux consommateurs.

Mais la plupart du temps, on en conviendra, les distinctions à établir entre les marchandises de bonne qualité et celles qui ne le sont pas, sont bien délicates, pour ne pas dire bien arbitraires. Les bas morceaux sont de la viande tout comme la culotte ou le filet; du vin de Suresnes ou d'Argenteuil est du vin tout comme du Clos-Vougeot ou du Château-Lafitte; et il y a bien des variétés de mélanges qui peuvent porter le nom de chocolat. Les prix, sans doute, ne sont point les mêmes, et les consommateurs se guident d'après leur goût et surtout d'après leur bourse

Soit, dira-t-on, mais, du moins, ont-ils le droit de recevoir une marchandise pure, saine et inoffensive! Sans doute. Mais qu'est-ce qui constitue une marchandise pure et honnête? Un procès, peut-être oublié, a mis en mouvement, devant la justice, les sommités de la médecine et de la chimie, à propos d'un produit qui tient une place considérable sur tous les murs, et, par conséquent, dans un grand nombre de ménages. Il s'agissait de savoir si ledit produit était pur et s'il était salubre. Les princes de la science, tous également autorisés, n'ont jamais pu se mettre d'accord; et, bien que le tribunal ait prononcé, on peut dire qu'ils restent divisés, et que le public l'est aussi.

Je respecte l'autorité de la chose jugée, et je ne suis ni médecin, ni chimiste. Je ne me ferai donc ni l'avocat du chocolat, ni le panégyriste du cacao. Et je ne me permettrai pas de décider si le beurre enlevé à ce dernier produit, l'altère ou l'améliore, et si la potasse, qui le remplace, facilite ou contrarie la digestion et combat ou aggrave l'irritation de l'estomac.

Mais il y a une chose que je dis, et que presque personne ne songe à dire, parce que c'est celle à laquelle tout le monde aurait dû d'abord penser. Cette chose, c'est que si les goûts diffèrent et si l'on peut différer d'opinion sur les qualités nutritives ou hygiéniques de telles ou telles substances, il est un point sur lequel le doute ne devrait pas être possible. On peut me vendre des produits de qualités et de compositions très diverses. Et si, sachant ce qu'ils sont, je trouve bon de les acheter, je n'ai absolument rien à dire. Mais on doit me faire connaître loyalement ce qu'ils sont. Et si, m'en ayant garanti la composition et la nature, on me livre autre chose que ce que l'on m'a annoncé, j'ai le droit de me plaindre, et l'on est punissable, non pas pour m'avoir livré une chose nuisible, mais pour m'avoir livré une chose autre que celle que j'ai entendu me procurer. Il y a tromperie sur la qualité de la chose vendue, tout comme il y a tromperie sur le poids, sur la mesure ou sur la contenance, quand on se sert d'instruments altérés.

Il faut avouer, et c'est encore une réflexion à

faire, que bien souvent si le marchand trompe le client, c'est que le client veut bien être trompé. Il veut absolument qu'on lui donne du chocolat garanti pur à 1/2 prix de ce que coûte du cacao de qualité moyenne. Il entend qu'on lui livre, dans Paris, du vin facturé Bordeaux, à 60 ou 80 o/o au-dessous de ce que le Médoc coûte dans la Gironde. Franchement, tant pis pour lui. Et qu'il s'appelle ou non comme le personnage de Molière, on est fondé à lui dire s'il se plaint : tu l'as voulu, Georges Dandin.

Sancho Pança, qui était un homme de grand sens, a eu, on se le rappelle, à juger un cas analogue. Un bourgeois amène à son tribunal un tailleur qui lui a livré 5 capuchons bons tout au plus, dit-il, à mettre sur le poing. Le tailleur répond que cet homme, en lui apportant une pièce de drap, lui a demandé s'il y en avait assez pour faire un capuchon ; puis, sur sa réponse affirmative, s'il n'en pouvait pas faire 2, puis 3, puis 4, et enfin 5. Naturellement, les dimensions sont en raison inverse du nombre. Et l'illustre gouverneur de l'île de Barataria en Terre-ferme, prononce que le bourgeois, comme punition de son avidité et de sa sottise, en sera pour son étoffe perdue, et que le tailleur, pour s'être joué de lui, en sera pour sa peine et ses frais. Dans combien de cas, acheteurs et vendeurs ne mériteraient-ils pas qu'on leur appliquât cette double sentence ?

Ces réflexions me sont venues en mémoire à l'occasion de ce cacao pur, qui pouvait prétendre à toutes les qualités, sinon (il l'a proclamé lui-même), à celle d'être pur. Mais il y a bien longtemps que je les ai faites pour la première fois. C'était en 1862 ou 1863, à Bordeaux. Chez un boulanger sur le cours de l'Intendance, on voyait affiché : *Chocolat contenant 15 o/o de fécule.* A la bonne heure, me dis-je, voilà un homme qui a trouvé la vraie formule ! Il annonce exactement ce qu'il vend. Vous aimez ou vous n'aimez pas la fécule dans le chocolat ; vous êtes ou vous n'êtes pas de l'École de Brillat-Savarin, qui déclarait que le chocolat ne doit pas épaissir. Mais quand vous avez acheté le vôtre dans cette boutique, s'il ne contient que les 15 o/o de fécule annoncés, vous n'avez absolument rien à dire. Vous saviez ce que l'on vous offrait. Achetez-en dans la boutique à côté, où il est donné comme composé uniquement de cacao et de sucre ; et, s'il y a seulement 2 et 3 o/o de fécule, vous avez le droit de vous plaindre; à plus forte raison, si l'on y a mis de la farine, du tourteau et de l'ocre.

Vers 1854, un marchand nommé Paillard, avait imaginé de vendre, sous le nom de Mélange Paillard, une farine contenant une certaine quantité de pois ou de féverole, avec laquelle, disait-il, on faisait un pain moins agréable que celui de pur froment, mais nourrissant et beaucoup moins cher. Il fut condamné pour falsification. L'arrêt est assez vieux, et les juges probablement assez enterrés, pour que je puisse dire, sans risque comme sans inconvenance, que cela n'avait pas de sens commun. On pouvait soutenir que le Mélange Paillard ne valait rien ; on ne pouvait pas dire que ce fût une falsification.

Plus récemment, un député marchand de vins, qui se prétendait l'organe de ses collègues du comptoir, en quoi il se trompait, soutenait devant une commission extra-parlementaire, que j'avais l'honneur de présider, que l'on avait tort de se plaindre des débitants qui vendaient comme pur du vin mélangé d'eau. Jusqu'à 20 o/o, déclarait-il, on n'a rien à leur dire. Et comme argument suprême : « Vous mettez de l'eau dans votre vin, ajoutait-il, quand vous êtes à table ; pourquoi trouvez-vous répréhensible que nous en mettions dans le nôtre ? » Nous lui fîmes observer, Yves Guyot et moi, que, si nous en mettions, c'est que cela nous convenait ; et que s'il nous convenait de boire un verre de vin pur, nous entendions en avoir la faculté. « Ayez, lui dîmes-nous, des prix différents pour les vins non mouillés et pour les vins mouillés ; affichez dans vos boutiques : vin pur, tant ; vin à 20 o/o d'eau, tant, et vous serez en règle avec la loi et avec votre conscience. » C'est, si je ne me trompe, le parti qui a été adopté.

C'est celui auquel il faut s'en tenir, car c'est le seul qui soit raisonnable. Voir les choses comme elles sont, dire les choses telles qu'elles sont, vendre les choses pour ce qu'elles sont, tout est là. Et, si on le voulait bien, on reconnaîtrait que la meilleure de toutes les polices, dans la plupart des cas, c'est la police de la Liberté.

DEMANDEZ LA LISTE DES RICHARDS DE LA VILLE

C'est une histoire déjà ancienne, et je l'ai contée plus d'une fois. Mais elle est toujours de circonstance, et je crois bien faire en la contant de nouveau.

Un jour donc, pendant le triste hiver de 1870-1871, à Lyon, on entendait crier dans les rues : « Demandez la liste des richards de la ville, avec leur adresse et le chiffre de leur fortune ! »

C'était une feuille soi-disant démocratique.

C'est toujours au nom de la démocratie qu'on égare, qu'on exploite et qu'on gruge les malheureux dont on connaît la naïveté. C'était, dis-je, une feuille soi-disant démocratique qui donnait cette liste des richards. « Peuple ! » disait-elle, en reprenant les sophismes de MM. Thoré, Proudhon et autres, « tu souffres ; le travail manque, et l'on te dit que c'est le capital qui fait défaut pour t'en donner. Le capital faire défaut ? Allons donc ! Va-t-en voir chez M. A., telle rue, tel numéro. Il a cinq millions. Va chez M. B. Il en a trois. Va chez M. C. Il en a six. » Et ainsi de suite.

Le peuple lyonnais, qui a eu parfois ses emportements, mais qui est honnête, n'y alla pas voir, et bien lui en prit. Car, chez ces richards de la ville, s'il y était allé, il aurait trouvé, dans de beaux appartements sans doute, à côté de leur caisse vide, des gens bien embarrassés pour faire face, à Lyon, ou ailleurs, à leurs échéances passives, incapables qu'ils étaient de faire toucher, à Paris et dans les autres villes investies ou occupées par l'ennemi, leurs échéances actives, et réduits peut-être à demander crédit à leur boucher et à leur boulanger.

Aujourd'hui, ce n'est plus sur un point déterminé du territoire et par la voix des crieurs d'une petite feuille sans conséquence ; c'est partout, sur tout l'ensemble du territoire, dans les villes et dans les campagnes, dans les moindres hameaux comme dans les grands centres, que l'on nous menace de voir dresser, plus ou moins arbitrairement, l'inventaire des fortunes de tous les citoyens. Et c'est officiellement, au nom des administrations et des pouvoirs publics, que l'on se prépare à faire répéter partout ce cri inoffensif en 1870-1871, mais qui ne le serait pas longtemps actuellement : « Demandez la liste des richards, avec le chiffre de leur fortune, leur rue et leur numéro ! »

Et non seulement on la dresserait, cette liste,

mais on l'arrangerait, au besoin, à sa fantaisie. Et sans prendre la peine de la vérifier, on mettrait en coupe réglée, selon son caprice ou selon les exigences de la cupidité et de l'envie, suscitées à plaisir, les fortunes modestes ou grandes, fruit du travail et de l'économie d'hier, aliment et réserve du travail et du salaire de demain.

Allons, Messieurs, dressez et publiez la liste des richards !

Mais, si vous voulez trouver quelque chose dans leurs caisses, dépêchez-vous, car, à ce jeu-là, il n'y en aura pas longtemps des richards.

Et alors, quand vous aurez tari le fleuve où le salaire se puise, où trouverez-vous des ressources pour alimenter l'impôt dont vous aurez décuplé les charges, et pour soulager la misère que vous aurez centuplée ?

USINE A VENDRE

C'est aussi une vieille histoire celle-ci ; mais elle est toujours de circonstance et il n'est pas inutile de la rappeler.

Un industriel de Limoges, M. Monteux, menacé d'une grève qui, probablement, n'était pas suffisamment motivée (il y en a qui le sont, et il y en a qui ne le sont pas), a empêché cette grève d'éclater en prévenant ses ouvriers que c'était à prendre ou à laisser, mais que si le travail était suspendu, l'usine ne serait pas rouverte.

Sur quoi, il se trouve de prétendus amis des ouvriers pour jeter feu et flamme et déclarer que, si les ouvriers ont le droit de quitter l'atelier quand il leur convient, ou de formuler leurs prétentions comme il leur plaît, les patrons n'ont ni le droit de refuser ce qu'on leur demande ni celui de cesser leurs affaires. Tout pour les uns, rien pour les autres.

Je voudrais savoir pourtant comment on s'y prendrait, soit pour faire venir à l'atelier des ouvriers qui ne veulent plus y venir, soit pour contraindre à tenir l'usine en activité et à payer des salaires un patron qui s'y refuse ou dont la bourse est à sec. C'est avec ces exagérations que l'on tue l'industrie tout simplement, ou, quand on ne la tue pas, qu'on la surcharge de faux frais, de pertes sèches et de frottements de toute nature.

Ce n'est pas la première fois, c'est ce que je tenais à dire, que des industriels se voient amenés à la la résolution extrême à laquelle s'est arrêté M. Monteux, et, malheureusement pour leurs ouvriers comme pour eux, elle n'a pas toujours aussi bien réussi, parce que, hélas! ceux à qui elle a été signifiée n'ont pas su, comme les ouvriers de M. Monteux, la prendre au sérieux et la comprendre.

Il y avait jadis à Bordeaux, sur le chemin du Médoc, une importante fabrique de chapeaux, admirablement installée, dirigée avec intelligence et dont le chef faisait preuve, jusque dans les moindres détails de ses installations, de la plus louable sollicitude pour le bien-être et la santé de ses ouvriers. Des perfectionnements introduits par lui dans le travail, l'emploi de machines nouvelles dont il était l'inventeur, lui avaient permis de passer des marchés qui lui assuraient trois années d'activité, trois années pendant lesquelles il pouvait garantir tout son personnel contre toute crainte de chômage ou de réduction de salaire. Au lieu de se féliciter de cette perspective et de le remercier de la sécurité qu'il leur donnait, les ouvriers, égarés par quelques faux frères, commencèrent par se refuser à toute modification dans les procédés de travail. Lorsque les machines nouvelles furent introduites, ils s'arrangèrent pour les empêcher de fonctionner et les briser. Et quand, enfin, le patron, à bout de raisonnement et d'exhortations, leur demanda ce qu'ils voulaient :

— 15 o/o d'augmentation tout de suite, répondirent-ils, et le droit de travailler quand ça nous conviendra.

— C'est bien, fit alors le malheureux industriel, qui pour être bienveillant n'en était pas moins énergique, et il mit un écriteau sur la porte : *Usine à vendre*. Et, comme il l'avait dit, il le fit.

Plusieurs années après, l'écriteau y était encore. Et de proche en proche, par la funeste contagion d'exigences impossibles, les ouvriers chapeliers de Bordeaux ont fait dépérir dans cette ville une industrie qui y était autrefois l'une des plus prospères.

IL FAUT QUE TOUT LE MONDE VIVE

On raconte qu'au siècle dernier, un pamphlétaire, cherchant à sortir de son obscurité, avait écrit contre un ministre un libellé odieux.

Poursuivi, comme il méritait de l'être, il fut amené devant le ministre qu'il avait attaqué. Et celui-ci lui ayant demandé, avec une certaine bonhomie, comment n'ayant aucun sujet de se plaindre de lui, il avait pu faire une si vilaine besogne : « Monseigneur, répondit l'homme, il faut bien que je vive ! » A quoi l'autre de répliquer tout simplement : « Je n'en vois pas la nécessité. »

Le mot paraît dur. L'est-il autant qu'il le paraît ? Et, s'il l'est en réalité, à qui la faute : à celui qui le prononce ou à celui à qui il s'adresse ?

Il faut bien que tout le monde vive, dit le libelliste, pour excuser ses calomnies ; le journaliste pour excuser ses fausses nouvelles, et ses articles mensongers ; le tripoteur d'affaires pour excuser ses prospectus trompeurs et ses émissions frauduleuses ; l'avocat pour excuser l'indifférence avec laquelle il prête le secours de sa parole aux bonnes et aux mauvaises causes ; le littérateur pour excuser la préférence avec laquelle il sert au public des œuvres malsaines et corruptrices ; le fonctionnaire civil ou militaire pour excuser les manœuvres par lesquelles il entraîne son pays dans des aventures où s'engloutiront, avec des millions, des milliers d'existences humaines, mais qui lui donneront, à lui, il l'espère du moins, honneur et richesse !

« La paix ! la paix ! Cela vous est facile à vous messieurs les bourgeois, messieurs les commerçants, de vous réjouir de ce que la paix est conclue », disaient un jour, sur le quai d'une gare, à la nouvelle de la paix de Villa-Franca, trois ou quatre jeunes officiers que scandalisait la satisfaction de leurs voisins. « Mais, nous autres, que diable ! comment voulez-vous que nous avancions si on ne tue pas les camarades ? »

Non, il ne faut pas que tout le monde vive si, pour que tout le monde vive, il est nécessaire que beaucoup vivent d'une façon malhonnête et nuisible.

Il ne faut pas que tout le monde vive si, pour vivre comme on cherche à le faire, on empêche les autres de vivre comme ils ont le droit de le faire.

Il faut que personne ne vive malhonnêtement, c'est-à-dire aux dépens d'autrui. Et comme tout ce qui porte atteinte à l'honnêteté, tout ce qui excite les mauvais sentiments et les mauvaises dépenses est une perte sèche pour le développement du bien-être général, en empêchant les uns de vivre mal, on permettra à un nombre plus considérable de vivre bien.

Oui, il faut que tout le monde vive, ou puisse vivre en méritant de vivre. Et c'est pour cela que ce dicton, pris dans le sens qu'on lui donne habituellement, est un non-sens.

LA RÉDUCTION DES HEURES DE TRAVAIL

Vers la fin de l'automne 1868, en novembre, je crois, j'étais allé en Alsace, appelé par Jean Dolfus, qui désirait m'y voir faire des conférences, et de là à Genève, où j'avais provoqué une section de la *Ligue internationale et permanente de la paix*. Au retour, sur les instances de la *Société industrielle de Reims*, présidée par mon ami Jules Warnier, je me rendis dans cette ville, mais en passant par Metz, où me réclamait un autre de mes amis, Jules Lejeune, plus tard secrétaire perpétuel de l'Académie de Stanislas, à Nancy, où il s'était retiré après la guerre.

C'est chez lui, entre les deux conférences que je fis à Metz, que je reçus de MM. Dupont-Dreyfus, grands industriels du voisinage, l'invitation d'aller parler à leurs ouvriers, à Ars-sur-Moselle. J'ai conté ailleurs, et notamment dans un volume *Vérités et Paradoxes*, comment j'y fus accueilli, et comment les patrons, après les ouvriers, prouvèrent par des faits, que mes paroles n'avaient pas été perdues. Elles eurent entre autres, pour résultat, de faire réduire d'une heure, au printemps suivant, la durée de la journée de travail ; ce dont les ouvriers me remercièrent, en m'envoyant, quelque temps après, un cadre en fer, travaillé de leurs mains avec beaucoup d'art, et portant, au-dessus de mon chiffre, la mention de l'hommage qui m'en était fait.

Je ne sais si j'ai encore la lettre par laquelle l'ingénieur-directeur, M. Rémaury, en se faisant leur interprète, m'annonçait l'envoi de ce souvenir, me priant au nom de ses subordonnés, de le recevoir avec autant de plaisir qu'ils en avaient eu à le faire. Mais je retrouve celle par laquelle, un peu plus tôt, il me faisait connaître la résolution prise par ses patrons de laisser désormais une heure de plus à leur personnel et la façon dont cette mesure avait été accueillie. On ne lira pas, je crois, sans intérêt, ni sans profit, cette page, encore bonne à méditer, de notre histoire industrielle. La voici :

Forges d'Ars-sur-Moselle, 19 mars 1869.

« Monsieur,

» La réduction des heures de travail n'est pas restée à l'état théorique dans mon esprit et dans mes actes, depuis que j'ai eu le plaisir d'en causer avec vous.

» Il y a déjà quelques années, les règlements de

l'usine ont été modifiés dans un sens favorable aux ouvriers non assujettis au travail de nuit, je veux parler des ouvriers des ateliers (ajusteurs, mouleurs, maçons, etc.). A partir du 1ᵉʳ avril jusqu'au 1ᵉʳ octobre, ils venaient au travail à cinq heures du matin et ne partaient qu'à sept heures du soir : la journée de travail effectif étant de douze heures et demie, déduction faite d'une demi-heure pour déjeuner (8 heures à 8 heures 1/2) ; une heure pour dîner (midi à une heure).

» Comme le dit justement M. Warnier dans la lettre que vous voulez bien me communiquer, les manufacturiers regimbent devant l'idée d'une réduction de temps de travail. Ce ne fut pas sans difficulté que je parvins à faire admettre la réduction d'une demi-heure.

» C'était peu ; mais ce fut néanmoins une grande satisfaction pour l'ouvrier, qui après le travail aime à cultiver un bout de jardin.

» Je ne constatai pas une diminution dans le travail. L'ouvrier n'avait pas demandé la faveur qu'il recevait : c'était une sorte d'appel fait à sa conscience, Il fut entendu. Depuis lors, je n'ai cessé de songer à la suppression de l'heure trop matinale de 5 à 6 heures, qui équivaut, pour les ouvriers habitant les villages voisins, à la nécessité de se lever à 4 heures.

» Cette année, dans notre vallée, les travaux de la canalisation de la Moselle, de la construction d'un pont entre Ars et Jouy, de la construction des forts à Metz, etc., amèneront, et ont déjà amené une pénurie d'ouvriers des catégories dites d'ateliers et de manœuvres. Joignant cet argument à tant d'autres, aux résultats constatés à Mulhouse et à Verviers, j'ai pensé que le moment était venu d'établir une règle uniforme et de ne faire commencer partout le travail qu'à 6 heures du matin, heure à laquelle, dans le service des laminoirs et des hauts fourneaux, la tournée de jour succède à la tournée de nuit.

» C'est dimanche prochain que je vais réunir les ouvriers intéressés à la question et leur annoncer la nouvelle réduction des heures de travail.

» Je compte leur développer, en quelques mots, l'intime solidarité des intérêts du patron et de l'ouvrier, qui devront finir par devenir de véritables associés au fur et à mesure qu'ils se témoigneront une mutuelle confiance.

» N'est-ce pas laisser au patron un bien beau rôle que celui de faire résolument les premiers pas dans cette voie?

» Je suis heureux, Monsieur, de vous annoncer ce résultat, que je suis enchanté de pouvoir inaugurer dans notre département industriel, avec l'espoir que notre exemple sera bientôt suivi par d'autres établissements.

» Je suis, Monsieur, votre dévoué serviteur. »

» H. Rémaury. »

Les usines d'Ars-sur-Moselle étaient alors en France, comme la grande ville dans laquelle, après m'être adressé au personnel ouvrier de MM. Dupont-Dreyfus, j'avais, le lendemain, traité devant ces messieurs la question de la réduction des heures de travail. L'une et l'autre, l'agglomération industrielle et la place forte de Metz, sont, aujourd'hui, de l'autre côté de la frontière. Mais je reste fier d'avoir pu contribuer, avec des compatriotes, à l'une de ces réformes qui, lorsqu'elles ont une fois fait leurs preuves, sont acquisés pour l'humanité entière.

BOIRE LA MER

On connaît l'histoire de ce buveur imprudent qui, ayant un soir absorbé trop de vin, avait parié que le lendemain il boirait la mer. Grand fut son embarras quand, le matin, dégrisé, on lui rappela sa folle promesse. Ésope, son serviteur, qui avait réponse à tout, vint heureusement à son secours. « Vous vous êtes engagé à boire la mer, lui dit-il, soit; mais on ne peut vous obliger à boire aussi les fleuves. Qu'on les arrête, et après cela, vous vous exécuterez. »

J'ai entendu un jour — c'était, je crois, à propos de l'*Orphelinat de la Seine* — Laboulaye rappeler agréablement cette anecdote : « Si nous voulons, disait-il, tarir ou du moins faire baisser cet océan de misères et d'iniquités qui parfois menace de nous submerger, c'est aux affluents qui l'alimentent qu'il faut nous attaquer. Et, tout d'abord, puisque l'enfant est le père de l'homme, puisque de ce que nous ferons de ces petits êtres qui commencent à s'essayer à la vie doit dépendre ce que sera un jour la société, occupons-nous des enfants ; détournons d'eux, autant qu'il est en notre pouvoir de le faire, la misère, la souffrance, l'erreur et tous les sentiments injustes et amers qui troublent le cœur et égarent la raison. »

Laboulaye disait vrai : jamais, sans doute, il ne faut désespérer d'aucun être humain. Jamais il ne faut, en présence de ce déchet, de ce rebut de l'humanité, qui semble n'être plus qu'une honte et un danger, se dire qu'il n'y a rien à faire ni à tenter, et que le fer et le feu sont les seuls procédés applicables pour s'en défendre ou pour s'en débarrasser.

Mais quelque zèle qu'on y apporte, quelque habileté qu'on y mette — il faut bien le dire — le résultat, une fois un certain âge atteint, sera toujours mince et peu assuré. Le vieil arbre qui a pris un mauvais pli ne l'abandonne guère, ou, si parfois, au prix d'un grand effort, il se laisse momentanément redresser, il revient sur lui-même aussitôt qu'on a cessé de le maintenir. Le jeune arbre se laisse aisément diriger, et quand il a pris une bonne direction, il la garde.

De là — sans méconnaître, encore une fois, l'intérêt et l'utilité d'autres œuvres — l'importance exceptionnelle de toutes les œuvres de préservation, de correction et d'éducation de l'enfance. Il est clair que si l'on pouvait, par le développement donné à cette tâche, arriver à purifier et à éclairer toutes les jeunes générations, la société, comme une mer impure dans laquelle ne seraient plus versées que des eaux claires et limpides, se trouverait, au bout d'un certain temps, purifiée toute entière.

Est-il possible d'atteindre un tel résultat? Non, sans doute. Ce serait vraiment boire la mer, et personne ne peut avoir une telle ambition. Mais ne peut-on pas au moins en obtenir une partie ; et, par exemple, supprimer cette mendicité des enfants, qui est le plus souvent une exploitation coupable et honteuse; toujours, ou presque toujours, une préparation au vice et au crime, une école de perdition et de perversité ?

Ainsi, du moins, l'ont pensé — mais ils ont voulu préparer et mûrir leur entreprise avant de faire ouvertement appel au public — un certain nombre d'hommes, frappés comme nous le sommes tous, de ce triste et hideux spectacle de la mendicité infantile. Ils se sont dit que mettre, par importunité ou par pitié, des sous dans ces petites mains auxquelles de plus grandes n'en laisseront pas longtemps le bénéfice, c'est subventionner presque certainement la plus abominable des industries, cultiver tout au moins, dans ces jeunes âmes, l'habitude du vagabondage et de la paresse; et que, d'un autre côté, refuser, refuser toujours, c'est quelquefois priver de pauvres petits estomacs de la plus indispensable nourriture, et souvent appeler sur d'innocentes victimes les mauvais traitements de parents indignes ou d'exploiteurs dénaturés.

Mais que faire ? Et comment arriver à faire cesser, en cessant de l'alimenter, cette industrie déplorable de la mendicité infantile ? Il n'y aurait qu'un moyen : ce serait de s'organiser de telle façon qu'à toute personne rencontrant un enfant qui mendie, on pût dire : Ne donnez pas deux sous, mais donnez deux minutes de votre temps ; prenez le nom et l'adresse, vraie ou fausse — fausse le plus souvent — de cet enfant ; inscrivez-les avec l'indication du lieu où vous l'avez rencontré, et les autres circonstances que vous pourrez noter, dans une carte-lettre ; jetez cette carte-lettre à notre adresse, et nous nous chargeons du reste. Les renseignements qui pourront être pris le seront. Et, si l'enfant peut être retrouvé, ce qu'il y aura à faire, pour aider la famille — au cas où la famille serait méritante — ou pour le soustraire à de mauvaises influences ou à des mauvais traitements sera fait.

Sans doute. Mais comment arriver à cette organisation ? C'est toujours la mer à boire !

Eh bien ! non, nous disent ces hommes de bonne volonté, constitués en une société régulièrement autorisée, non, ce n'est pas la mer à boire ; ce n'est qu'un affluent à détourner. C'est une question de nombre et de bonne volonté de la part du public. Nous avons préparé nos cadres. Et, discrètement, sans vendre la peau de l'ours avant de l'avoir couché par terre, nous avons fait notre apprentissage. Nous avons maintenant, dans tout Paris, des directeurs de quartier, et, autour de ces directeurs, des hommes de bonne volonté, toujours prêts à prendre immédiatement ces renseignements demandés et à faire le nécessaire. Notre outillage est désormais suffisant. Nous pouvons, avec promptitude, fournir secours et travail. Nous pouvons, lorsqu'il y aura lieu, en profitant des lois existantes, et en particulier de la loi de 1889 sur la déchéance de la puissance paternelle, arracher les petites victimes aux mauvais traitements et à la corruption, et appeler, sur les parents indignes ou les entrepreneurs malhonnêtes, le châtiment qu'ils méritent. Nous pouvons, en un mot, nous charger de la police bénévole de la rue, en ce qui concerne l'enfance. Tout ce que nous demandons — sans faire fi de la cotisation annuelle ou des libéralités plus considérables par lesquelles il pourrait vous convenir de nous aider — c'est de vous procurer, chez le secrétaire général, des cartes-lettres à l'adresse de la *Société contre la mendicité des enfants*, et de les jeter à la boîte la plus voisine chaque fois que vous en aurez l'occasion.

En sorte, conclut le petit manifeste contenu dans le premier *Bulletin mensuel* de la Société, que la vraie compassion due à ces malheureux enfants doit consister désormais à refuser l'aumône qui les rive dans leur servitude et leur dégradation, pour leur procurer des secours effectifs et une protection qui sera souvent la libération.

J'ai dit, maintes fois, que ce n'est pas seulement à l'égard de l'enfance qu'il y a une vraie compassion et une fausse. Mais ne parlons aujourd'hui que de l'enfance. Et souhaitons bonne chance à cette jeune Société qui vient, après la *Société du sauvetage de l'enfance* et d'autres sociétés analogues, nous convier à ravir au minotaure la proie chaque jour renaissante de son insatiable avidité.

Elle n'a pas la prétention de boire la mer. Qui sait cependant — si nous voulons bien l'aider dans cette tâche modeste, mais quotidienne, de réduire le premier des affluents qui l'entretiennent — dans quelle mesure elle en pourra faire baisser le niveau ?

LE CAPITAL

Le capital est-il un monstre, un vampire, qui dévore le fruit du travail, gardant pour lui le plus clair du produit, et ne laissant à son malheureux collaborateur, à son esclave, que le strict nécessaire sans lequel il ne pourrait continuer à s'épuiser pour lui? Est-il, au contraire, l'auxiliaire, ce n'est pas assez dire, l'aliment indispensable du travail, qui sans lui serait fatalement désarmé et impuissant?

C'est cette dernière façon de voir qui est la vraie. Mais il faut reconnaître que si le capital en lui-même est bon, l'usage qui en est fait n'est pas toujours irréprochable, et la part qu'il fait au travail dans le partage des fruits de leur nécessaire collaboration, est parfois au-dessous de ce qu'elle devrait être équitablement. De toute force, de toute puissance, de toute ressource on peut abuser, faire un bon ou un mauvais emploi. La science elle-même, la science source de tout progrès, de toute richesse, de toute liberté, de toute dignité, la science peut devenir, entre des mains perverses ou simplement ignorantes, l'arme la plus dangereuse et le moyen de tous les crimes.

Condamnera-t-on pour cela la science ; et brisera-t-on les instruments de chirurgie et les appareils de chimie ou de mécanique ? Le capital, comme l'a bien dit Bastiat, c'est le blé du travail. Le blé, quand il est produit, peut être foulé aux pieds, transformé en alcool pernicieux, ou gloutonnement dévoré, au prix d'indigestions, aujourd'hui, et de disette demain. On n'a pas pour cela la sottise de maudire le blé et de renoncer à en produire. De même pour le capital, c'est-à-dire pour l'ensemble des forces, des ressources, des richesses et des connaissances accumulées par le travail antérieur, survivances réservées au profit des existences actuelles, et sans lesquelles nous serions replacés au point de départ, dans le dénuement et la faiblesse primitifs.

LA MONNAIE

La monnaie est une marchandise commode et portative, avec laquelle on peut se procurer les autres marchandises. Les hommes, ainsi que l'a remarqué Platon, ne peuvent se passer les uns des autres. Nul ne peut faire seul tout ce dont il a besoin. Mais en travaillant pour les autres, à la condition qu'ils travaillent pour lui, chacun peut arriver à se procurer tous les services et tous les produits. Ainsi, dit ce philosophe, c'est l'impuissance des individus qui fait la puissance de l'ensemble. Or, le service par lequel je paie le service que je reçois, c'est la monnaie avec laquelle j'achète ce service ; et ce service, à son tour, qui est la marchandise que j'achète, c'est la monnaie avec laquelle mon voisin me paie le service que je lui vends.

Donnant, donnant, service pour service, produit pour produit, bois contre blé, huile contre vin, outil contre leçon. La société est un vaste marché dans lequel, à toute heure, nous vendons et nous achetons. Pour faciliter ces achats perpétuels, elle a dû adopter une marchandise commune, d'un usage commode, toujours facile à reconnaître, peu encombrante, transportable, non détériorable, et possédant par elle-même une valeur qui la fît toujours accepter par tous, en tout temps, et par tous pays. Cette marchandise universelle, c'est le métal précieux auquel nous donnons spécialement le nom de monnaie, l'argent autrefois, l'or à présent. Mais toute marchandise, en réalité, est monnaie. Et bien d'autres que l'or et l'argent ont, en effet, été acceptées, jadis, comme équivalent universel. Tels ont été le sel, le tabac, les peaux d'animaux, les animaux eux-mêmes. Le vieux mot de pécune, *pecunia*, employé pour monnaie, vient précisément, dit-on, de *pecus*, brebis ou bétail, parce que les brebis avaient d'abord servi de monnaie. C'est une grande erreur de croire que l'or et l'argent sont à eux seuls ou même à un degré supérieur la richesse ; ils n'en sont qu'une partie relativement faible. Et quand on dit, par exemple, que le capital de la France est de 200 ou 220 milliards, cela ne signifie pas qu'il y ait en France cette énorme quantité de numéraire (il n'y en a guère que le quart dans le monde entier) ; mais cela signifie que l'ensemble des capitaux français, évalués en francs, représenterait 200 ou 220 milliards. La monnaie, marchandise marchande entre toutes, à cause de sa valeur indiscutée et de la facilité avec laquelle elle change de main, est à la fois un agent de circulation et un agent d'évaluation. Et c'est par là qu'elle contribue puissamment à entretenir l'activité industrielle, qui produit, et l'activité commerciale, qui répartit.

CHEZ LE MARCHAND DE TABLEAUX

M. Méline. — Qu'est-ce que c'est que ce petit tableau-là ? Une pochade de quelque caricaturiste flamand ?

Le Marchand. — Oh ! M. Méline, ne faites pas semblant de ne pas vous y connaître. C'est un Téniers, vous le voyez bien; et cet autre, que vous regardez sans en avoir l'air, c'est un Van Ostade, ni plus ni moins.

M. Méline. — Vous croyez ?

Le Marchand. — Non, j'en suis sûr, et vous aussi. Et vous en avez envie. Voyons, allons-y rondement. Qu'est-ce que vous en offrez ?

M. Méline. — Je n'achète rien aujourd'hui. Je n'ai pas d'argent: les monométallistes m'ont ruiné.

Le Marchand. — Allons, allons, vous n'êtes pas encore aussi bas que cela ! Et puis, vous avez du bric-à-brac chez vous. On peut faire affaire sans argent. Les produits s'échangent contre des produits. Vous savez, je suis arrangeant. Tenez, vous avez un petit Guido Reni, un bronze de Benvenuto et un secrétaire de Boulle dont un de mes clients m'a parlé. Si vous voulez, je vous les échange contre ces deux toiles qui vous tentent.

M. Méline. — Trois objets pour deux ! Et trois objets de cette valeur ! Vous plaisantez, M. Guillaume.

Le Marchand. — Non pas, vraiment; et je m'étonne que vous ne m'offriez pas davantage. Car enfin, n'est-ce pas vous qui avez démontré que plus on donne et moins on reçoit, plus on s'enrichit; et que l'excédent des entrées sur les sorties est une perte ? Je vous offre l'occasion de faire sortir de chez vous trois objets en n'en faisant entrer qu'un ou deux : c'est un bénéfice ; et vous devriez m'en proposer un quatrième.

M. Méline. — Pourquoi pas me demander ma collection tout entière pour rien pendant que vous y êtes ?

Le Marchand. — Eh ! mais ce serait logique. Toujours exporter, c'est-à-dire donner, et jamais importer, c'est-à-dire recevoir, c'est votre idéal, M. Méline. Et s'il est bon pour les peuples, pourquoi et comment ne serait-il pas bon pour les individus ? Allons, soyez conséquent, et mettez une fois au moins vos actes d'accord avec vos principes.

M. Méline. — Vous êtes un mauvais plaisant, M. Guillaume, et vous ne savez pas distinguer. Je ne suis pas la France, moi ; je suis un particulier. Les particuliers s'enrichissent quand ils reçoivent beaucoup, en donnant peu. Pour les nations, c'est le contraire.

Le Marchand. — Et pourquoi, s'il vous plaît?

M. Méline. — Pourquoi, pourquoi ? En vertu du principe des contradictions, morbleu ! Et parce que, quand je traite avec vous, j'entends traiter librement. Mais, quand c'est la France qui traite avec l'étranger, il faut qu'elle ne traite que selon mes directions. L'échange libre, à la bonne heure ! Mais le libre-échange, jamais !

LES TROIS ENVELOPPES

L'homme a trois enveloppes qui, toutes trois, réclament de sa part des soins intelligents, et dont aucune, bien qu'elles ne soient pas toutes ausi immédiatement indispensables, ne saurait être négligée sans souffrance et sans danger.

Il a d'abord sa peau, qu'il lui importe de maintenir en bon état. Il doit, s'il ne veut pas en pâtir plus ou moins cruellement, la préserver des chocs, des blessures, du contact des substances vénéneuses ou corrosives, de l'excès du froid et du chaud, la débarrasser, par des soins de propreté qui font partie de l'hygiène, des impuretés : poussière, graisse, résidus de transpiration, qui, en obstruant ses pores, ou en enflammant sa surface, deviennent des causes de dépérissement et de maladie.

Il a ensuite, pour préserver sa peau d'une partie au moins des périls qui la menacent, les vêtements dont il la couvre ; et, pour que cette seconde enveloppe, au lieu de nuire à la première, lui soit réellement utile, pour qu'elle la préserve suffisamment des mauvaises impressions extérieures sans l'accabler ou sans gêner ses mouvements, il est nécessaire que cette seconde enveloppe réponde à certaines conditions, variables selon les climats, les saisons, les occupations et les âges.

Il a, en troisième lieu, l'abri, le logement, cette enveloppe moins personnelle, car elle peut servir à plusieurs à la fois, ou successivement à ceux-ci ou à ceux-là, moins constamment nécessaire, car nous nous en passons généralement pendant certaines heures au moins de la journée, parfois même, dans certains pays, nous pouvons nous en dispenser à des époques privilégiées ; mais sans laquelle cependant la vie ne se comprend plus guère, et dont le perfectionnement n'est pas moins utile, pour le bon entretien de nos fonctions, que la bonne alimentation, ou le choix convenable de nos vêtements.

Il y a enfin — appeler cela une enveloppe serait excessif ; l'influence pourtant n'en est pas moindre — le milieu, l'entourage, avec son action bonne ou mauvaise, invisible et insentie parfois, mais incessante et irrésistible. Il y a la pureté ou l'impureté de l'atmosphère, la salubrité ou l'insalubrité des habitations et des industries voisines, les bons et les mauvais exemples et toute cette contagion matérielle ou morale des choses et des personnes qu'à toute heure, en bien ou en mal, il nous est impossible de ne pas subir. Mais s'il nous est impossible, en effet, tant que les causes subsistent, de ne pas en ressentir plus ou moins les conséquences, il ne nous est pas impossible, et dès lors il nous est commandé, par intérêt ainsi que par devoir, de combattre et d'atténuer ces causes. C'est la solidarité se faisant sentir à nous pour nous faire comprendre notre responsabilité. Soin de nous-même, soin des vêtements qui nous couvrent; soin du logement qui nous abrite, et soin de nos semblables qui nous entourent : tout cela nous est nécessaire si nous voulons n'avoir ni à pâtir ni à rougir. Mais qui y pense comme tous y devraient penser ?

EST-CE QUE VOUS CROYEZ QUE NOUS COMPTONS L'ÉTOFFE ?

Le tailleur de M. Jourdain trouvait l'étoffe choisie par son client si admirable, qu'il en « levait » pour rendre hommage au goût de celui-ci, de quoi se faire un habit à lui-même. Et, bien entendu, il lui faisait payer le tout. Autrement, où eût été l'honneur ?

J'ai connu un autre M. Jourdain, qui, étant sur le point de se marier, et désirant, naturellement, avoir, pour ce grand événement, un habit parfait, avait prié l'un de ses amis, plus lancé que lui dans le monde parisien, de le présenter à son tailleur.

La présentation faite, et la conversation engagée, notre homme, après avoir, lui aussi, choisi son étoffe en connaisseur — il était fabricant de draps — se hasarda à demander quel serait le prix de ce bel habit.

— Cent quatre-vingts francs, répond le tailleur, peut-être deux cents (sur ce point, mon souvenir n'est pas bien précis).

— C'est un peu cher, observe le client. Et si je vous fournissais le drap ?

— Ce ne serait pas davantage.

— Comment, pas davantage ? Mais le drap a son prix, je suppose ?

— Oh ! pour Monsieur, peut-être, réplique majestueusement l'artiste. Mais pous nous... C'est le cachet de la maison qui se paie. Est-ce que Monsieur croit que nous comptons l'étoffe ?

Histoire bien ridicule ! va dire le lecteur. Elle est authentique pourtant, et pas si invraisemblable qu'elle vous paraîtra, car elle se répète tous les jours. Et la réponse du tailleur, c'est vous, qui en riez, qui la faite le plus sérieusement du monde, en sens inverse il est vrai.

Le prix du blé et de la farine augmente, et votre boulanger vous fait payer son pain plus cher, en vous expliquant même, au besoin, par franc et par centime, que l'augmentation qu'il vous fait subir bien malgré lui, ne représente qu'imparfaitement celle qu'il est obligé de subir, lui, pour se procurer sa matière première. Et vous lui répondez, en le traitant parfois un peu cavalièrement, que vous en êtes bien fâché, mais qu'il faut qu'il s'arrange pour maintenir son pain au même prix.

Franchement, est-ce que cela ne revient pas à lui dire : est-ce que vous comptez la farine ?

LES DEUX CHÈVRES

La Fontaine nous a conté l'histoire de ces deux entêtées qui, ayant à franchir, en sens inverse, une passerelle trop étroite pour s'y croiser, au lieu de s'entendre pour y passer l'une après l'autre, s'obstinent à s'y disputer, cornes contre cornes, la priorité, et finalement tombent à l'eau simultanément et se noient.

C'est un peu, car les humains ne sont pas toujours plus raisonnables que les bêtes, la scène qui s'est passée, au Canada, entre les émigrants russes, établis dans le pays, et le gouvernement qui les y a admis.

Il y a, on le sait, parmi les sectes nombreuses qui se partagent les croyances des populations de l'empire russe, des groupes, de race caucasienne, qui, sous le nom de *Doukhobœrsky*, professent à la fois l'horreur la plus absolue pour le service militaire et le communisme le plus pur. Gens honnêtes, laborieux, tempérants, d'une moralité exemplaire, mais n'admettant, aux termes de ce qu'ils croient la loi de Dieu et la vraie tradition évangélique, ni propriété privée, ni ingérence d'un contrôle extérieur quelconque dans leurs affaires, et ne reconnaissant d'autres obligations que celles qui résultent de leurs engagements volontaires, ni d'autre juridiction que celle de leurs anciens.

Persécutés, comme on pense, par le gouvernement russe, pour lequel, malgré leur inaltérable douceur, ils sont des rebelles, et signalés à la sympathie du monde entier par le grand écrivain Tolstoï, qui, sans partager toutes leurs idées, les accepte pour la plupart et professe pour eux une grande admiration, ils ont été, de divers côtés, l'objet d'un sérieux intérêt ; et le gouvernement du Canada, entre autres, obéissant à la fois à des sentiments d'humanité et au désir de mettre en valeur des régions encore désertes, leur a abandonné, pour y vivre en liberté, des parties de territoire importantes.

Ces facilités bienveillantes ont été acceptées avec gratitude. Les colonies de *Doukhobœrsky* établies au Canada ont défriché, semé, construit, formé en un mot, selon leurs goûts et leurs traditions, des centres de population.

Mais leur situation, paraît-il, n'était pas définitivement réglée. En fait, ils occupaient le sol qui leur a été assigné. En droit, ils n'en avaient pas été constitués propriétaires. Et cela, il faut le dire, non par la faute du gouvernement canadien, qui ne demandait qu'à leur remettre des titres inattaquables, mais par suite de leur refus d'accepter ces titres.

Le gouvernement canadien, aux termes de la législation du pays, ayant fait faire le lotissement des terres domaniales destinées à être concédées, remet aux concessionnaires, pour leur assurer la jouissance des lots qui leur sont attribués, des titres de propriété individuels.

Les *Doukhobœrsky*, ennemis de toute appropriation individuelle, ennemis même, déclarent-ils, de tout partage de la terre, sur laquelle ils reconnaissent à tous les hommes le même droit, se refusaient à accepter aucune attribution nominative de ce genre. Et, par suite d'un scrupule de conscience très honorable, mais qui n'est peut-être qu'une subtilité de casuistique, ils s'obstinaient, tout en demandant à être laissés en jouissance de ce qu'ils occupaient, à refuser d'en être reconnus légalement possesseurs.

Ce n'est pas tout. Au Canada, comme ailleurs, il y a un état civil. Les mariages, les naissances, les morts doivent y être enregistrés. Une législation commune régit l'ensemble de la population, et une juridiction commune assure l'ordre et le respect des conventions. Les *Doukhobœrsky*, dans leur répugnance pour tout ce qu'ils appellent une servitude, n'acceptent rien de tout cela. Mariage, divorce, naissance, mort : ce sont là, disent-ils des affaires privées qui ne regardent que ceux qu'elles intéressent, et dont personne n'a à se mêler. Ils consentent bien, si l'on y tient, encore qu'ils n'en voient guère l'utilité, à faire connaître, à certaines époques, leur nombre comme élément de statistique ; mais ils ne sauraient s'astreindre à faire inscrire, comme individus, les actes de leur existence.

Et quant au règlement de leurs relations les uns avec les autres ou à l'administration de leur communauté, ils ont leurs anciens et leurs conseils. Nulle juridiction étrangère ne peut être tolérée par eux.

On voit la situation et quelles sont, au point de vue politique et économique, les conséquences de ces dissentiments d'origine religieuse.

Voilà de braves gens qui, par une fausse conscience, par ce scrupule aveugle de la forme qui emporte le fonds, et par ce respect superstitieux de la lettre qui tue l'esprit, vont, après s'être fait un asile et une patrie, reprendre, sans espoir de trouver ailleurs leur terre promise, leur douloureux exode à travers un monde qu'ils ne jugent pas digne d'eux.

Et voici un gouvernement éclairé, libéral qui, après avoir appelé ou accueilli ces exilés, après les avoir laissé s'établir sur son sol, le féconder de leur sueur et le vivifier de leur vie, va rejeter de son sein ces malheureux et transformer en un nouvel exil l'hospitalité qu'il leur avait accordée.

Assurément, quelque honorables qu'ils soient (le sacrifice est toujours honorable), les scrupules des *Doukhobœrsky* sont mal fondés, et leur argumentation est contradictoire. La terre, disent-ils, est à tous au même titre et ne peut être possédée par personne. Ils demandent cependant, non à titre individuel, mais à titre collectif, que cette possession, qu'ils appellent jouissance, il est vrai, leur soit laissée ; et ils allèguent très bien et très justement qu'après l'avoir défrichée, fécondée et couverte de bâtiments, elle ne peut, sans injustice, leur être enlevée ; car ce n'est pas la terre qu'on leur a d'abord concédée, c'est la terre qu'ils ont faite leur, ce sont leurs travaux, leurs peines, leurs journées enfouies en elle ou incorporées à sa surface qu'on leur ravirait. Sans s'en douter, ces communistes font là, en termes excellents, l'apologie de la propriété.

Que leur importe, d'ailleurs, puisque c'est uniquement pour les mettre à l'abri de cette éviction qu'ils redoutent qu'on leur veut imposer des titres de propriété, et qu'entre eux, une fois ces titres reçus, comme, partout du reste, ils sont libres de tout mettre en commun ?

Leur obstination est moins admissible encore lorsqu'ils prétendent se soustraire à toutes les obligations de la société canadienne, et ne connaître ni état civil, ni tribunaux.

Évidemment, on ne peut être à la fois chair et poisson, faire partie d'une société et lui demeurer étranger. Mais est-il indispensable qu'ils fassent partie de la société canadienne ? Ne peuvent-ils, puisque les institutions du Canada leur répugnent, rester en dehors de l'État canadien, à côté de lui, mais indépendants et isolés ? Le Canada, d'autre part, ne peut-il, comme un grand propriétaire qui ferait don d'une partie de son domaine, et dès lors n'y aurait plus rien à voir, abandonner aux *Doukhobœrsky*, pour y vivre comme bon leur plairait, une étendue déterminée de terrain? Ils ne seraient plus, à vrai dire, en terre canadienne, ou ils n'y seraient que nominalement soustraits à la juridiction du « Dominion », comme, à certaines époques, telles ou telles parties de territoire, seigneuries ou domaines ecclésiastiques ont pu être soustraits, en Europe, à la juridiction du roi ou de l'empereur, et comme, à Rome, depuis la suppression du pouvoir temporel du Pape, une portion réservée de la ville est en quelque sorte en dehors de la juridiction italienne.

Je n'ai pas la prétention d'indiquer exactement les termes d'un tel accommodement. Mais il me semble qu'il ne doit pas être impossible, avec un peu de bonne volonté des deux parts, de les trouver. Et franchement, le résultat vaudrait bien la peine de recourir de part et d'autre, à quelques-uns de ces artifices de forme dans lesquels les juristes excellent, et par lesquels se laissent tranquilliser, à l'occasion, les consciences les plus timorées.

Quoi qu'il en soit, d'ailleurs, on conviendra que le fait en lui-même n'est pas sans intérêt et qu'il valait bien la peine d'être signalé à l'attention des économistes comme à celle des moralistes.

P.-S. — Depuis que ces pages ont été écrites, un accord est, en effet, intervenu,

UN BŒUF POUR UN ŒUF

C'est la politique de Gribouille, et c'est celle de plus d'un gouvernement et de plus d'un parti; on pourrait presque dire de tous. C'est, en particulier, celle de M. Chamberlain. « Écoutez-moi », dit-il, avec accompagnement de trombone et de grosse caisse, à ses compatriotes, « je vais vous combler de biens. Je vous donnerai des faveurs et du travail (ceci est à savoir). Mais il faut payer ces avantages. En conséquence, je commencerai par enchérir votre pain, votre viande, vos vêtements, et le reste. Après quoi, vous verrez ce que produira ma réforme. »

« Très bien ! » répond et répondra, nous y comptons, le peuple anglais. « Donnez d'abord, nous verrons ensuite. Nous savons ce que nous a valu et nous vaut la liberté commerciale; nous ne savons pas ce que nous vaudra votre protection. Ou plutôt, nous voyons trop ce qu'elle nous coûterait. *Un tiens vaut mieux que deux tu l'auras.* »

Nos compatriotes français, en gens d'esprit qu'ils sont, prennent les choses autrement. On essayait, il n'y a pas longtemps, de persuader à un homme politique influent, grand démocrate et avocat éloquent des revendications populaires, de mettre son influence et son talent au service de la cause de la liberté des échanges. On lui démontrait combien il est honteux, sous un gouvernement Républicain, de taxer la nourriture, les outils, les vêtements, la vie des masses sous toutes ses formes, au profit, vrai ou prétendu, des grands propriétaires et des gros industriels. On lui remontrait que la suppression de ces entraves artificielles, en même temps qu'elle soulagerait toutes les formes de l'activité nationale de gênes qui se traduisent en pertes de temps et en dépenses, dégrèverait le budget de chaque famille de 20 ou 25 o/o, peut-être davantage, sur le prix de ses consommations. Et on lui rappelait la reconnaissance du peuple anglais pour Cobden et Robert Peel, qui leur avaient procuré la vie à meilleur marché, « le libre travail et le libre repas ».

« C'est très bien, répondit-il. Mais, en France, on voit les choses d'un autre œil. Le peuple, pour qui nous travaillons, et qui nous nomme députés, voit ce qu'on lui donne, il ne voit pas ce qu'on lui prend et ce qu'on cesserait de lui prendre ; et il aime mieux 25 centimes de faveur que 20 francs de dégrèvement. Ça n'a pas le sens commun. Mais que voulez-vous, il faut bien le servir comme il entend être servi. »

Et voilà pourquoi, Jacques Bonhomme, mon ami, tu continueras à peiner et à geindre et à clamer, contrairement au proverbe : *un bœuf pour un œuf.*

MATIÈRES PREMIÈRES

« La Chambre des députés de France donne au monde, en ce moment, un étrange spectacle et l'on serait tenté de se demander si, dans leur enthousiasme de renchérissement, quelques-uns des représentants du peuple le plus spirituel de l'univers n'ont pas juré de prohiber le bon sens et de le consigner à la frontière. »

C'est à propos des discussions de 1891, sur les matières premières, que m'échappaient, malgré moi, ces réflexions quelque peu irrespectueuses.

Tout homme doué de quelque sens pratique, sait combien sont vaines, au fond, ces éternelles distinctions entre les matières premières et les produits, entre le travail national et le travail étranger. Il n'y a de matière première, à vrai dire, que là où l'homme n'a pas encore passé : dès qu'une substance, quelle qu'elle soit, a été touchée par lui, dès qu'un travail quelconque lui a donné un commencement de valeur, cette substance, pour la main qui s'est posée sur elle, est un produit. Elle est, par contre, quel que soit son avancement, une matière première pour la main qui se dispose à lui donner une valeur nouvelle, soit en la façonnant, soit en la déplaçant ; le coton est produit pour le planteur, matière première pour le filateur ; le drap est produit pour le fabricant, matière première pour le tailleur ou la couturière ; le blé est produit pour le cultivateur, matière première pour le meunier dont le produit farine est à son tour matière première pour le boulanger. Et ainsi de suite et pour tout, jusqu'à l'évolution dernière, qui s'appelle la consommation.

Ce n'est pas assez dire, et c'est ici qu'éclate la contradiction monstrueuse, j'oserai dire l'abominable impiété qui est au fond de la doctrine protectionniste, et qui fait d'elle un attentat sans excuse contre l'humanité et contre ce travail national qu'elle a la prétention de défendre.

Quel est le but de la production, sinon la consommation ? Pourquoi travaille-t-on, sinon pour avoir ? Et pourquoi consomme-t-on, que ce soit en livrant à l'industrie les ressources dont elle a besoin ou en livrant à l'homme les objets nécessaires à l'entretien et au développement de sa vie ? Est-ce pour peiner, pour jeûner, pour souffrir, pour acheter, en exagérant jusqu'à l'absurde le vieux précepte, « le moins de pain possible au prix de la plus grande quantité de sueur possible » ? Évidemment non ; et il n'est pas un protectionniste, pas un seul qui, dans sa conduite privée, ne cherche à diminuer sa peine et à en augmenter le résultat ; pas un industriel, pas un commerçant, pas un agriculteur qui ne s'ingénie à, acheter, au moindre prix, le plus de marchandises ou de satisfactions possible et n'estime la prospérité de ses affaires par l'excédent de ses entrées sur ses sorties, autrement dit de ses importations personnelles sur ses exportations.

Cela étant (et qui oserait le contester ?), le produit, quel qu'il soit, lorsqu'il arrive à être consommé n'est, si cette consommation est raisonnable, si elle est utile, à plus forte raison si elle est nécessaire, rien de moins que la matière première de cette fin suprême de tout effort, de toute pensée, de cette fin suprême de la vie individuelle et de la vie sociale, l'entretien de la vie elle-même. L'homme est le produit dernier, le produit sacré en vue duquel tous les autres produits sont élaborés. Et voilà pourquoi toute restriction au travail, soit direct, soit indirect, toute gêne apportée, suivant la belle expression de Robert Peel, « à la circulation des dons du Créateur » est, en fin de compte, meurtrière.

C'est la sève même et le sang de l'humanité qui sont en cause. Et c'est ce qu'avait admirablement exprimé Bastiat lorsqu'il disait, en 1847 : « Si un seul ouvrier succombe pour n'avoir pu acheter, avec son chétif salaire, autant de pain qu'il l'aurait fait sous un régime de liberté, qui donc, nous le demandons, devra compte de cette vie ? »

Je pourrais insister sur cette réflexion, je pourrais, comme je l'ai fait en d'autres occasions, demander si c'est de la nourriture seulement que l'on vit, si l'outil qui active le travail, l'huile ou le pétrole qui fournit la lumière, le combustible qui donne la chaleur et la force motrice, le vêtement qui protège contre les intempéries et préserve la santé, et tout le reste que je ne puis énumérer ne sont pas, sous des formes diverses, des éléments de bien-être, d'énergie vitale, d'existence même, et si, par conséquent, toute loi, tout règlement, toute mesure qui tend à les renchérir ou à les raréfier n'est pas, à la lettre, homicide et sacrilège.

Mais je veux me restreindre et je me bornerai à mettre en regard ce que, au nom des ménagements dus aux matières premières, aliments de l'industrie, on croit devoir faire, bon gré, mal gré, en faveur de certains produits relativement secondaires de l'agriculture ou de l'industrie étrangère, et ce que, sans égard pour l'aliment direct et essentiel de la vie humaine, source et but du travail national, on ne craint pas de faire contre les produits destinés à la nourriture des hommes.

On voit un ministre (et je l'en loue) s'engager à fond pour préserver de tout droit les peaux de chèvre avec lesquelles d'habiles industriels français ou étrangers, mais établis en France, fabriquent des gants qui portent au loin la réputation de la peausserie nationale. Et la Chambre, justement touchée de l'argument, impose silence à son ardeur protectionniste et ouvre toute grande la frontière à l'inondation des peaux de bêtes qui n'ont pas eu l'honneur d'être écorchées sur le sol français. Mais le même gouvernement et la même Chambre frappent, sans hésiter, de droits, dont l'ensemble monte à plusieurs centaines de millions, le pain, la viande, le vin et toutes les formes de la nourriture et de la boisson des ouvriers peaussiers et des ouvriers de toutes les industries. Ils ménagent, parce qu'on leur a montré que la prospérité d'un certain nombre d'ateliers en dépend, une des matières premières de l'une des branches du travail national ; et ils frappent sans pitié, quoiqu'on leur en ait cent fois démontré les conséquences, ces matières premières indispensables à l'entretien de la vie et, par conséquent, du travail national dans toutes ses branches. Le blé est le charbon de la machine humaine, a dit, aux applaudissements de la Chambre, le plus élégant des avocats de la protection, M. Deschanel ; et il en a conclu qu'il fallait l'imposer. On peut manquer de tout, se passer de tout, avait dit, de son côté, le plus intrépide et le plus habile des chefs de la croisade protectionniste, M. Méline ; on ne peut pas se passer de blé et il ne suffit pas qu'il soit abondant, il faut encore qu'il ne soit pas trop cher. « C'est cette considération qui a décidé le gouvernement dont je fais partie, ajoutait-il en 1884, à écarter toute idée de droits sur le blé. » Et il en a conclu, au nom du même gouvernement dont il faisait encore partie en 1885, qu'il fallait mettre un droit sur le blé.

O puissance de la logique, j'entends de la logique protectionniste ! Élevons un autel à la contradiction ! C'est la matière première de la doctrine.

PASSE-MOI TA BLOUSE

On a aujourd'hui des façons de discuter qui peuvent fermer la bouche aux contradicteurs, mais qui, assurément, ne les éclairent pas beaucoup. Cassez la tête à un citoyen, fût-il bourgeois, parce qu'il ne partage pas votre manière de voir sur la politique ou sur le régime économique du pays, cela peut prouver que l'on a les bras solides ou qu'une canne plombée démolit aisément un crâne ; mais cela ne persuade pas ceux à qui s'adresse ce genre d'arguments et cela ne fait guère honneur à ceux qui n'en ont pas d'autres.

J'ai connu un temps où les choses se passaient autrement, où il n'était pas toujours interdit d'écouter ou de se faire écouter, où, parfois même, on pouvait se permettre de donner à son opinion une forme expressive et plaisante.

On causait un jour, entre ouvriers, des questions sociales. L'un d'eux, beau parleur, faisait l'éloge du communisme. Il montrait les inégalités supprimées, les grosses fortunes remises à la masse, la fraternité régnant partout : dans le travail, dans la production, dans la consommation et dans la jouissance. Je ne referai pas le tableau, il est connu.

Un des auditeurs, brave homme, mais de caractère un peu indécis, se sentait séduit par ces belles peintures. Il éprouvait quelque doute cependant, quelque scrupule probablement ; et voulant s'éclairer de l'opinion d'autrui :

— Qu'est-ce que tu penses de cela, toi ? dit-il à son voisin, ouvrier d'élite et homme de bon sens, auquel on accordait généralement une certaine considération.

— Moi, dit l'autre ? Passe-moi ta blouse.

Et, se saisissant de l'objet que le camarade lui tendait sans comprendre ce qu'il en voulait faire :

— Tiens, ajouta-t-il, en faisant semblant de déchirer la blouse dans tous les sens, voilà ce que j'en pense : d'une chose utile, qui peut servir à quelqu'un, faire un tas de morceaux qui ne sont plus bons à rien pour personne, c'est le dernier mot du système. Sans compter que le jour où il ne sera plus permis d'avoir une blouse entière ou une blouse neuve sans exciter l'envie de tous ceux qui n'en auront pas ou qui n'en auront qu'une vieille, on n'en fera plus et on ne travaillera plus pour en avoir.

La belle avance !

Il avait raison, cet ouvrier ; et sa démonstration, pour être un peu vive, n'en était pas moins sans réplique. M'est avis, toutefois, qu'elle serait encore bien plus à propos, s'adressant aux prédicateurs de communisme — on ne disait pas encore collectivisme en ce temps — qu'à leurs dupes. Car, en général, tous ces grands amis de l'égalité, qui réclament à si haute voix le partage du bien des autres, se soucient fort peu de laisser toucher au leur. Et, pour les mettre au pied du mur, il suffirait, la plupart du temps, de les inviter à passer à la réalisation de leurs doctrines en donnant l'exemple.

Passez-nous votre blouse, citoyen, et avec elle, s'il vous plaît, la bonne redingote de bon drap que vous cachez dessous ; passez-nous votre bourse et versez dans la caisse de la future communauté, dont vous êtes l'un des apôtres, le revenu du bien dont vous vivez, les traitements que vous touchez et les indemnités parlementaires ou autres que vous recevez, et alors, peut-être, on vous prendra au sérieux. Jusque-là, permettez-nous de faire nos réserves. Et toi, Jacques Bonhomme, toutes les fois qu'un de tes amis, de ces amis qui vivent comme le renard de la Fable aux dépens de ceux qui les écoutent, te parlera des beautés de la liquidation sociale et des charmes de la grande gamelle dans laquelle on aura la ratatouille de l'avenir, prends-le au mot et dis-lui, pour toute réponse, selon son costume ou suivant sa fortune : Passe-moi ta blouse, ou passe-moi ton champ et ta maison ! Tu sauras bientôt à quoi t'en tenir.

L'AMORTISSEMENT

Dans un autre article : « La charrue devant les bœufs », j'ai paru mettre en doute la *prétendue* vertu de l'amortissement. Ce langage risque de scandaliser quelques-uns de mes lecteurs, et ils se demanderont peut-être si je parle sérieusement.

Je demande à m'expliquer, et ce ne sera pas, je le déclare, pour plaider les circonstances atténuantes.

Oui, je ne professe pour l'amortissement, tel qu'on le pratique habituellement du moins, que fort peu d'estime. Ce n'est pas assez dire ; je le considère comme un procédé indigne de financiers sérieux et de politiques prévoyants.

A mon avis, il n'aurait jamais dû prendre place dans les budgets d'un peuple civilisé, et il est grand temps, puisqu'il s'y est introduit, de l'en faire sortir.

Eh quoi ! me direz-vous, il ne faut donc pas payer ses dettes ? Il n'est donc pas bon pour un État d'imiter la prudence des industriels qui, par des prélèvements sur leurs bénéfices, cherchent à amortir leur capital et se trouvent d'autant plus assurés de l'avenir, qu'ils y réussissent plus complètement ?

Si vraiment, car il n'y a pas plus deux économies, l'une pour les gouvernements et l'autre pour les particuliers, qu'il n'y a deux morales, l'une publique, l'autre privée. Mais c'est précisément ce qu'en ayant l'air de faire, on ne fait pas, et ce que vous appelez l'amortissement n'est pas autre chose qu'un faux poteau indicateur placé sur la grande route du déficit.

C'est au xviii° siècle, vers 1770, en Angleterre, qu'un cerain D' Price, excellent homme et bon mathématicien, fit cette découverte merveilleuse que les capitaux placés à intérêts composés, s'augmentaient, ou plutôt se multipliaient suivant une progression indéfinie. Un grain de blé, si tous les grains de l'épi qu'il produit étaient mis en terre et, après eux, tous ceux de leur postérité, d'année en année, aurait bientôt fourni de quoi couvrir d'une couche épaisse toute la surface du globe. Un couple de harengs, si toute sa descendance et la descendance de celle-ci était respectée, remplirait en un bien court espace de temps la totalité des mers. Un pied de jusquiame ou de pavot ne serait pas moins prolifique. Et deux marronniers d'Inde, rapportés par un missionnaire, sont les pères de tout ce qu'il y a d'arbres de cette espèce en Europe, et de l'innombrable multitude de marrons que l'on sacrifie à chaque saison. De même, le calcul des intérêts composés d'un sou placé à la naissance de Jésus-Christ donnerait, à l'heure où nous sommes, un total presque impossible à énoncer qui s'exprimerait par une quarantaine de chiffres.

Mais, car il y a un mais, c'est à la condition que réellement et matériellement cette multiplication se fût accomplie et que les résultats en eussent été scrupuleusement respectés. A la condition que réellement et matériellement tous les grains issus du premier, et tous ceux-ci eussent été semés en bonne terre, et ainsi de suite sans interruption. A la condition que sou sur sou, franc sur franc, centaines, milliers et millions de francs, tous les intérêts du premier sou eussent été soigneusement ajoutés les uns aux autres, et le trésor incessamment grossi qui s'en serait formé transmis sans la moindre atteinte jusqu'à notre époque.

Or, est-il nécessaire de dire que ce n'est point ainsi que les choses se passent et qu'elles peuvent se passer? Est-il nécessaire de faire remarquer qu'en matière de finances publiques, pour ne parler que d'elles, on n'a pas beaucoup l'habitude de laisser l'argent faire la boule de neige, et l'on est bien plus tenté d'ouvrir de nouvelles brèches au budget que de fermer celles qui y ont été faites ?

Quoi qu'il en soit, la perspective était tentante. Il suffisait, d'après le Dr Price, pour qu'un emprunt se remboursât tout seul, de prélever sur son montant une fraction même légère, que l'on mettait au fonds d'amortissement, et, cela fait, l'on était en règle avec l'avenir.

Les mathématiques le lui avaient démontré, et, pour lui, c'était assez que ses calculs fussent justes. Pour les ministres qui avaient besoin de ressources, c'était assez qu'ils fussent tenus pour justes, et que le public voulût bien les accepter comme tels.

En foi de quoi, Pitt et ses collègues empruntèrent, puis empruntèrent encore, puis empruntèrent toujours. Il fallait soutenir la guerre contre Napoléon, et, quand l'opposition les accusait d'écraser le pays sous des charges chaque jour croissantes, ils répondaient qu'ils évitaient, au contraire, au pays, les charges trop lourdes de nouveaux impôts, que l'amortissement était doté, et que tout naturellement ces dettes, qui paraissaient si effrayantes, s'évanouiraient avec le temps : le bon docteur l'avait démontré.

A merveille ! grands ministres et habiles financiers, si, une fois vos emprunts contractés, vous aviez cesser d'en contracter d'autres, et, maintenant désormais votre budget en équilibre, laissiez fonctionner votre amortissement. Et encore ! Car la partie de l'emprunt non-gagée coûtait forcément en intérêts, c'est-à-dire en impôts, plus que ne pouvait rapporter la faible somme destinée à l'annuler.

Mais ce n'était point ainsi que les choses se passaient. Après avoir emprunté pour faire face à un déficit, vous empruntiez de nouveau pour faire face à un autre; puis à un troisième; et les impôts grossissaient à mesure, et John Bull qui voyait vider ses poches de plus en plus, trouvait maigre la satisfaction de s'entendre dire qu'il y avait quelque part sur le papier un chapitre de l'amortissement, qui n'amortissait rien et ne servait qu'à ouvrir plus largement la porte des emprunts et le gouffre de l'arriéré.

Si bien qu'un beau jour, un autre docteur, mathématicien et financier lui aussi, le Dr Hamilton, et un banquier qui connaissait l'économie politique, Ricardo, dénoncèrent au public la grande mystification dont il était la dupe et lui firent comprendre qu'il n'y a ni mérite, ni bénéfice à couvrir saint Paul, si pour le faire on est réduit à découvrir saint Pierre. Ricardo qui, comme banquier, avait souscrit des emprunts, mais qui, comme citoyen et comme savant, les blâmait, alla même plus loin. Il démontra que l'illusion produite par ce qu'il ne craignait point d'appeler une jonglerie honteuse, avait largement contribué à entraîner l'Angleterre dans la voie des dépenses excessives, et que l'amortissement, au lieu de diminuer ses sacrifices, les avait accrus d'un quart de milliard peut-être.

L'avertissement fut entendu; l'Angleterre comprit un peu tard — mais mieux vaut tard que jamais — qu'il n'y a d'autre amortissement sérieux, que celui qui résulte d'un excédent réel des ressources sur les dépenses. Elle supprima de son budget le prétendu chapitre de l'amortissement. Et ce n'est que depuis cette époque qu'elle a pu véritablement amortir, c'est-à-dire diminuer le chiffre de sa dette par des remboursements effectifs et, du même coup, alléger le poids des impôts.

Jacques Bonhomme, mon ami, je ne vois pas pourquoi tu serais plus que ton voisin condamné à ne jamais voir clair dans tes affaires. Ton régisseur te dit tous les jours que tu es souverain et qu'il vient prendre tes ordres. Demande-lui donc un peu, à la première occasion, pourquoi il continue à te payer de mots. Et si, par hasard, il te répondait que la conservation du chapitre de l'amortissement est indispensable pour te préserver du déficit, réponds-lui qu'il t'a mis en déficit et que ce n'est pas en empruntant des milliards et en inscrivant pour la forme quelques millions à un compte spécial, qu'il viendra à bout de t'en tirer. Il n'y a, quoi qu'on fasse et quoi qu'on dise, que deux façons de joindre les deux bouts : c'est d'augmenter les recettes ou de diminuer les dépenses. Augmenter les recettes, c'est augmenter les impôts; diminuer les dépenses c'est les réduire ou du moins se préparer le moyen de les réduire. Choisis, Jacques Bonhomme mon ami, et une fois ton parti pris, tâche qu'on t'obéisse; c'est le seul moyen qui te reste de faire honneur à ta signature.

COOPÉRATION

On invente des mots, et l'on croit avoir inventé des choses; on n'a fait que leur donner d'autres noms, parce qu'on les a regardés d'un autre œil que précédemment.

La coopération est un de ces mots. Il est nouveau, la chose est vieille, vieille comme le monde, dans son essence, sinon toujours dans ses formes.

Le premier jour où un homme, pour porter un fardeau trop lourd, s'est fait aider, à charge de revanche, par un voisin, il y a eu coopération. Le jour où, pour réserver son temps et ses forces à un métier, à une besogne qu'il savait faire, un homme a demandé à un autre, en échange d'un service de sa façon, un service ou un produit de la sienne, il y a eu coopération. La vie isolée ne se conçoit même pas, et la société, si rudimentaire qu'elle soit, n'est qu'un échange de produits et de services : la coopération est partout. Et Baudrillart a eu raison lorsque, dans son *Manuel d'économie politique*, il a intitulé l'un de ses chapitres : *De la division du travail ou de la coopération.*

Mais cette coopération, cela est évident, est plus ou moins complexe, plus ou moins féconde et plus ou moins comprise selon les temps et les lieux ; elle peut revêtir des formes très diverses. On s'est occupé, surtout depuis un siècle, de ce qu'on a appelé la coopération ouvrière de consommation et de production ; et les uns ont voulu y voir une révélation capable de changer le monde ; les autres n'y ont vu qu'une illusion et une duperie. Ni les uns ni les autres n'ont eu raison. C'est une application, à certains égards nouvelle (moins qu'on ne l'a cru) de l'éternelle association ; ce n'est pas une panacée ni une mystification. Tout ce qui est libre est respectable ; tout ce qui améliore la condition humaine est bon. A l'expérience de juger et de prononcer.

L'IMPOT DU BRIGANDAGE
OU LE BRIGANDAGE DE L'IMPOT

On connaît le mot un peu dur de Royer-Collard à un candidat à l'Académie, qui s'étonnait qu'il ne connût point ses ouvrages : « Je ne lis plus, monsieur ; je relis. »

Je lis encore, et ce n'est pas toujours pour mon plaisir ; mais je relis : il faut bien se consoler un peu.

Un jour, c'était *Le Roi des Montagnes,* d'About, avec lequel je renouvelais connaissance. Ceux qui l'ont lu n'ont pas besoin que je leur redise combien est étincelante d'esprit et de verve cette histoire du brigand faisant son métier en conscience et au grand jour, plus fier de sa profession que ne le serait un général d'avoir sauvé son pays de l'invasion, et s'indignant, à l'occasion, des dissimulations de ces lieutenants qui déshonorent le vol par la friponnerie. Une page me frappa parmi celles dans lesquelles il expose, à son prisonnier, sa manière d'entendre l'exploitation des grands chemins, et ses vues sur l'organisation sociale. Je la transcris tout entière.

« J'ai des idées de réforme qui ne seront jamais exécutées, car je me vois, comme Alexandre, sans un héritier digne de moi. Je rêve une organisation nouvelle du brigandage, sans désordre, sans turbulence et sans bruit. Mais je ne suis pas secondé. Je devrais avoir le recensement exact de tous les habitants du royaume, avec l'état approximatif de leurs biens, meubles et immeubles. Quant aux étrangers qui débarquent chez nous, un agent établi dans chaque port me ferait connaître leurs noms, leur itinéraire et, autant que possible, leur fortune. De cette façon, je saurais ce que chacun peut me donner ; je ne serais plus exposé à demander trop ou trop peu. J'établirais, sur chaque route, un poste d'employés, bien propres et bien mis ; car enfin, à quoi bon effaroucher les clients par une tenue choquante et une mine rébarbative ? J'ai vu, en France et en Angleterre, des voleurs élégants jusqu'à l'excès : en faisaient-ils moins bien leurs affaires ?

» J'exigerais chez tous mes subordonnés des manières exquises, surtout chez les employés au département des arrestations. J'aurais pour les prisonniers de distinction comme vous des logements confortables, en bon air, avec jardins. Et ne croyez pas qu'il leur en coûterait plus cher : bien au contraire. Si tous ceux qui voyagent dans le royaume arrivaient nécessairement dans mes mains, je pourrais taxer le passant d'une somme insignifiante. Que chaque indigène et chaque étranger me donne seulement un quart pour cent sur le chiffre de sa fortune ; je gagnerais sur la quantité. Alors, le brigandage ne sera plus qu'un impôt sur la circulation : impôt juste, car il sera proportionnel ; impôt normal, car il a toujours été perçu depuis les temps héroïques. Nous le simplifierons, s'il le faut, par les abonnements à l'année. Moyennant telle somme une fois payée, on obtiendra un sauf-conduit pour les indigènes, un visa sur le passeport des étrangers. Vous me direz qu'aux termes de la Constitution, nul impôt ne peut être établi sans le vote des deux Chambres. Ah ! Monsieur, si j'avais le temps ! j'achèterais tout le Sénat ! je nommerais une Chambre des députés bien à moi ! La loi passerait d'emblée ; on créerait, au besoin, un ministère des grands chemins. Cela me coûterait deux ou trois millions de premier établissement : mais en quatre ans je rentrerais dans tous mes frais... et j'entretiendrais les routes par-dessus le marché ! »

Eh ! mais, me dis-je en achevant ce passage, c'est l'impôt sur le revenu, cela. Et nos réformateurs d'aujourd'hui ne l'ont pas inventé. Il me semble même que si j'avais à choisir entre leur système et celui d'Hadgi Stravos, je préférerais de beaucoup ce dernier ; car enfin, comme le dit cet honorable personnage, avec lui l'on saurait à quoi s'en tenir, et, une fois sa redevance payée, on serait tranquille. La taxe serait proportionnelle, c'est-à-dire en raison de l'intérêt que l'on aurait à la payer, sans faveur ni défaveur, sans privilège pour les uns, ni spoliation pour les autres, sans acception de personnes en un mot, ainsi que l'a voulu la Constituante, et que le pratiquent toutes les compagnies d'assurances.

Il s'en faut que l'impôt global et progressif dont on nous chante les douceurs réunisse de pareils avantages. On a déjà eu, d'ailleurs, l'occasion de le juger par ses fruits. Du temps des Médicis — car il fut pratiqué en ce temps — c'était, nous dit l'historien Guichardin, le bâton avec lequel ces hauts personnages assommaient leurs adversaires. Qui nous garantit qu'il ne pourrait pas, dans d'autres mains, servir à des usages analogues ? On a bien vu, sous l'empire, des fonctionnaires invités à distinguer entre les poules des amis du gouvernement et celles de ses ennemis. Que serait-ce de leurs fortunes si, sous un prétexte ou sous un autre, elles étaient livrées à l'appréciation discrétionnaire des commissions locales et autres ?

Oui, décidément, s'il fallait choisir entre l'impôt du brigandage et le brigandage de l'impôt, c'est au premier que je me résignerais le plus volontiers.

UN GOUVERNEMENT IDÉAL

La scène se passe dans le cabinet d'un ministre.

L'Huissier. — Monsieur le Ministre, ce sont les délégués des industries et professions diverses qui disent que Votre Excellence leur a promis audience pour ce matin.

Le Ministre. — Parfaitement. Faites-les entrer, mais les uns après les autres. Pas de mélanges, pas de compétitions, ils se battraient dans mon cabinet. Et puis, comment dire à chacun, en présence des autres, que le gouvernement éprouve pour lui et pour son industrie ou son commerce une bienveillance particulière? On peut bien préférer chacun en particulier; mais en bloc, c'est difficile; cela revient à ne préférer personne. Or, à quoi diable servirait un gouvernement s'il n'avait pas des faveurs à dispenser?

L'Huissier, *ouvrant la porte.* — M. le délégué des agriculteurs de France!

(*Le ministre tend la main au délégué et lui indique un siège.*)

Le Ministre. — Je sais ce qui vous amène, mon cher délégué. L'agriculture est le constant objet des préoccupations du gouvernement.

Le Délégué. — Nous n'en avons jamais douté, Monsieur le Ministre. Cependant, notre situation...

Le Ministre. — Oui, je sais, je sais. Les faveurs que nous vous avons accordées ne vous suffisent pas; les faveurs ne suffisent jamais. C'est comme le vin pour les ivrognes : plus ils boivent, plus ils ont soif. Eh bien ! on vous en accordera d'autres. A dater de demain tout acheteur de blé, tout meunier et tout boulanger, par kilog de blé, de farine ou de pain qui lui passera dans les mains, sera forcé de payer une taxe avec laquelle on organisera une caisse de l'agriculture. Le produit sera réparti entre tous les agriculteurs au prorata de leur production. Cela fera une branche nouvelle de notre belle comptabilité nationale. Êtes-vous content?

Le Délégué, *s'inclinant*. — Monsieur le Ministre, nous aimerions mieux une bonne diminution de nos contributions.

Le Ministre. — Allons, allons, est-ce que ce n'est pas la même chose : recevoir ou cesser de payer, diminuer ses charges ou augmenter ses recettes ? Blanc bonnet, mon ami, ou bonnet blanc. Retournez vers vos commettants et dites-leur de voter des adresses de remerciement au gouvernement paternel qui les protège.

(*Le délégué sort. Entre le délégué de la métallurgie.*)

Le Délégué. — Monsieur le Ministre...

Le Ministre. — Oui, oui, je sais. Je me suis occupé de vos intérêts avec mes collègues. Vous voudriez vendre vos fers plus cher, c'est naturel, nous en ferions autant à votre place. Eh bien ! à partir de demain, tout acheteur de fer, en sus de son prix d'achat, paiera un droit dont le montant devra être versé à une caisse nationale de l'industrie métallurgique, et la répartition en sera faite, par les soins de cette caisse, entre tous les producteurs de fer, au prorata de leurs livraisons.

Le Délégué. — Monsieur le Ministre est bien bon, mais...

Le Ministre. — Comment : mais ? On met, à votre profit, un impôt sur tous vos concitoyens, et vous n'êtes pas content ?

Le Délégué. — Pardon, si, très content, très reconnaissant ; mais...

Le Ministre. — Mais quoi ? L'administration vous accable de faveurs exceptionnelles ; elle veut absolument vous forcer à la bénir. Votre industrie va renaître. Allez porter cette bonne nouvelle à vos commettants, et faites-nous de bonnes élections. Tout est là, voyez-vous ; tout est là ! Que le gouvernement soit stable et que l'opposition soit réduite à se morfondre, et tout ira bien. Au revoir !

L'audience continue. L'huissier, avec le même sang-froid et la même majesté, appelle successivement les différents délégués : celui de la viticulture, celui de la marine marchande, celui de la soierie, de la rubannerie, de la sériculture, des charbonnages, des bois et forêts, qui se plaignent d'être dévorés les uns par les autres ; ceux de la vannerie, de la peausserie, de la quincaillerie, de l'huilerie, du gaz, de l'électricité et du pétrole. Et à chacun, à tour de rôle, le ministre promet de faire, aux dépens des autres, une situation privilégiée. Après quoi, chacun, heureux d'avoir été si bien reçu par un si grand ministre, s'en va conter à ses commettants ce qu'il a obtenu pour eux. Tous protégés !

Tous grugés ! se dit en riant le ministre. Je donne à chacun une prime de quinze, mais je prends à tous, pour en former le fonds, une contribution de vingt, et je garde cinq pour ma peine, je veux dire pour la commission du gouvernement. Il faut bien que la protection se paie.

FAUSSES APPARENCES

L'inégalité égalise, le prix gratifie, et la propriété communalise. Trois paradoxes, à ce qu'il semble, et trois défis au bon sens ; trois vérités qui devraient être de sens commun, au contraire.

L'inégalité égalise ; car elle est, par la concurrence, le grand stimulant du progrès, et comme toutes les conquêtes du travail individuel deviennent promptement, par l'imitation ou par la diffusion, des biens communs et parfois absolument gratuits, chacun, en travaillant pour lui, comme l'a dit Bastiat, lorsqu'il travaille honnêtement, travaille pour tous. Tout ce que nous possédons, a dit Laboulaye, vient du travail, et l'on ne travaille que si l'on a l'espoir de profiter de la peine que l'on se donne. Mais, forcément, ce que l'on a fait ou découvert tombe plus ou moins dans le domaine public. Et, comme l'a dit Modeste, à côté ou autour des possessions et des héritages particuliers, il se forme, par le rayonnement, une zone d'héritages et de propriétés universelles qui devient le patrimoine de l'humanité.

Le prix gratifie, ou, pour parler un langage plus clair, la cherté primitive des choses rares, en excitant à les produire à meilleur compte et en plus grande abondance, les met peu à peu à la portée d'un plus grand nombre et à des conditions plus abordables. Tout ce qui est commun a commencé par être rare, et tout ce qui est à vil prix a commencé par être hors de prix. Jean-Baptiste Say a très bien expliqué cette loi en représentant la société comme une pyramide dont la pointe est formée par le seul ou les deux ou trois seuls riches en état de se procurer un objet nouveau et cher. L'objet devient moins rare et moins cher ; les dix, douze ou quinze de l'assise inférieure peuvent l'obtenir. La demande excite l'offre, le prix continue à baisser et la quantité à augmenter et, peu à peu, de proche en proche, ce qui était rare devient commun, ce qui était cher perd de sa valeur, et, finalement, s'il s'agit de choses d'un emploi courant et d'une utilité générale, tous, sauf des différences secondaires de luxe ou d'élégance, arrivent à être à peu près également pourvus de ces choses indispensables.

Et ceci prouve bien que la propriété communalise, c'est-à-dire que c'est en s'appropriant les choses d'abord vacantes et inutilisées, en les appropriant à son usage dans son intérêt personnel, et en montrant ainsi ce qu'on en peut faire, que les premiers qui s'en emparent ou qui les modifient les mettent graduellement à la disposition des autres. Celui qui découvre l'emploi d'une substance inconnue ou jugée inutile en fait don à l'humanité entière. Celui qui invente un outil ou une arme en pourvoit les bras de tous ses semblables. Celui qui défriche une terre stérile prépare ou fournit du pain à ses voisins et, peut-être, à ses ennemis eux-mêmes; et celui qui répand une vérité, qui corrige une erreur, qui trouve un remède à une maladie, est le bienfaiteur du genre humain. Qu'il en profite seul d'abord, qu'il n'ait agi peut-être que dans son intérêt propre, c'est possible; mais le résultat est un avantage général, et il serait impuissant à s'y opposer et à garder indéfiniment pour lui le bénéfice du progrès dont il est l'auteur.

La propriété, comme l'a très bien dit et démontré Bastiat, est le pionnier de la communauté. C'est elle qui, en défrichant peu à peu le sol, dans son intérêt particulier, en imaginant des procédés et des outils, en découvrant les caractères des substances et les lois de la nature, met à la disposition de tous les produits, les connaissances, les forces, et substitue, à la communauté primitive d'ignorance, de faiblesse et de misère, une communauté grandissante de science, de force et de richesse. L'homme s'agite et Dieu le mène.

QUINET ÉCONOMISTE

Il y a de par le monde, et il y a eu dans tous les temps, des philosophes sans le savoir. On connaît celui qui a été mis sur la scène, dans la comédie de ce nom, par l'aimable et bon Sedaine, et qui nous a laissé une si admirable glorification du commerce et de la paix.

Il y a aussi (et Sedaine ce jour-là en a été un) des économistes sans le savoir. J'en ai signalé un jadis, dans des conférences dont une au moins a été publiée, en la personne de notre bon La Fontaine, ce naïf si fin, qui nous a montré, dans plus d'une de ses fables, le véritable caractère et la véritable portée du travail, de l'épargne, du capital, de l'union, de la propriété et de l'hérédité. Je viens d'en découvrir un autre, avec autant de satisfaction que de surprise, dans cet Edgar Quinet dont on a célébré, si étrangement parfois, le centenaire.

Ce n'était pas ce que je cherchais. Je venais de lire, dans le livre de l'allemand Hœckel, *Les*

Énigmes de l'Univers, à la suite d'un exposé très savant et, je l'avoue, très démonstratif de la doctrine de l'évolution, une profession hautaine et tranchante, comme conséquence de cette doctrine, de toutes les négations qui peuvent contrister et, à mon avis, rabaisser l'âme humaine. Plus de Dieu, quelque idée que l'on se fasse de l'intelligence supérieure et de la loi directrice qui gouverne les mondes; plus de survivance de la personnalité humaine; plus de liberté, même réduite et, à beaucoup d'égards, entravée ou commandée par le milieu, par la tradition et par l'entourage. Une seule chose : de la matière, et dans cette matière des forces, des énergies, éternelles et inconscientes comme elle, et dont tout notre être (et dans cet être ce que nous appelons pensée, sentiment, volonté, confiance), n'est autre chose que le résultat passif et aveugle.

Et, me souvenant que Quinet, qui n'était pas seulement un historien et un poète, mais un savant, avait jadis publié un ouvrage intitulé : *La Création*, j'eus la curiosité de voir ce que, dans cet ouvrage, en qualité de naturaliste et de géologue, il avait bien pu dire d'analogue ou de contraire aux idées d'Hæckel.

Je ne fus point surpris, sachant que, pour Quinet, le respect de la liberté humaine primait tout, et que le plus grand honneur qu'il eût pu ambitionner pour lui-même et pour ses semblables, c'était d'être une conscience, de trouver, comme conclusion d'un exposé scientifiquement très peu dissemblable, comme conséquences de la constatation de ce progrès qui se manifeste par l'ascension des êtres vers des formes et des destinées supérieures, la proclamation de la perpétuité de cette conscience et de l'impuissance de la mort à anéantir la pensée, fruit des éternités.

Mais à côté de ce que je cherchais, j'eus bientôt la joie non moins vive de trouver ce que je ne cherchais point : des aperçus, je dirai presque des affirmations économiques de la plus haute portée.

C'est d'abord la constatation, dans la nature inférieure aussi bien que dans la nature supérieure, de cette loi du travail et de l'effort tendant, par une apparente contradiction, à se réduire par ses résultats, qui s'appelle, dans l'ordre des espèces, la concurrence vitale et, dans l'ordre social, la concurrence économique. La loi du progrès, dit-il, dans l'échelle des êtres comme dans les sociétés humaines, est de s'accomplir par les supériorités. Cette concurrence met aux premiers rangs les supérieurs ; mais ces supérieurs tirent après eux les inférieurs. Et ce progrès n'est pas fatal ; il est le résultat du travail. C'est une nécessité pour tous les êtres d'agir et de grandir. « Ne rien faire et progresser, cela n'est donné ni à l'homme ni au coquillage. »

Dans cette concurrence, d'autre part, il y a une solidarité. Les âges de progrès sont ceux où cette solidarité active est comprise et sentie. « Les âges de décadence sont ceux où les hommes, se prenant chacun pour centre unique, ne participent plus de la vie les uns des autres... »

Vient ensuite, comme manifestation extérieure en quelque sorte de cette loi du travail, la constatation de l'influence de la division du travail, influence reconnue, dit Quinet, par les économistes, et qui a servi à guider les naturalistes. « Les uns et les autres ont démontré que plus cette division se développe, plus l'espèce ou la société se perfectionne. Une forme nouvelle de l'organisation végétale ou animale, dit-il excellemment, n'est-elle pas, dans la nature, ce qu'est, dans la société, une machine nouvelle ?...» — « C'est ainsi, et par une cause analogue, que, dans les sociétés humaines, des machines supérieures font disparaître les inférieures et avec elles tout un monde grossier d'industrie légendaire. »... — « Le bateau à vapeur succède au vaisseau à voile, ou le tissage mécanique à la navette du tisserand, ou la machine à vapeur à la machine de Marly »...

Un peu plus loin, c'est la loi de Malthus. La nécessité qui proportionne les existences aux moyens d'existence ; qui, vérifiée pour les espèces animales comme pour l'espèce humaine, a ouvert, nous dit Quinet (et le fait est certain) les yeux à Darwin, et l'a mis sur le chemin de sa grande découverte. Mais, ajoute-t-il, si la loi est fatale aussi longtemps que les conditions restent les mêmes ; si les moyens d'action demeurant limités, le nombre des consommateurs, animaux ou hommes, ne peut se développer, il n'en est plus de même quand ces moyens d'action deviennent plus perfectionnés et plus puissants; et c'est ici que pour l'homme il y a une correction possible et nécessaire à la dureté de cette loi de Malthus.

« La bataille de la vie, dit-il, s'étend à tout ce qui végète ou respire. La loi qui préside à la formation des richesses préside aussi à la formation des espèces végétales et animales. Il faut pourtant observer comment cette loi, qui est de droit strict pour la nature a besoin d'être corrigée quand il s'agit de l'homme. Il n'y a place ici que pour un certain nombre de créatures humaines tant que l'état du monde reste le même. Fort bien. Rien de plus vrai. Mais j'ajoute que l'homme, par son travail, peut changer le monde, augmenter les choses, créer pour ainsi dire un ordre nouveau. Voilà ce qui le distingue des populations végétales ou animales. Les lys ne filent pas, ils ne tissent pas, ils ne labourent pas ; c'est aussi pourquoi il n'y a place que pour un nombre déterminé de lys dans la même terre inculte. S'ils la cultivaient, ils pourraient y être en plus grand nombre ; c'est là justement le lot de l'homme »...

Et, poursuivant la même idée : « Pour élever la condition humaine d'un degré », dit-il plus loin, « il s'agit de multiplier les produits qui lui conviennent, de créer, à l'exemple de la nature, un monde nouveau »... « si bien qu'aucun individu ne soit au dépourvu, et que chacun trouve autour de soi une matière suffisante pour en tirer son miel et se bâtir sa ruche, d'où ressort le bienfait des machines perfectionnées, qui sont à la main-d'œuvre ce que sont au végétal ou à l'animal un système plus complet d'organes, une feuille plus résistante, une graine plus facile à transporter, une antenne plus longue ou plus mobile, une trompe plus flexible et plus puissante... »

« Par là se corrige la loi de Malthus et cesse le scandale qu'elle a causé au monde. Si les places au banquet de la vie sont en effet occupées, il appartient à l'homme d'en créer de nouvelles ; il élargit l'espace. Comment cela ? En se donnant de nouveaux membres et des organes inconnus de bois, de fer ou d'airain. »

« Ne dites donc plus qu'il est trop tard pour entrer et que les places sont prises. Dites, au contraire, que la table va toujours grandissant avec le nombre des convives »...

Qu'il me soit permis de remarquer, en passant, que Malthus avait dit exactement la même chose : « Plus la population est rare, plus elle surabonde ; plus elle est nombreuse, moins elle excède. »

Et la condition de ce progrès ce n'est pas seulement une production plus abondante pour suffire à des besoins plus nombreux ; c'est un excédent, une réserve, un capital propre à fournir des éléments de travail et de production moins défectueux. Loi aussi vraie, ajoute Quinet, pour la nature que pour l'homme. La nature, elle aussi, progresse et se perfectionne par l'accumulation de ses ressources. « La nature thésaurise »... « La nature, direz-vous, a-t-elle donc, elle aussi, un capital ? Oui. J'appelle de ce nom le produit du long travail de la vie, depuis la première aube du monde organique jusqu'à nos jours. Ces types, ces ordres, ces genres, ces espèces de végétaux et d'animaux qui sont l'ouvrage des générations à travers la lutte et la concurrence des êtres, voilà ce qui constitue aujourd'hui la richesse des flores et des faunes, ou plutôt de la nature vivante. C'est là son trésor »... « Et ce trésor ne reste pas et ne peut pas rester stérile »... « Chaque année, au retour de la bonne saison, le trésor engendre des fruits nouveaux »... « Le produit du printemps est pour ainsi dire le revenu de la nature organique. S'il lui manquait un jour, si le trésor accumulé cessait de produire son revenu..., la nature serait ruinée. Tout le travail de la vie serait à recommencer »... « On voit par là que, dans la nature, c'est une nécessité pour le travail accumulé de produire quelque chose ; sans quoi, le fonds même disparaîtrait... »

C'est exactement ce qui se passe pour l'homme. A lui aussi il faut son capital, fruit des épargnes réalisées sur la production du travail antérieur, et sans ce capital, le travail actuel ou ultérieur reste impuissant et désarmé. Mais pour lui aussi ce capital ne peut subsister, à plus forte raison se développer, qu'à la condition de produire son fruit ; et par là se manifeste l'identité des lois qui président au développement du monde inférieur et à celui du monde supérieur.

Je pourrais poursuivre ces citations. En voilà

assez, je pense, pour justifier le titre que j'ai donné à ces pages. Assez aussi pour démontrer qu'aux yeux d'un véritable savant, d'un véritable démocrate, les lois, si souvent contestées par l'ignorance ou maudites par le parti pris, de la science économique, ces lois, qui ne sont que la constatation rigoureuse des faits, loin d'être en désaccord avec le progrès, la liberté de justice, la dignité humaine sont, au contraire, la condition même de ce progrès et de cette dignité ; et qu'il ne s'agit pas de rebâtir la société sur un plan nouveau, mais d'en faire disparaître tout ce qui, en contrariant le jeu naturel de l'effort et de la responsabilité, empêche le travail d'avoir toute son activité, et le mérite d'obtenir sa récompense.

IL EST SI BON CATHOLIQUE !

Il y a longtemps, bien longtemps, ce devait être aux environs de 1867, un homme intelligent, membre influent du cercle catholique du Luxembourg, estimant, non sans raison, que les jeunes membres de ce cercle ne perdraient rien à éclairer quelque peu leurs bonnes intentions, et mettant au premier rang des connaissances dont ils avaient besoin, quelques notions d'économie politique, avait obtenu que je fusse appelé à faire devant eux, deux ou trois conférences. Je dois dire qu'elles furent écoutées avec beaucoup d'attention et d'intelligence, et que je n'eus qu'à me louer de m'être rendu avec empressement à l'invitation qui m'avait été adressée.

A la seconde séance, comme j'arrivais, on me dit, le plus gracieusement du monde, que l'on avait tenu à faire recueillir mes précieuses paroles et l'on me remit un manuscrit qui en était, m'assurait-on, la reproduction exacte. On ajoutait que le sténographe qui avait fait ce travail, et qui, bien entendu, ne réclamait rien pour cette fois, était un jeune homme très méritant, ayant besoin de gagner, et que, si son travail me paraissait satisfaisant, je ferais une bonne œuvre en l'employant en d'autres occasions. Il était d'ailleurs très accommodant et ses prix étaient fort au-dessous du tarif habituel des sténographes officiels.

Je remerciai, comme je le devais, de la gracieuseté, mais je réservai mon opinion jusqu'à ce que j'eusse pu prendre connaissance du manuscrit, faisant observer, d'ailleurs, que j'avais, pour ce que je désirais faire recueillir, un sténographe habituel, qui se faisait payer plus cher, cela était vrai, mais dont j'étais absolument satisfait. C'était l'un des reviseurs les plus sérieux et les plus consciencieux du service de la Chambre des députés, que je devais retrouver plus tard à son poste, lorsque le *Journal officiel* eut à reproduire mes discours parlementaires.

La semaine suivante, comme je faisais ma dernière conférence, on revint à la charge. J'avais lu le manuscrit; c'était tout simplement exécrable. Il m'eût été impossible d'avouer une seule des phrases qui m'y étaient prêtées. La sténographie est un art admirable, mais à la condition que le sténographe sache complètement son métier; quand il est seulement médiocre, rien n'est pire que d'avoir affaire à lui. Je voulus ménager le pauvre diable et je me rejetai comme je l'avais déjà fait, sur ce que j'étais pourvu. Mais on insista tellement que je fus obligé d'en venir au mot d'Alceste, et de répondre finalement que le malheureux n'y entendait rien. « Ah ! monsieur ! »

me dit alors un des interlocuteurs, avec des larmes dans la voix, « il est si bon catholique ! » — « Monsieur », répondis-je, « j'espère que cela lui sera fort utile lorsqu'il se présentera à la porte du paradis où le bon Dieu, qui est tout-puissant, n'aura pas besoin de sa copie; mais pour faire de la sténographie, c'est un sténographe qu'il me faut et, je ne puis que vous le redire, il n'est pas sténographe. »

Combien de fois depuis, et dans les circonstances les plus diverses, cette histoire ne m'est-elle pas revenue à la mémoire ! Qu'il s'agisse d'un poste ou d'un emploi quelconque, magistrature, enseignement, administration, députation, ministère même, de quoi se préoccupe-t-on, la plupart du temps, pour donner la préférence à celui-ci ou pour exclure celui-là ? De sa capacité, de ses connaissances spéciales, des preuves d'aptitude qu'il a pu donner ? Quelquefois, mais accessoirement et souvent pas du tout. L'un a toutes les qualités requises, l'autre ne les possède que bien peu ou peut-être a des mérites réels, mais d'un ordre absolument différent. Il n'importe. Celui-ci est du parti; celui-là n'en est pas : on prend celui qui est du parti et l'on croit avoir réponse à tout parce qu'on peut dire : « il est des nôtres ». Il est des nôtres, c'est-à-dire, selon les cas, il est libre penseur, il est opportuniste, il est socialiste, il est ceci, il est cela ; il a ou il n'a pas le mot de passe. Et voilà comment nous avons partout des gens auxquels il ne manque qu'une chose : c'est d'être propres à ce qu'ils font. O Figaro (je parle du Figaro de Beaumarchais), comme tu avais raison, mon ami, quand tu disais, en contant tes mésaventures au comte Almaviva. Il fallait un calculateur ; ce fut un danseur qu'on choisit. Et comme cet autre homme d'esprit qui s'appelait Alphonse Karr avait raison, lui aussi, quand il disait : « Plus ça change, plus c'est la même chose ! »

PETITS ENNUIS DU CONTRIBUABLE

Si quelque contribuable me lit par hasard, et s'il voit qu'il y a des gens qui songent à s'occuper de ses petits ennuis, il se demandera sans doute pourquoi ces gens-là ne s'occupent pas plutôt de ses grands ennuis. Car il en a, de grands ennuis et de grandes préoccupations aussi, par le temps qui court. Et il y aurait fort à dire sur et contre certaines aggravations d'impôt, dont, sous divers prétextes, nous sommes tous plus ou moins menacés.

Impôt progressif, c'est-à-dire impôt arbitraire ; car je mets au défi tous les financiers et tous les mathématiciens du monde, de découvrir une base ou une formule de progression qui ne soit pas arbitraire, comme aussi d'en trouver une qui, après avoir frappé, à coups plus ou moins rapidement redoublés, les fortunes moyennes ou simplement grosses, ne soit pas forcée de s'arrêter devant les très grosses.

Impôt progressif, c'est-à-dire impôt assis sur des présomptions inexactes et souvent mensongères, atteignant l'apparence et parfois tournant le dos à la réalité. Car, si vous avez la prétention de me faire porter, comme à l'âne de la fable, double bât, double charge, sous le prétexte que ma fortune est plus élevée que celle de mon voisin, et que, par conséquent, je puis, plus aisément que lui, vous en laisser prendre une part plus considérable, je vous établirai, en face des chiffres de nos revenus, les chiffres de nos charges. Je vous montrerai qu'il est célibataire, jeune, bien portant, capable d'employer utilement ses bras et sa tête dont il ne fait rien. Et je vous ferai observer que j'ai des exigences de famille très lourdes, que mon âge et ma santé réclament des soins et des dépenses coûteux, que, par divers côtés, des obligations onéreuses pèsent sur moi, et, qu'en réalité, si vous voulez compter plus ou moins par tête, je suis ou l'on est, chez moi, deux, trois, quatre ou cinq fois plus pauvre que chez mon voisin. D'où la nécessité, si vous voulez échapper aux plus monstrueuses iniquités et vous rapprocher quelque peu d'une taxation admissible, d'entrer dans les moindres détails de la situation de chacun et d'abattre à toute heure, devant les perquisitions et inquisitions du fisc, ce mur de la vie privée dont la défense, bien impuissante pourtant, a immortalisé M. Guilloutet.

La Constituante avait raison : l'impôt doit être réel et non personnel. Et s'il faut bien que ce soit quelqu'un, comme détenteur du bien imposable, ou comme agent du fait imposable, qui acquitte l'impôt, ce n'est point à raison de sa personne ou de l'ensemble de son existence, c'est à raison de ce bien ou de ce fait, considéré en lui-même et isolément, qu'il doit être taxé.

Est-ce que, par hasard, quand j'assure mon immeuble ou mon mobilier contre l'incendie, ma récolte contre la grêle, mon troupeau contre l'épizootie ou ma vie contre la mort, je paye une prime différente selon que je suis riche ou pauvre ? Je réclame un service, celui de la sécurité pour moi ou pour les miens. Ce service a un prix : je paye ce prix. Il n'en est pas et il n'en peut pas être autrement du service de la sécurité sociale, dont l'impôt est le prix.

Impôt progressif enfin, c'est-à-dire impôt antidémocratique, car il ne va à rien moins qu'à contrarier, en les punissant, l'économie et la prévoyance qui sont les agents de la formation des capitaux et, par conséquent, du développement du travail, de la progression du bien-être général, de l'élévation des salaires et du perfectionnement de l'industrie. Il fait plus, je veux dire pis. Il ne respecte pas même la générosité et la bienfaisance, et frappe d'une amende d'autant plus forte qu'elles sont plus considérables et plus respectables, les libéralités destinées à secourir l'infortune, à guérir la maladie, à prévenir ou à tarir la misère et le vice. Et, que l'on ne dise pas, comme on le fait, que les legs, les dons et les héritages sont de l'argent trouvé que l'on est trop heureux de recevoir, même réduit, et qu'une succession n'a jamais gêné ceux qui la reçoivent. Outre que, dans bien des cas, cette succession, fruit de la collaboration apportée pendant de longues années au travail du chef de famille, n'est, en quelque sorte, que la reconnaissance tardive d'un droit antérieur, trop souvent (le fils devrait le savoir), l'obligation d'acquitter, dans le délai légal, les charges successorales équivaut, pour les héritiers, à une liquidation forcée, dont la conséquence est presque toujours la gêne et parfois la ruine. Une administration intelligente gagnerait beaucoup, j'ai eu souvent l'occasion de le démontrer, à accorder des facilités et des délais.

Mais ce sont là, en effet, de gros ennuis, de grosses questions; et c'est de petites questions et de petits ennuis que je m'étais proposé de parler. J'y reviens. Je ne dirai pour aujourd'hui que quelques mots d'un seul des impôts que j'ai en vue : l'impôt du timbre.

Cet impôt est, comme tous les impôts, plus ou moins désagréable, quand il faut le payer; mais il se réduit, à ce qu'il semble, à une dépense d'argent généralement supportable : c'est une charge additionnelle, dans bien des cas de peu d'importance relative.

Voyons cependant. Un certain nombre d'actes ne peuvent être faits, sous peine d'amendes considérables ou de nullité, que sur papier timbré. Les quittances de plus de dix francs doivent être revêtues d'un timbre de dix centimes. Les baux, les promesses de diverses natures, les pouvoirs et la plupart des demandes adressées aux administrations, doivent être sur timbre. Soit ! Il y aurait peut-être beaucoup à dire au sujet de cette exigence, dans un grand nombre des cas visés. Combien de fois n'est-ce pas pour l'indigence, qui n'a pas même le moyen d'affranchir une lettre, une dérision véritablement cruelle ! Mais passons.

Encore faudrait-il, puisque à toute heure chacun de nous peut se trouver à l'improviste dans l'obligation de faire un acte pour lequel une feuille de papier timbré est nécessaire, que chacun de nous, à toute heure et en tout lieu, fût assuré de pouvoir se procurer une feuille de papier timbré. En est-il ainsi ? Que chacun réponde. Quant à moi, je puis en appeler à mon expérience personnelle. Combien de fois, dans diverses localités et à Paris même, me suis-je adressé aux bureaux qui ont le privilège de vendre du papier timbré, et m'a-t-il été répondu que l'on n'en avait pas pour l'instant ! Ces bureaux, d'ailleurs, ne sont pas comme les débits de tabac et de timbres-poste à tous les coins de rue, et il faut encore savoir où aller les chercher. Et loin de Paris ? Mais un fait en dira plus que tous les raisonnements. Le voici dans sa rigoureuse exactitude.

J'étais, il y a quelques années, à la Bourboule. Je reçois une lettre par laquelle on me réclamait, pour une affaire urgente, un pouvoir, sur papier timbré naturellement. Je demande où est le bureau de papier timbré. On me répond qu'il n'y en a pas. La station du Mont-Dore n'est, si je ne me trompe, qu'à huit ou neuf kilomètres. Je pense que le Mont-Dore, comme station plus ancienne, est mieux pourvu que la Bourboule, et je m'y rends. Course inutile ; pas de papier timbré au Mont-Dore. Je ne me décourage point. Le chef-lieu de canton, Murat-le-Quaire, est un peu loin dans la montagne, mais avec un cheval, ce n'est qu'une promenade. Me voilà en selle et bientôt au chef-lieu de canton. Du papier timbré au chef-lieu de canton ! Oh ! il y en avait bien, mais chez le notaire et le notaire était absent. Il eût été là que c'eût été la même chose : le papier timbré livré aux notaires est revêtu de marques spéciales, qui ne leur permettent d'en faire usage que pour des actes notariés.

Conclusion, en ce qui me concernait : une journée de perdue, deux courses, la location d'un cheval et finalement l'obligation de faire venir du papier timbré de Clermont et quarante-huit heures de retard au moins dans l'envoi de mon pouvoir.

Conclusion au point de vue général : gêne, fausses dépenses, impossibilité souvent de se soumettre aux prescriptions légales, et si, par hasard, l'acte à accomplir est urgent et doit être accompli dans un délai donné, si faute de l'envoi de la pièce attendue ou de la signature de l'acte avant l'expiration de ce délai, un préjudice grave est encouru, une fortune est perdue, une forclusion est prononcée, quelle réparation pour ce dommage qu'il n'aura pas dépendu de lui d'éviter, le contribuable, lésé dans sa fortune ou dans son honneur, pourra-t-il espérer ? N'est-il pas de principe que l'administration n'est jamais responsable et ne saurait-elle pas bien vous dire, elle qui n'a pas prévu que vous pourriez avoir besoin de son papier timbré, que c'était à vous à vous précautionner d'en avoir ?

Je tiens, moi, que précisément parce qu'elle est l'administration, c'est-à-dire la représentation de la puissance publique, toute administration doit être, encore bien plus que les particuliers, responsable de ses actes et de ses négligences. C'est elle qui est faite pour eux et non pas eux pour elle.

Je tiens aussi que les petits ennuis et les petites misères ne sont pas de petite importance. Une succession de coups d'épingle est plus difficile à supporter, parfois même plus réellement douloureuse qu'un bon coup de poing une fois donné. Et qui sait ? peut-être, si l'on voulait bien se donner la peine de rechercher avec quelque soin ce qu'il peut y avoir dans nos habitudes fiscales de vexations et de gênes, non seulement inutiles mais nuisibles au développement de la matière imposable, trouverait-on, sans beaucoup de difficultés, le moyen de soulager sérieusement le contribuable, en même temps que d'améliorer les recettes publiques. Le grand Turgot, rien qu'en se prononçant toujours, dans les cas douteux, en faveur des administrés, avait réussi, pendant sa trop courte administration, à accroître, dans une proportion considérable, le produit des impositions.

SAUVAGES ET CIVILISÉS

J'ai lu, je ne sais plus où, mais dans un travail signé d'un nom des plus sérieux, cette phrase qui m'a frappé : « L'échange est un fait humain et récent. »

Humain? Je ne dis pas non, bien que je ne voulusse pas trop en jurer. Les animaux (que je sache) ne font point de commerce et l'on ne connaît chez eux ni marchands, ni intermédiaires. Ils s'assistent cependant, et l'assistance est un échange de services.

Les abeilles et les fourmis travaillent les unes pour les autres, en travaillant pour l'ensemble, et, s'il est vrai comme l'a démontré Bastiat, que, dans le produit c'est le service qui se paye, associer son travail, donner service pour service, c'est échanger.

Mais n'insistons pas, et admettons la première partie de la formule : « L'échange est un fait humain ».

Ajoutons même, si l'on veut, que c'est la marque

de la supériorité de l'espèce humaine, et l'une des formes de la fraternité.

Un fait *récent ?* C'est autre chose et, ici, je m'inscris résolument en faux.

Les formes de l'échange ont pu varier. Il a pu, avec les facilités plus grandes de produire et de transporter, prendre une extension qu'il n'avait pas à des époques antérieures ; mais, dès le début, et aussitôt qu'il y a eu en face l'un de l'autre deux hommes placés dans des conditions différentes, doués d'aptitudes diverses, et pouvant tirer de leur travail des résultats dissemblables, l'idée leur est venue de troquer l'un avec l'autre quelques parties de ce dont ils pouvaient se défaire contre ce qu'il pouvaient obtenir.

L'homme, dit Turgot, fait un premier commerce avec la nature. Il paye directement de sa peine ce qu'elle lui fournit. Il fait un second commerce avec son prochain dès qu'il peut obtenir de son prochain, en lui offrant un produit ou un service, un service ou un produit qu'il juge équivalent.

Donner du poisson pour une peau de bêtes, du blé pour du bois, un fruit pour un bâton ou comme les sauvages, des provisions pour des clous ou de la verroterie, c'est de l'échange et du commerce.

Il y a, dans quelques régions encore fermées aux nations civilisées, sur quelques points de l'Afrique ou des îles de Bornéo ou de Java, des hommes des bois, des boschimanns qui, d'après les récits des voyageurs, mériteraient à peine d'être considérés comme appartenant à l'espèce humaine. Ils vivent dans les arbres comme des oiseaux, ne parlent (si l'on peut appeler cela parler) que par une sorte de sifflement et de chant plus ou moins analogue à ceux des oiseaux et, ne laissent pénétrer personne dans les forêts qui leur servent d'asile. Ces êtres imparfaits, eux-mêmes, connaissent l'échange.

Les chinois, qui sont les plus ingénieux et les plus habiles commerçants du monde, ont trouvé, sans les approcher et sans les voir, le moyen de trafiquer avec eux. A certains jours, les boschimanns déposent à la lisière de la forêt, en tas plus ou moins considérables, les objets qu'ils peuvent offrir : du camphre, des racines, des fruits, et se retirent. Les Chinois, à côté de chaque tas, placent ce qu'ils croient pouvoir donner en paiement et, à leur tour, s'éloignent.

Les boschimanns reviennent. Si la marchandise apportée par les Chinois leur convient, ils l'enlèvent et laissent la leur, que les Chinois prennent à leur tour.

Dans le cas contraire, ils retirent leur offre en remportant tout ce qu'ils avaient apporté, et tout est dit.

Tels sont, du moins, les détails que j'ai recueillis en 1889 de la bouche de l'homme intelligent qui avait organisé, à l'Esplanade des Invalides, le « Khampong Javanais ». Et jamais, ajoutait-il, aucune difficulté ne s'élève, aucune fraude n'est tentée de part ni d'autre, par cette raison bien simple et décisive qu'elle amènerait immédiatement la cessation de toute relation.

On voit si j'avais raison de me refuser à admettre que l'échange soit un fait récent. L'échange est contemporain de la naissance de l'humanité. L'homme est un être sociable, et société c'est échange. L'homme ne peut vivre seul; et la division du travail, qui n'est qu'une forme de l'échange, est la condition première, non seulement de son développement, mais de sa durée.

Ce qui est récent, quoique bien ancien, c'est l'idée de contrarier l'échange dans l'intérêt de ceux qui s'y livrent, et d'empêcher les hommes de prendre librement comme il leur convient leur bien où ils le trouvent.

On étonnerait fort un boschimann si, au moment où il enlève la marchandise du chinois et laisse la sienne, on venait lui dire que cette marchandise apportée par l'homme jaune ne lui est bonne à rien, attendu qu'elle n'est pas originaire de sa forêt. Il croit, dans sa naïveté, faire une bonne affaire en recevant de cet homme jaune ce qu'il ne pourrait pas obtenir sans lui. Mais c'est un sauvage et nous sommes des civilisés. Quelque jour, quand il sera descendu de ses arbres et aura appris à cultiver la terre et à façonner le bois ou le fer, on lui montrera à voir les choses d'un autre œil, et à protéger son travail contre l'invasion des richesses et des produits du dehors.

ALLUMETTES NATIONALES
ET OFFICIELLES

On a beaucoup parlé des allumettes et des inconvénients des monopoles d'État à propos des grèves de cette industrie en France. Je ne voudrais point revenir sur ce sujet, je ne pourrais que répéter ce qui a été dit de divers côtés. Mais on ne trouvera peut-être pas inutile la reproduction des quelques lignes suivantes, empruntées par le *Journal des Économistes* à l'*Étoile belge* :

« L'allumette ordinaire, dit ce journal, achetée en Belgique et rendue dans les manufactures de l'État français revient à 90 francs le million. Fabriquée par l'État, elle coûte 135 francs. D'où l'on a pu faire ce calcul d'apparence paradoxale, mais dont pourtant le rédacteur de l'*Étoile belge* garantit l'exactitude, que, si l'État fermait ses manufactures, s'approvisionnait complètement en Belgique, licenciait ses ouvriers et continuait à les payer pour ne rien faire, loin de subir une perte, il réaliserait encore une économie de 150.000 francs par an sur ses dépenses actuelles. »

Ce n'est pas la première fois que des paradoxes du même genre, qui sont de sérieuses vérités, ont été énoncés. Michel Chevalier calculait, avant 1860, que les droits protecteurs sur le coton coûtaient aux consommateurs français, par le renchérissement qu'ils devaient subir de ce chef, une somme de 92 millions par an. A en croire les industriels protégés, ces droits ne leur procuraient, pour la totalité de la fabrication française, qu'un bénéfice d'une dizaine de millions. Ne vaudrait-il pas mieux, pour le public et pour eux, ajoutait M. Michel Chevalier, leur servir une rente de dix millions par an pour ne rien faire et en laisser quatre-vingts aux consommateurs? La nationalité d'une chemise ou d'un mouchoir de poche ne mérite pas d'être payée à si haut prix.

INTERDÉPENDANCE

Il y a plusieurs manières d'entendre la solidarité comme aussi d'en comprendre les obligations et les devoirs. Il y a des gens qui, au nom de la solidarité, et pour ce motif qu'aucune de nos actions n'est indifférente à notre entourage, se chargeraient de régler notre vie depuis notre naissance jusqu'à notre mort et depuis le premier instant du jour jusqu'à la dernière heure de la nuit, sans nous laisser sur un seul point la moindre initiative et la moindre liberté.

Je n'ai pas besoin de dire ici que ce n'est pas ainsi que je l'entends, et que je n'espérerais rien de bon de cette tutelle sociale, quand bien même elle serait remise aux mains les plus expérimentées et les plus habiles. Ni le pape industriel des saint-simoniens, ni l'ordonnateur suprême du régime des icariens, ne m'inspirent la moindre confiance.

Mais, si le zèle de ces réformateurs autoritaires me fait peur, l'indifférence imprévoyante et égoïste dans laquelle s'enferment volontiers certaines parties des populations ne me plaît guère plus et ne me paraît pas moins dangereuse. Il y a des gens, et beaucoup, hélas! qui, pourvu que leur condition soit à peu près tolérable, s'occupent médiocrement ou pas du tout de la condition de leurs semblables. Il y a des gens qui, lorsqu'on leur parle de la misère, des vices, de l'ignorance d'une partie plus ou moins considérable de leurs concitoyens, disent volontiers, sans doute, que cela est malheureux et qu'ils en sont fâchés, mais volontiers aussi répondraient qu'après tout, ils n'y peuvent rien ; que c'est tant pis pour ces gens-là ; ou si, à certaines heures, ils crient trop fort ou menacent de sortir de leur tanière, que l'on paie une police, des juges et des prisons pour les calmer ou pour s'en débarrasser.

Raisonnement égoïste, je le répète, et, de plus, raisonnement imprudent et maladroit. Car, d'un côté, il n'est pas vrai qu'on n'y puisse rien ; on y peut quelque chose ; on y pourrait beaucoup par l'exemple, par le conseil et par la bienveillance si chacun, pour sa petite part, y voulait faire quelque chose. Et, d'un autre côté, il n'est pas plus vrai que ce mal qui nous paraît confiné dans des régions étrangères aux nôtres ne nous atteigne point. Il nous atteint, il nous enveloppe, il nous pénètre tantôt à notre insu et tantôt de façon à ne pouvoir nous demeurer ignoré, sous mille formes et par mille voies.

Je faisais ces réflexions en lisant, dans le *Jour-*

nal des Économistes, un très intéressant et malheureusement très triste travail sur les logements d'ouvriers, à New-York, qui sont devenus, dans cette grande ville, la matière d'un grave problème social : le *Tenement houses problem*.

Ce que ce travail nous révèle de douloureux et de généralement inconnu sur le contraste qui existe entre les quartiers pauvres de la basse ville et les riches quartiers de la haute ville, est véritablement effrayant. Cela rappelle, pour l'entassement, l'impureté de l'air et la saleté des habitations, les célèbres révélations d'Adolphe Blanqui sur les caves et les courettes de Lille. La mortalité y est au niveau de la moralité. Dans certains quartiers, elle atteint jusqu'à 130 pour 1,000 : 44 pour la population au-dessus de cinq ans, 86 pour les enfants jusqu'à cet âge. Pendant la dernière épidémie de choléra, elle est montée à 195, et il est certains *tenements* dans lesquels la moitié des enfants meurent dans la première année.

Croit-on par hasard que, malgré l'espace qui sépare ces quartiers maudits des beaux quartiers des banquiers et des négociants, ceux-ci soient à l'abri de la contagion matérielle et morale de ces foyers de pestilence ? Il serait inutile de perdre son temps à prouver que cette immunité est impossible. L'esprit souffle où il veut, dit-on ; le vent aussi, et ce ne sont pas les glaces des fenêtres des avenues aristocratiques qui l'empêcheront d'entrer. Mais il y a mille formes de contagion auxquelles on ne pense pas d'ordinaire et qui, peut-être, font obscurément leur œuvre à toute heure.

L'auteur de l'article qui nous occupe, M. Tricoche, en cite deux exemples. Dans ces tristes logements, on fait, comme dans bien des pauvres mansardes de Paris, de la confection pour les grands magasins. Un jour, on trouva un enfant atteint de la petite vérole couché sur un lot de vêtements confectionnés, qui attendaient le moment de la livraison. Un autre jour, on apprit qu'un homme venait de mourir du typhus au milieu d'une collection de paletots destinés à une boutique de Broad-Way. L'émoi fut grand dans la ville, mais pourquoi ? Parce que, par hasard, on avait su. Croit-on que tous les jours, sans être sus, des faits pareils ne se passent point, et que, par conséquent, tous les jours, je le répète, le mal d'ici ne soit pas porté là et n'y fasse pas en rayonnant sa sinistre besogne ?

Et que concluez-vous de là, me dira-t-on ? Je conclus que nous devrions, à toute heure, si nous étions sages et à plus forte raison si nous avions quelque souci de ce que nous devons aux autres, nous préoccuper de ce que nous pouvons faire pour réduire, sous diverses formes, le mal qui subsiste autour de nous. Je conclus qu'il ne suffit pas, pour mériter et pour obtenir une existence tolérable pour soi et pour les siens, d'être personnellement éclairé, honnête, laborieux et économe, de connaître et de respecter les lois de l'hygiène et celles de l'économie politique. Il faut encore travailler à donner aux autres ces connaissances et ces habitudes bienfaisantes et nécessaires.

Une dernière observation avant de poser la plume. Ces habitations maudites où s'étiole et meurt aujourd'hui la population pauvre et qui paraissent, à bon droit, intolérables pour les dernières couches de la société américaine, ont été autrefois les demeures de la population riche, qui, depuis, a reflué vers d'autres quartiers et ne sont arrivées que peu à peu, par des déplacements successifs de population, à l'état misérable où elles se trouvent aujourd'hui. M. Levasseur, dans une étude sur les quatre âges de la civilisation en Écosse, avait fait, jadis, à propos d'Édimbourg, des remarques analogues. Après avoir décrit la situation lamentable d'une partie des habitants de cette ville, il remarquait que ces tristes demeures des pauvres d'aujourd'hui ont été, il y a quelques siècles, les résidences des riches et des puissants. On en pourrait conclure, à première vue, que les conditions d'existence des grands de la terre étaient telles jadis que les plus petits de nos jours ne s'en peuvent plus contenter.

Et il y a peut-être une certaine part de vérité dans cette réflexion. Mais ce qui est malheureusement plus vrai encore, c'est que ce qui était propre, élégant et sain, selon les idées du temps, tout au moins à une certaine époque, devient, par le cours des années, lorsque la vigilance des habitants n'est pas appliquée sans cesse à l'entretenir en bon état, malpropre, dégoûtant et malsain. La présence même de l'homme est une source incessante d'empoisonnement et d'infection, contre les effets desquels sa vigilance la plus active est nécessaire. Les murs, les parquets, les carrelages, les joints des portes et des fenêtres s'imprègnent peu à peu de tous les germes morbides qui s'exhalent des poitrines du bétail humain entassé dans ces étables mal tenues, et il vient un jour où l'assainissement lui-même semble impossible.

GRÈVES ET COALITIONS

Nous allons toujours, en France, d'un extrême à l'autre ; et, sous des noms différents, en vertu de principes opposés, nous revenons sans cesse aux mêmes points et nous renouvelons les mêmes fautes.

Le travail n'était pas libre autrefois. Après avoir été, avec la personne même des travailleurs, confisqué au profit, souvent trompeur, de l'État ou de la classe des hommes libres, il était devenu, sous l'ancienne monarchie, un droit domanial et royal, que le souverain pouvait vendre et que les sujets devaient acheter. « Il n'appartenait qu'au roi, disait Louis XIV, de faire des maîtres ès arts. » « Nous nous hâtons, dit Louis XVI, inspiré par Turgot, de répudier ces odieuses maximes. »

La Constituante, par ses décrets de mars 1791, a renouvelé cette déclaration et garanti à chacun, sous la seule condition de se conformer aux lois et d'acquitter les taxes prévues, la faculté de choisir et d'exercer librement telle ou telle industrie. Mais, par crainte du retour des restrictions et des servitudes dont, sous le nom de jurandes et maîtrises, les simples ouvriers avaient été accablés sous le régime des corporations, par crainte aussi, peut-être, de voir se former des groupements dangereux pour la paix publique, elle avait interdit tout concert entre les personnes d'un même métier ou profession, sous prétexte de leurs prétendus intérêts communs. C'était encore, au fond, la doctrine du droit domanial, non plus royal, mais national, et le devoir de travailler subsistant à côté ou au-dessus du droit de travailler. Tout accord entre salariés, pour réclamer des modifications dans le salaire ou les conditions de travail, toute abstention collective de travail était considérée comme une révolte contre l'ordre établi, un délit tout au moins quand il n'y avait qu'une résistance passive à l'injonction patronale ou officielle, un crime s'il s'y joignait des menaces ou des violences. Et lorsque, vers 1835, un homme de bien, M. Vischers, conseiller des mines en Belgique, eut obtenu du roi Léopold la permission d'aller intervenir comme conciliateur entre les ouvriers de Charleroi, en grève, et leurs patrons, un honnête officier, le chef de bataillon Denne, envoyé pour parer aux désordres possibles, lui demandait, comme chose toute naturelle, la permission de *sabrer ces gens-là*. « Pourquoi les sabrer? observait M. Vischers, ils ne font pas de mal. — Comment, monsieur, ils ne font pas de mal! Voilà huit jours qu'ils ne travaillent pas ».

Nous avons protesté; nous avons, en France

aussi bien qu'en Angleterre, soutenu que la liberté, pour n'être pas une formule vaine, suppose le droit de s'abstenir aussi bien que le droit de faire, le droit de ne pas travailler aussi bien que le droit de travailler, et que si chaque homme, individuellement, est maître de discuter les conditions auxquelles il consent à mettre au service d'autrui son intelligence ou ses bras, dix, vingt, cent ou mille, ayant ou croyant avoir le même intérêt à refuser de s'engager ou à renoncer à leur occupation, sont pareillement maîtres de le faire. Et nous avons obtenu le retrait de ces lois qui faisaient de toute entente entre un nombre plus ou moins grand de travailleurs un délit par le seul fait de cette entente, et sans aucun acte blâmable en lui-même. Mais c'était évidemment à la condition, d'une part, que cette cessation de travail ou cette réclamation de conditions nouvelles de travail, serait volontaire et réellement désirée par les réclamants, et, d'autre part, qu'elle ne serait accompagnée d'aucune violence soit à l'égard de ceux qui n'en seraient pas partisans, soit à l'égard des chefs d'industrie, patrons ou employeurs auxquels on croirait devoir refuser de continuer son concours.

On sait ce qui est advenu et par quelles prétentions nouvelles et abusives les ouvriers, transformant la liberté en oppression et faisant du droit de cesser le travail un instrument de tyrannie, ont semblé vouloir justifier l'interdiction portée par la Constituante de s'entendre pour leurs prétendus intérêts. Ils n'auraient pas seulement, d'après leurs modernes théories, le droit de quitter le travail quand cela leur convient et de déserter l'atelier en masse, mais ils le pourraient faire, en tout temps, à toute heure, au cours d'une besogne engagée, sans délai, sans avis préalable, sans souci des précautions à prendre pour prévenir des accidents ou des ruines; et ils pourraient, de plus, en vertu des décisions prises soi-disant par la majorité d'entre eux, où imposées par de prétendus représentants, donner des ordres à leurs camarades dont l'avis serait différent, et contraindre, par la force au besoin, ceux qui veulent travailler à chômer, et ceux qui ont besoin de manger à mourir de faim. C'est, sous prétexte de liberté, une servitude substituée à une autre, et non moins cruelle ni absurde. Ce serait, si cette façon d'entendre les intérêts du travail se généralisait, la ruine à bref délai de toute industrie sérieuse, et, avec l'impossibilité, pour les capitalistes et les industriels, de compter sur le lendemain, la suppression totale du travail et la misère universelle.

Il importe, si nous ne voulons pas en venir à ces extrémités, de bien nous rendre compte du problème et de préciser ce qui est juste et ce qui ne l'est pas. Le droit de coalition, c'est-à-dire le droit de se concerter pour accepter ou refuser le travail, est incontestable et il doit être respecté. Le droit de grève, c'est-à-dire le droit de cesser brusquement le travail, sans avis préalable et sans souci de remplir ses engagements et de prévenir les accidents résultant d'un arrêt subi, n'existe pas et ne saurait exister. A plus forte raison, ne peut-il y avoir un droit de forcer, par des menaces ou par des actes de violence, la volonté des ouvriers désireux de travailler ou celle des patrons qui ne peuvent ou ne croient pas pouvoir consentir aux exigences, justes ou injustes, de leur personnel. A chacun, à ses risques et périls, de faire ou de ne pas faire, d'accepter ou de refuser. Un contrat n'est pas une chaîne éternelle : il est toujours récusable et modifiable par la volonté des parties; mais il doit être, jusqu'à dénonciation par celle des deux qui en demande la revision, loyalement exécuté.

L'employeur ne peut, sans un délai variable selon les professions, renvoyer, à moins de fautes graves, un ou plusieurs de ses employés. Ceux-ci ne peuvent, de leur côté, le quitter sans lui avoir accordé le même temps pour se pourvoir de remplaçants ou pour leur faire des offres nouvelles. Si les deux parties, au lieu d'être liées seulement par l'engagement tacite qui résulte de l'entrée dans un atelier, d'un embauchage banal, ont contracté un engagement spécial ; si, par exemple, une équipe a été engagée pour faire, à des conditions déterminées et pour une date prévue, un bâtiment, une machine, un terrassement d'un cube déterminé, de même, que l'entrepreneur ne peut, sauf le cas de non-exécution ou de mauvaise exécution de l'ouvrage, congédier son personnel, celui-ci ne peut, avant d'avoir achevé la tâche entreprise, l'abandonner. Il peut, et il doit, tel est son désir, bien ou mal fondé, faire savoir qu'une fois son œuvre accomplie, il ne travaillera plus aux mêmes conditions ; mais ces conditions, jusqu'à entière exécution, sont sa loi, et la simple probité lui commande de s'y tenir.

Quant à ce qui est des dommages directs, du sabotage, des incendies, des attentats contre les personnes, soit de camarades, soit de patrons, ce sont des crimes de droit commun que rien ne saurait autoriser ni excuser, et la réprobation de tout ouvrier honnête les doit atteindre aussi bien et plus encore que la répression légale.

TIRER EN L'AIR

On ferait une belle liste des imprudences et des sottises que nous commettons tous les jours, faute de savoir. En voici une, entre mille, qui est toujours de saison. Il s'agit de chasse.

Vous êtes dix, vingt quelquefois, réunis ou éparpillés dans un champ ou dans un bois. Vous tirez à qui mieux mieux, et les coups se croisent dans tous les sens. De quoi vous inquiétez-vous, en général ?

De n'avoir personne en face de votre fusil, et rien de plus. Où retombera le plomb ? où peut-il retomber ?

Aucun n'y songe, et si, par malheur, quelque grain égaré vient frapper un des chasseurs, chacun de dire : « C'est étonnant, nous avons pourtant tiré en l'air ! »

Le garde le plus expérimenté, le père de famille qui jamais ne laisserait son arme une minute sous la main de personne, la décharge sans souci, sans scrupule, au milieu de ses amis, dans sa cour, à la porte de sa maison, à dix pas quelquefois de sa femme et de ses enfants, ou de ceux des autres. Faites-lui une observation. Il vous rira au nez, s'il est de bonne humeur ; il vous enverra promener s'il est grossier. N'a-t-il pas tiré en l'air ?

Si, au lieu de rire ou de se fâcher, on réfléchissait, on comprendrait que le plomb n'est jamais bon, qu'il vienne d'en haut ou qu'il vienne d'en bas, et que si d'ordinaire les coups tirés en l'air ne font de mal à personne, c'est parce qu'ils n'atteignent personne. Mais comment, quand on tire au hasard, être certain qu'ils ne retomberont pas sur quelqu'un ?

Jetez en l'air un objet lourd quelconque, une pierre, un fruit, et recevez ensuite cet objet dans votre main ; est-ce qu'il n'a pas, en retombant, une force égale à celle avec laquelle vous l'avez lancé ? Voyez tomber d'une certaine hauteur un corps dur, une noix, un gland, une tuile ; est-ce que ce corps, en arrivant à terre, n'a pas une impulsion proportionnée à son poids et à la hauteur d'où il tombe ? Versez, d'un second ou d'un troisième étage, une poignée de gravier sur les passants ; est-ce qu'ils ne pousseront pas de beaux cris ? En quoi, s'il vous plaît, votre plomb, qui est un corps dur et un corps lourd, fait-il exception à la loi commune, et par quel singulier privilège aurait-il la propriété de tomber ou de retomber de haut sans acquérir de vitesse à mesure qu'il tombe ? Il en acquiert tout comme le reste, et, si votre fusil porte à cent mètres, c'est absolument la même chose de m'envoyer votre balle dans le ventre à deux pas ou de la tirer au-dessus de ma tête pour qu'elle me la fende en retombant. Toute la différence, c'est que j'ai moins de chance d'être touché et que la grenaille, si c'est de la grenaille, s'éparpille au lieu de me frapper en bloc. Mais il suffit d'un grain pour tuer un homme, et une chance sur mille vaut la peine qu'on y songe. Combien de coups perdus à l'armée pour un qui porte ? Il n'en est pas moins malsain d'être en face d'un feu de peloton.

Mais à quoi bon tant de raisonnements ? Est-ce que tout le monde ne sait pas que les fusées volantes sont dangereuses ? Belle consolation pour ceux qu'elles tuent et pour leurs familles que de leur dire qu'elles ont été tirées en l'air !

LE PRUNEAU NATIONAL

Aimez-vous les pruneaux, chers lecteurs? Moi, j'en dirais volontiers, comme Charles X de la musique, que je ne les hais point. D'ailleurs, ils sont indigènes, puisqu'ils viennent de Tours ou d'Agen, et par conséquent nationaux, ce qui leur donne un droit incontestable à nos préférences patriotiques.

Eh bien! ces estimables pruneaux nationaux, dont M. Purgon, au temps du grand Roy, appréciait déjà les mérites, ils sont menacés, menacés sérieusement, si j'en crois mon épicier, par un fruit étranger, lointain même, très lointain, qui commence à leur faire, sur les tables, une concurrence évidemment déloyale. Le marché français est inondé — inondé est le mot, Monsieur — d'abricots séchés que nous envoie l'Australie, suivant les uns, la Californie, suivant les autres — celle-ci ne vaut pas mieux que celle-là, que diable! — et qui, convenablement cuits, font des compotes excellentes. Oui, excellentes: on croirait presque manger des fruits frais. Ne croyez pas que j'en vende, au moins, ni que je sois payé pour faire de la réclame en leur faveur. Non, je constate simplement, pour montrer combien cette concurrence est redoutable, que moi-même, consommateur français, habitué à manger des pruneaux depuis trois quarts de siècle, je cède involontairement à la tentation et je me laisse aller, presque sans remords, à manger des abricots que le sol français n'a connus que le jour où on les y a débarqués à leur sortie du navire importateur.

Importateur ! comme ce mot sonne mal. Et comme il fait songer involontairement à imposteur. Et c'est un imposteur, en effet, ce commerce maudit, qui, sous prétexte de nous rendre service et de nous apporter des moyens de jouissance, de satisfaction et de richesse dont sans lui nous serions privés, travaille, à toute heure, à introduire sur notre territoire des éléments étrangers, et finirait à la longue par altérer jusqu'à la pureté de notre vieux sang latin, gaulois, celte, franc, visigoth, normand, bourguignon ou sarrasin, en faisant passer dans nos veines, dans nos muscles et jusque dans notre cœur et notre cerveau un odieux mélange d'influences exotiques.

Aussi, en bon Français que je suis, je dénonce à la vigilance du gouvernement les empiétements menaçants de l'abricot étranger. Et je demande pour le pruneau national, produit du sol national et de la culture nationale, la protection à laquelle il a droit.

Et mais — j'y pense — il n'y a pas que les abricots qui nous viennent de loin. Le cacao, le café, le coton ne poussent pas en France. Et nous les laissons entrer ! Et nous en sommes venus à faire de ces fèves une consommation journalière ; à employer couramment les tissus fabriqués avec ce textile venu d'au delà de l'Océan ! Et cela quand nous avons en France du lin et du chanvre ; quand le nord produit la chicorée, et d'autres régions le gland doux ! Je sais bien qu'on me dira que ce coton est mis en œuvre par des mains françaises, et qu'on a mis à la frontière un bon petit droit d'un franc cinquante par kilogramme sur le chocolat, et je ne sais plus trop combien sur le café. C'est quelque chose, j'en conviens. Mais cela n'empêche pas que nous ne soyons, comme on dit si bien, tributaires, pour notre nourriture et notre vêtement, de l'étranger.

Allons, allons, soyons logiques ! Et, puisque l'on dit qu'on ne peut être à la fois chair et poisson, et qu'il faut qu'une porte soit ouverte ou fermée, eh bien ! fermons la porte une bonne fois pour toutes et fermons-la pour tout. La France est la France. Et elle n'a besoin de personne. *La France aux Français !* Je ne connais que ça.

LE DROIT DU TRAVAIL

Je dis le droit *du* travail; je ne dis pas le droit *au* travail. Ce n'est pas la même chose, c'est même précisément le contraire.

Le droit au travail, pour ceux qui le revendiquent le plus hautement, c'est le droit d'être occupés quand même, qu'il y ait ou non de l'occupation à leur donner. C'est le droit de se faire payer surtout, qu'ils aient eu ou non du travail à fournir et qu'il y ait ou non des ressources pour leur fournir un salaire.

Le droit du travail, c'est le droit, pour ceux qui ont envie ou besoin de travailler, d'offrir leur travail et d'en débattre librement le prix. C'est le droit, pour tout homme — et pour toute femme, n'en déplaise à certaine école soi-disant ouvrière — d'exercer toute profession, de s'adonner à tout emploi, de se servir de tous procédés, instruments ou machines. C'est le droit aussi (l'un ne va pas sans l'autre) de livrer où l'on veut et à qui l'on veut le produit de son travail, et de prendre où l'on veut et de qui l'on veut les matières premières et les éléments de son travail. Liberté des professions, liberté des conventions, liberté des échanges ; sans ces trois libertés, le droit du travail n'existe pas ou n'existe qu'en partie.

Ainsi, du moins, l'entendaient nos pères et l'entendent encore ceux qui n'ont pas déserté pour la politique despotique de 1793 et de Napoléon, la grande tradition démocratique de 1789.

« Dieu, en donnant à l'homme des besoins, en lui rendant nécessaire la ressource du travail, a fait du droit de travailler la propriété de tout homme. Et cette propriété est la première, la plus sacrée et la plus imprescriptible de toutes. »

Ainsi parlait Turgot, abolissant la servitude des corporations et faisant répudier par Louis XVI cette maxime odieuse en vertu de laquelle « le droit de travailler était un droit domanial et royal que le roi pouvait vendre et que les sujets devaient acheter. »

Ainsi a parlé la Constituante, décrétant, par la loi de mars 1791, que tous les citoyens sont libres d'exercer tels métiers ou professions qu'il leur plaît, en se conformant aux lois et règlements. Ceux-ci ne devant, d'ailleurs, jamais faire acception de personnes et prendre le caractère d'exclusion et de privilèges.

On prétend aujourd'hui, au nom du travail et des travailleurs, limiter par la force ou faire limiter par la loi (ce qui revient au même), l'emploi de la vie des uns ou des autres, c'est-à-dire leur droit de gagner leur vie en faisant usage de leurs facultés. On ferme l'atelier à ceux-ci parce que ceux-là ne jugent pas à propos d'y aller. On en interdit l'entrée aux femmes, parce que des hommes, qui ne portent pas toujours leur paie à la maison, proclament que c'est à eux qu'il appartient de les nourrir. On prive le cultivateur, qui en a besoin, de faire venir du dehors des engrais, des machines, des outils; l'industriel de s'approvisionner où il lui convient des matières premières qui lui sont indispensables; l'ouvrier de se fournir au meilleur prix de pain, de vin, de viande, d'huile, de poisson, de légumes, de vêtements et de combustibles ; et du même coup, par une inévitable conséquence, on les met dans l'impossibilité de vendre où ils voudraient et comme ils voudraient leurs produits ou leur travail.

On viole ainsi en eux, à toute heure et sous toutes les formes, le droit du travail ; le droit de travailler, c'est-à-dire le droit de vivre. On attente à la première, à la plus sacrée, à la plus imprescriptible de toutes les propriétés, la propriété de soi-même.

Et ce sont des gens dont le travail repose tout entier sur des éléments étrangers, des gens qui tirent du dehors, comme les filateurs de coton, la totalité des substances qu'ils transforment, ou qui appellent du dehors, comme d'autres, une partie notable des ouvriers qu'ils emploient, ce sont ces gens-là qui élèvent ces prétentions et qui, malheureusement, les réalisent.

On prétend, d'autre part, être assuré de vivre sans être obligé de travailler. On prétend obtenir de la société, sans rien faire pour elle, le vivre et le couvert, et même davantage. On demande, en faisant appel à de nouvelles révolutions par lesquelles, pour améliorer la condition de tous, on commencerait par tout détruire, à quoi il a servi de faire tant de révolutions déjà, s'il faut toujours travailler.

Si les révolutions, si l'une d'elles au moins, celle qui porte ce nom, la *Révolution*, a servi à quelque chose, c'est à proclamer pour tous, avec l'égalité devant la loi, le droit de travailler, et par conséquent le devoir de travailler. C'est à faire disparaître à la fois, comme deux formes de l'antique abus de la force qui primait le droit, et les privilèges qui empêchaient les uns de descendre et les entraves qui empêchaient les autres de monter. C'est à rendre à chacun, avec la disposition de lui-même, la responsabilité de son sort. C'est à ouvrir devant tous, sans exception de personnes, la carrière du travail, et à interdire de l'encombrer, comme jadis, de barrières ou de chausse-trapes.

Partisans de la règlementation du travail, qui s'appelle le droit au travail, quand elle ne s'appelle pas le droit au salaire sans travail; partisans de la protection, qui s'appelle le droit au profit, c'est-à-dire encore le droit au salaire sans la justification d'un service librement et volontairement accepté et payé, vous êtes de la même école et vous faites la même œuvre. Vous attaquez dans sa source même l'idée même de toute sécurité sociale comme de toute justice, la base de tout ordre, le fondement de toute propriété, *le droit du travail*. Vous êtes des anarchistes.

L'OUVRIÈRE

« L'ouvrière, mot sordide, mot impie, qu'aucun siècle ne connut jamais avant notre âge de fer, et qui suffirait à lui seul pour condamner tous nos prétendus progrès. »

C'est Michelet, un historien, qui a écrit cette phrase ; et c'est Jules Simon, un philosophe au courant des questions économiques, qui l'a répétée. Il en a fait, pour ainsi dire, l'épigraphe de celui de ses ouvrages qui a eu le plus de retentissement, et je me plais à dire de juste notoriété : *L'ouvrière*.

La phrase n'en est pas moins inexacte et injuste, par exagération tout au moins, et il n'est pas sans danger de la prendre trop à la lettre.

C'est une condition bien dure, assurément, et bien douloureuse, dans bien des cas, que celle de l'ouvrière. C'est une obligation cruelle que celle qui est faite à un trop grand nombre de femmes par la nécessité de gagner imparfaitement pour elles-mêmes, et trop souvent pour leur famille, le pain de chaque jour.

Je sais cela, comme mes illustres maîtres, et

comme eux je sais combien il serait préférable que la femme, conformément à sa vocation naturelle, demeurât au foyer pour y être la ménagère de l'homme, l'éducatrice des enfants, la consolatrice et le soutien des vieux parents. Je comprends, j'approuve et, autant qu'il peut dépendre de moi, j'encourage et je seconde tous les efforts faits par les écrivains, par les industriels et par les philanthropes, pour rendre à la famille son âme, ou pour alléger tout au moins, lorsqu'il n'est point possible de faire mieux, le poids et la durée du labeur féminin. Il ne faudrait rien exagérer cependant et ce serait être injuste envers notre siècle, que de prétendre, comme semblent le faire MM. Michelet et Simon, dater de ce siècle l'asservissement de la femme au labeur journalier, et donner au passé, par rapport au présent, un brevet de mansuétude et de moralité.

Le travail de la femme, une nouveauté, inconnue avant le siècle de la vapeur et de la mécanique ! La femme arrachée aux soins paisibles du ménage, par les impitoyables exigences de l'industrie ! C'est au nom de l'histoire que l'on prononce cet arrêt et c'est dans le passé qu'on prétend nous montrer, sur ce point comme sur d'autres, le modèle à nous proposer et l'âge d'or à regretter.

Hélas ! Si l'industrie moderne n'est point exempte d'abus ; si l'atelier a mérité trop souvent les reproches dont il a été l'objet ; si, par la faute de l'homme, bien souvent aussi, la femme s'est vue contrainte de suppléer, par son labeur personnel, à l'insuffisance des ressources qu'aurait dû lui fournir le chef de la famille, ce n'est pas d'aujourd'hui ni d'hier que son existence a été dure, et ce n'est pas le xix° siècle qui l'a courbée sous le joug de la tâche quotidienne. « La femme a été le premier animal domestiqué par l'homme », a écrit une femme. Et ce ne sont point les besognes les plus douces, ce sont les plus dures, dont il s'est, à l'origine, déchargé sur elle. Chez les peuples arriérés encore on peut en retrouver la trace. Ce sont des femmes, nous dit Homère, qui, dans la demeure de Pénélope, écrasent le grain pour la nourriture des hommes. Ce sont des femmes encore qui, dans la demeure de l'Arabe ou dans les îles du nord de l'Europe, où M. Levasseur en a retrouvé l'usage, se livrent à cette dure besogne. Ce sont elles qui, dans les régions montagneuses, labourent le sol, récoltent le maïs, portent le foin sur leur tête, servent les maçons, et usent, sans ménagement, leurs forces à toutes les tâches que l'homme leur abandonne ou leur impose. Au xv° siècle, on les attelait avec les ânes ou, à défaut d'ânes, à la charrue que l'homme conduisait. Et dans combien de régions encore, après avoir tout fait dans la maison et autour de la maison, ne faut-il pas qu'elles préparent la nourriture de celui qui s'appelle le maître; qu'elles le servent à table, et qu'elles ne songent à manger à leur tour, dans un coin, que lorsqu'il est repu. Ce n'est point le xix° siècle, ce n'est point l'industrie qui ont introduit ces usages; ce sont les restes de l'antique et trop durable asservissement de la faiblesse par la force.

Ouvrière, oui! Mais avant l'ouvrière, il y avait l'esclave, et c'est en grande partie à cet antique esclavage qu'est dû ce qui reste encore de servile dans la condition de l'ouvrière.

ADMINISTRATION ET PUBLIC

Ce ne sont point les hommes, peut-être, qu'il en faut accuser; ce ne sont pas, du moins, leurs intentions. Individuellement et hors de leurs bureaux, bon nombre de fonctionnaires, disons, si l'on veut, la plupart des fonctionnaires, sont les meilleurs gens du monde. Ils sont animés d'excellentes intentions et, parfois même, se montrent personnellement pleins d'obligeance. Mais les habitudes sont prises, les formalités sont devenues pour eux comme une seconde nature, et la routine, puisqu'il faut, comme la peste, l'appeler par son nom, cette maladie dont tous ne meurent pas, mais dont tous sont frappés, se confond, pour eux, avec l'ordre public dont ils ont la garde et avec la sainteté de l'administration dont ils sont les représentants.

Tout cela a été dit, et d'une façon qui ne sera jamais surpassée, par notre maître Édouard Laboulaye, en sa qualité de membre de la Société des contribuables et du corps des administrés, dans *Paris en Amérique*, et surtout dans le *Prince*

Caniche. Quel dommage pour ceux qui se privent de ce plaisir et pour nous-mêmes qui profiterions peut-être de leurs réflexions, que l'on ne relise pas, comme ils le méritent, ces chefs-d'œuvre d'esprit et de bon sens ! On aime mieux suivre les graves discussions des journaux sur la question des bas noirs à bicyclette ou telle autre de semblable importance, car il y a, paraît-il, une question des bas noirs, puisqu'un reporter est venu, sans rire, me demander ce que j'en pense. Il a même été fort étonné, je devrais peut-être dire scandalisé, lorsque je lui ai répondu que je n'en avais jamais entendu parler et n'avais nulle envie d'en entendre parler. A quoi diable, alors, avait-il l'air de se dire, ce monsieur à lunettes et à cheveux blancs passe-t-il son temps, s'il n'est pas davantage au courant de ce qu'il y a de plus intéressant dans le monde parisien ?

Je pensais à cela, non pas aux bas noirs, mais au *Prince Caniche* et à la sainte routine, en lisant, dans le *Journal des Économistes*, un excellent et malheureusement trop exact article de M. Hubert Valleroux, sur les tribulations d'un porteur de titres de rentes, obligé, aux termes d'une loi que rien ne justifie, de faire, tous les dix ans, renouveler son titre. Les frais d'actes de l'état civil à produire, le certificat de vie et autres, prennent, s'il ne s'agit que d'une rente de quelques francs, trois, quatre ou cinq des dix annuités, c'est-à-dire 30 à 50 o/o du revenu. Les courses en divers lieux et à heures et jours divers prennent le reste ; si bien qu'en fin de compte, pour les petits rentiers dont le temps est le gagne-pain et qui ne savent pas toujours se retourner au milieu de toutes ces difficultés, le titre si laborieusement conservé ne représente guère qu'un capital nominal.

Je lisais cela sans étonnement, mais avec tristesse, avec d'autant plus de tristesse que j'en étais moins étonné, car c'est une histoire de tous les jours, et à propos de tout. Frais, formalités, temps perdu, courses inutiles, indications insuffisantes qui vous font faire de fausses démarches, il semble, en vérité, que tout cela ne compte pas. Cela compte pour le budget de l'État, dont les services sont onéreusement compliqués. Cela compte pour le budget des particuliers qui s'en trouvent, sans profit aucun, sensiblement allégés. Cela compte surtout pour les pauvres diables, pour lesquels les opérations mêmes, qui devraient aboutir à une recette, se soldent trop souvent en déficit.

On a assez parlé des frais de justice, et l'on n'a pas fait grand'chose de plus que d'en parler. Ce que je dirais d'eux, en général, n'aurait pas plus d'effet sans doute ; je m'abstiens donc d'en rien dire. Mais tout le monde connaît l'assistance judiciaire qui a pour but de permettre aux pauvres, aux pauvres seuls, puisque pour l'obtenir il faut un certificat d'indigence, de défendre leurs intérêts et de faire valoir leurs droits. Or voici, pour citer un cas authentique, une femme qui, grâce à l'assistance judiciaire, fait condamner son mari à lui servir une pension de 100 ou de 200 francs. Le jugement est définitif; la malheureuse dont le front s'éclaircit à la pensée d'avoir un morceau de pain assuré, se présente pour toucher à la Caisse des dépôts et consignations. On lui répond qu'elle est parfaitement en règle, mais que les frais dépassent ce qu'elle a à recevoir, et que, jusqu'à parfait acquittement de ces frais, on ne peut lui avancer un centime. Je le répète, l'exemple que je cite est authentique; j'ai vu les pièces.

Celui-ci ou ceux-ci, (car le même fait prend mille formes), ne le sont pas moins. On a une communication à vous faire dans un bureau, une pièce à vous réclamer, une somme à vous faire payer. Dans nombre de cas — pas dans tous, je le reconnais, et peut-être certaines observations faites par moi et par d'autres sur les chinoiseries de la comptabilité y ont-elles été pour quelque chose — dans nombre de cas, on omet soigneusement de vous dire pour quel objet on vous invite à vous présenter, quel genre de pièces vous aurez à produire, voire si le moment est venu de payer, et en quel lieu, en quel temps vous devrez payer. Je prends encore un exemple précis. Un travail de voirie, peut-être de très petite importance — la somme ne fait rien à l'affaire — est exécuté pour vous d'office, dans un des arrondissements de Paris, où vous possédez un immeuble de bon ou mauvais rapport, il n'importe encore. On vous adresse le mémoire, afin (ceci est bien et dûment constaté) que vous fassiez, s'il y a lieu, vos réclamations dans un délai de... *Faute de quoi*, il sera passé outre. Il sera passé outre, cela veut dire évidemment que l'on vous fera payer. Mais cela ne vous dit ni quand, ni par quelle voie, ni à quel bureau. Contribuable modèle que vous êtes et administré paisible qui n'aimez point à vous trouver ou à paraître en faute, vous vous rendez tout naturellement, pour plus de sûreté, au bureau d'arrondissement d'où émane le mémoire. C'est à l'autre bout de Paris. On vous y répond très gracieusement que la somme n'est pas encore en recouvrement, que vous n'avez qu'à attendre une nouvelle notification, et que ce sera, alors, à la recette municipale, à l'Hôtel-de-Ville, que vous aurez à vous présenter. On est d'ailleurs désolé que vous vous soyez dérangé. C'est un bon sentiment dont vous ne pouvez qu'être très reconnaissant ; mais n'aurait-il pas été beaucoup plus simple de vous éviter ce dérangement en mettant sur le mémoire trois lignes vous indiquant immédiatement tout cela ?

Vétilles ! dira-t-on, et continuerait-on à dire si je continuais à citer, comme je le pourrais faire jusqu'à demain, des traits plus ou moins analogues de cet oubli inconscient, je n'en doute pas, mais très effectif, des convenances et des commodités du public. Vétilles, soit ! Mais pour combien, parmi ceux qui ont à en souffrir, ces vétilles se traduisent-elles en gênes trop réelles ! Pour combien surtout se traduisent-elles en mécontentement, en mauvaise humeur, en discussions plus ou moins aigres avec les employés et, ce qui est plus grave encore, car les paroles passent et les rancunes restent, en ressentiment à l'égard de l'administration, en général, et en prévention contre tout ce qui émane d'elle ! Il y a, a-t-on dit depuis longtemps, des impôts que l'on paye trois fois : en argent, en temps et en vexations. C'est encore l'argent dont, tout en se plaignant, on fait le plus volontiers son deuil. On maugrée contre le temps perdu ; on ne pardonne pas les vexations. Et elles ont été souvent, pour plus que l'on ne croit, dans l'impopularité des gouvernements, dans les émeutes et même dans les révolutions.

ESSENTIELLEMENT GRATUIT

Ce n'est pas du pain que je veux parler, bien qu'on nous ait appris depuis peu qu'il devrait être gratuit pour ceux qui le mangent. On oubliait seulement de nous dire comment il pourrait être gratuit pour ceux qui le produisent. C'est du crédit ou de l'intérêt des capitaux — ne pas confondre avec l'intérêt de l'argent — que je voudrais dire un mot. Et ce n'est pas à Proudhon, à Pascal, à Luther ou à Aristote, qui ont fulminé avec la même énergie contre la productivité du capital, c'est au Code civil — j'en demande pardon à ceux pour lesquels la lettre du moindre article est sacrée — que j'ai l'audace de m'en prendre.

J'ouvre le Code à l'article 1874, et j'y lis :

« Il y a deux sortes de prêts : celui des choses dont on peut user sans les détruire ; et celui des choses qui se consomment par l'usage qu'on en fait. La première espèce s'appelle *prêt à usage ou commodat* ; la deuxième s'appelle *prêt de consommation*, ou simplement *prêt*. »

Jusqu'ici, je n'ai rien à dire ; ce sont de simples

définitions. Le législateur de 1804 n'a fait que prendre celles qui étaient en usage avant lui, en négligeant d'adopter, pour le prêt de consommation, comme il l'avait fait pour le prêt à l'usage, l'ancien terme d'école, et d'opposer au *commodat* le *mutuum*.

Mais je continue. Je ne m'occupe pour le moment, comme le législateur, que du premier :

Art. 1875. — « Le prêt à l'usage, ou *commodat*, est un contrat par lequel l'une des parties livre une chose à l'autre pour s'en servir, à la charge par le preneur de la rendre après s'en être servi. »

Rien à dire encore sur cet article qui n'édicte rien, qui constate simplement un fait. Mais j'arrive à l'article 1876, et j'y trouve cette déclaration, sur laquelle j'appelle toute l'attention du lecteur :

Art. 1876. — « *Ce prêt est* ESSENTIELLEMENT GRATUIT. »

L'article 1878 précise, en ajoutant que tout ce qui est dans le commerce et ne s'use pas par l'usage, peut être l'objet de cette convention.

Un cheval, une voiture, des habits, une maison, des outils, de la vaisselle, un piano, un violon, qui, non seulement ne perdra rien à vieillir, mais gagnera en sonorité jusqu'à devenir, peut-être, l'égal d'un Stradivarius, autant de choses, parmi bien d'autres, qui ne se consomment pas par l'usage, dans le sens du Code du moins — puisque tout, à la rigueur — finit par se consommer, et qui peuvent et doivent être rendues après s'en être servi ; autant de choses, dès lors, dont le prêt, aux termes de l'article 1876, est essentiellement gratuit.

Voyez-vous d'ici un bourgeois descendant de voiture après une course de trois ou quatre heures ; un artiste faisant reprendre chez lui le piano dont il s'est servi pendant six mois ; un voyageur quittant l'hôtel dans lequel il a occupé une chambre, et, le Code à la main, disant gravement au loueur de voitures, au fabricant de pianos, ou à l'hôtelier : Je vous rends, après m'en être servi, les choses que vous m'avez prêtées, et je vous remercie de votre obligeance. Je regrette de ne pouvoir vous remercier autrement ; ce prêt est *essentiellement gratuit*.

Mais ce n'est pas ce qu'a voulu dire le législateur ! va s'écrier le lecteur. Il a voulu parler du prêt de simple obligeance ; et la preuve c'est qu'il y a un chapitre sur *le louage*.

Sans doute. Mais avouez tout au moins que sa rédaction est étrange, et qu'à prendre ces articles en eux-mêmes, et sans les confronter avec d'autres, la conclusion s'impose.

Voyons s'il a été beaucoup plus heureux quant au prêt de consommation.

Art. 1892. — « Le prêt de consommation est un contrat par lequel l'une des parties livre à l'autre une certaine quantité de choses qui se consomment par l'usage, à la charge pour cette dernière de lui en rendre autant de même espèce et qualité. »

Art. 1894. — « On ne peut donner, à titre de prêt de consommation, des choses qui, quoique de même espèce, diffèrent dans l'individu, comme les animaux ; alors, c'est un prêt à usage. »

Est-ce clair cette fois ? Et dira-t-on que j'abusais tout à l'heure de la lettre en indiquant comme *essentiellement gratuit*, d'après les articles précédents, le prêt d'un cheval ou d'une voiture ? Le prêt d'animaux, ou d'autres choses analogues, qui, quoique de même espèce, diffèrent dans l'individu, est un prêt à usage ; et ce prêt est *essentiellement gratuit*.

Donc, demandez à emprunter un troupeau, des fruits, du blé — dont les grains, quoique de même espèce, diffèrent dans l'individu — non seulement vous ne devrez rien à votre prêteur quand vous les lui rendrez, mais il n'a pas le droit de vous les livrer autrement qu'à titre gratuit.

Le lecteur va me faire encore la même observation : il me renverra aux articles sur le cheptel et, sans aller si loin, à l'article 1905, d'après lequel « il est permis de stipuler des intérêts, pour simples prêts, soit d'argent, soit de denrées, ou d'autres choses mobilières ». Et je lui ferai la même réponse : Je le sais bien ; mais le législateur aurait mieux fait de s'expliquer plus clairement et de ne pas se contredire.

Quant au cheptel, d'ailleurs, il y a longtemps que tous ceux qui ont quelque connaissance des questions économiques et des questions agricoles ont démontré, comme l'a fait Victor Borie, l'absurdité des articles qui sont consacrés à ce contrat. On sait que, d'après l'un deux, si les animaux donnés à cheptel viennent à périr en partie seulement, le cheptelier en doit indemniser son prêteur. S'ils viennent à périr tous, au contraire, il ne doit rien.

D'où la conséquence qu'en cas de maladie, d'inondation, ou d'incendie, il a le plus grand intérêt à ne pas isoler les bête saines des bêtes contaminées, ou à pousser à l'eau, ou dans les flammes, pourvu qu'on ne le voie pas, celles qui y auraient échappé. Décidément, Rossi avait raison lorsqu'il disait que pour tout ce qui touche aux questions économiques, le législateur est resté au-dessous de sa tâche. Il n'a pas compris que lorsque l'on demande à quelqu'un un service, à moins d'être volontairement rendu à titre d'obligeance, il mérite une compensation ; c'est-à-dire, qu'au lieu d'être essentiellement gratuit, il est essentiellement rétribuable. Il n'a pas compris surtout — Rossi en faisait encore la remarque — que, si l'argent comme substance, ainsi que l'avait dit Aristote, est stérile comme représentation des autres formes de capitaux, ainsi que l'a dit Franklin, il est de sa nature prolifique ; et que lorsqu'on emprunte de l'argent, ce sont, en réalité, les moyens d'action qu'il permet de mettre en œuvre : animaux, semences, outils, matières premières de toutes sortes, que l'on entend se procurer.

Mais il faut être juste avec tout le monde. Et, après avoir cherché chicane aux rédacteurs du Code à propos du prêt, je voudrais, à propos de ce même prêt, lui rendre un légitime hommage. Il suffit pour cela de citer l'article 1907.

Art. 1907. — « L'intérêt est légal ou conventionnel. L'intérêt légal est fixé par la loi. L'intérêt conventionnel peut excéder celui de la loi, toutes les fois que la loi ne le prohibe pas. Le taux de l'intérêt conventionnel doit être fixé par écrit. »

A la bonne heure ! voilà qui est net, et voilà qui est sensé. Un homme a besoin d'un service qui s'appelle un prêt d'argent. Un autre homme le lui rend. Ils sont majeurs. Aucune interdiction ne pèse sur eux ; ils stipulent librement les conditions auxquelles il leur convient de rendre et d'accepter ce service. Ne l'ont-ils point fait ; n'ont-ils pris aucune précaution pour constater quel prix l'un deux entend recevoir et l'autre consent à payer : la présomption sera qu'ils ont entendu adopter le taux moyen. Et la loi, n'imaginant point ce taux, mais le constatant, détermine l'étendue de leurs obligations. C'est ainsi — pour prendre un exemple vulgaire — que si je monte dans une voiture de place sans rien dire au cocher et sans qu'il ne dise rien, je suis tenu de lui donner, et il est obligé d'accepter, le prix du tarif ; que si, au contraire, il m'a offert de me conduire à meilleur compte, ou si je lui ai promis une somme supérieure, nous devons respecter notre convention. C'est ainsi, dans une matière plus grave, que, si un homme meurt sans avoir fait de testament, la loi présumant qu'il a voulu s'en rapporter à elle, et cherchant d'ailleurs à se conformer à ses intentions probables, règle la transmission de ses biens; s'il a fait un testament, au contraire, c'est ce testament, sauf restrictions, qui seraient peut-être à discuter, qui fait loi.

Les dispositions de l'article 1907 étaient sages. Napoléon, en 1807, dans un de ses accès de réglementation et de despotisme qui ont été si préjudiciales à l'humanité et si peu profitables à la durée de sa puissance, les a fâcheusement modifiées, en supprimant l'intérêt conventionnel, et ne laissant debout que l'intérêt légal, avec son taux unique pour toutes les situations et pour tous les temps. Barrière impuissante contre l'élévation de l'intérêt qu'il prétendait prohiber; encouragement à l'usure, au contraire, par le monopole qu'elle conférait aux prêteurs malhonnêtes en supprimant la concurrence des prêteurs honnêtes; et aggravation des risques dont ils avaient à se couvrir, par les peines auxquelles ils se trouvaient exposés.

J'ai contribué à obtenir, en matière commerciale du moins, le retour au régime de 1804, c'est-à-dire à la liberté des conventions. Il reste encore à l'obtenir en matière civile, ainsi que cela a été fait, à peu près sans exception, dans tous les pays civilisés, sauf la France.

Il resterait, pour mieux dire, en toutes matières : agriculture, industrie, commerce, ventes, achats, dons, prêts, échanges, etc., à reconnaître que la tâche du législateur n'est pas de se mettre à notre place et de stipuler pour nous, sans nous et malgré nous, mais de proclamer et d'assurer le respect de la liberté des conventions. Je suis peut-être, sans m'en douter, un grand révolutionnaire. Mais plus je vais et plus je suis porté à croire que le Code civil pourrait — sauf les dispositions destinées à assurer l'observation de ces règles fondamentales — se réduire à deux articles, qui, d'ailleurs, s'y trouvent : l'article 1134, d'après lequel les conventions librement consenties font la loi des parties ; et l'article 1382, d'après lequel quiconque, par son fait ou par sa faute, cause préjudice à autrui, est tenu de le réparer.

Ce ne serait pas, certes, essentiellement gratuit ; ce serait essentiellement juste et raisonnable.

LE LUXE

Il n'est guère de sujet sur lequel on ait dit plus de choses contradictoires et également déraisonnables que le luxe.

Suivant les uns, c'est un vampire qui dévore, au profit de quelques-uns, la substance des masses; et toute dépense qui n'est point d'absolue nécessité, toute recherche d'élégance ou de bien-être, toute satisfaction qui n'est point également accessible à l'universalité des consommateurs, est coupable et malfaisante. Une paire de sabots, à ce titre, serait un luxe répréhensible aux yeux de celui qui va nu-pieds; et les souliers, à leur tour, aux yeux de celui qui n'a que des sabots.

Pour d'autres, au contraire, le luxe enfante la richesse. La dépense non seulement raisonnable et modérée, mais quelle qu'elle soit, est profitable à ceux-là mêmes à qui elle est interdite. On ne consomme jamais assez. Et si les riches, comme l'a dit Montesquieu en personne, ne dépensaient pas beaucoup, les pauvres mourraient de faim.

Les deux thèses sont fausses, parce qu'elles sont exagérées. On ne travaille, on ne produit que pour consommer. Et s'il n'était pas permis à ceux qui ont réussi à se procurer plus de ressources, de développer ou d'améliorer leur consommation, personne ne se donnerait la peine de travailler au delà de ce qu'exigerait la satisfaction des plus grossiers besoins et nul progrès ne s'accomplirait. Le luxe d'hier est devenu le nécessaire d'aujourd'hui; et le luxe d'aujourd'hui sera le nécessaire de demain. Ceux qui, pouvant y atteindre, se le permettent, ouvrent la voie et donnent l'exemple.

Mais à une condition, ou plutôt à plusieurs. A la condition, d'abord, que les jouissances exceptionnelles, supérieures à ce qui est le lot commun, ne soient ni immorales ni excessives; à la condition, ensuite, qu'elles soient le fruit légitime d'un effort réel et d'une supériorité dans la production permettant la supériorité dans la consommation. La prodigalité, qui ruine ceux qui s'y livrent, loin d'enrichir les sociétés, les appauvrit. Et si les Harpagon, qui entassent et laissent dormir les écus, ne sont bons à rien ou à pas grand'chose et sont justement impopulaires, les Mondor qui éclaboussent les passants et gaspillent dans un ridicule étalage de faste, la fortune qu'ils ont reçue de leur père, ne sont pas plus estimables : ils le sont moins encore. Car outre la mauvaise influence qu'exerce inévitablement leur existence déraisonnable, ils détruisent sans remplacer, alimentent passagèrement, avec exagération, des industries qui ne sont pas toutes de première utilité, et, finalement, quand ils ont dévoré leur patrimoine, ils tombent à la charge de leur famille ou de la société.

Pour que le monde ait à manger l'année prochaine et plus, s'il est possible, que cette année, il faut de toute nécessité que, sur la récolte de cette année, il ait prélevé, pour la confier à la terre, une portion suffisante de son rendement. Et il faudra, l'année prochaine, si la moisson est plus abondante, que le prélèvement soit plus considérable. Ainsi, de toutes les formes de la richesse, de tous les éléments de satisfaction et de travail, des connaissances, des idées, de l'outillage. Le monde n'avance, en fin de compte, que grâce à ceux qui épargnent, parce que épargner, c'est préparer des aliments pour la production, en même temps que des réserves ; et qu'en réalité c'est dépenser, mais dépenser utilement.

La question du luxe n'est donc qu'une question de proportions. Il y a une part à faire au progrès qui a droit à sa récompense ; il y a une mesure à lui imposer. Ne jalousons pas, parce qu'elle n'est pas encore à notre portée, la part de bien-être que notre voisin a méritée par son labeur ou son intelligence. Mais ne nous figurons pas, lorsque nos ressources comportent une vie plus large que celle de notre voisin, que nous avons droit à sa gratitude parce que nous dépensons plus que lui, et que tous nos caprices sont non seulement légitimes, mais bienfaisants.

LE VRAI GRAND HOMME

On me lisait un jour, parmi d'intéressantes publications, une conférence faite, à Paris, aux étudiants russes, par le célèbre écrivain danois Brandès, et publiée sous ce titre suggestif : *Le Grand Homme*.

Elle n'est pas banale cette conférence, et on ne la lit point sans profit. J'y ai, pour ma part, beaucoup appris, et j'ai admiré, non sans quelque envie, l'étendue des connaissances, aussi bien que le talent de l'auteur. Mais j'ai éprouvé aussi, parfois, quelques étonnements. Et si j'ai applaudi à certaines de ses idées, et souhaité que tels de ses conseils fussent compris de la jeune génération française, aussi bien que de la jeune génération russe à laquelle il les adressait, je n'ai pu m'empêcher de faire, sur d'autres points, des réserves qu'il ne me paraît pas permis de taire.

M. Brandès, avec un luxe d'érudition et une originalité d'expressions dont il est impossible de ne point être frappé, fait l'apologie du grand homme. Le grand homme, dit-il, c'est-à-dire l'homme supérieur, n'est pas seulement le luxe de son pays et de son temps, le luxe parfois de l'humanité entière et de toute l'histoire de l'humanité ; il est utile ; il est nécessaire ; il est indispensable. Sans lui, sans ces intelligences plus hautes, ces activités plus énergiques, ces initiatives plus hardies qui ouvrent à la science, au travail, à l'industrie, aux lettres, des aperçus nouveaux et des voies encore inexplorées, le monde piétinerait sur place et la foule inconnue des vulgaires troupeaux humains ne serait, en effet, qu'une masse routinière suivant, comme le bœuf à courte haleine dont parle Lamartine, son sillon, toujours le même, dans la plaine arrosée plutôt que fécondée de ses sueurs. Pour tout progrès, pour toute amélioration, pour tout mouvement, il faut des moteurs, des éclaireurs, des entraîneurs, des initiateurs. A bas donc les sentiments maladroits autant qu'injustes de jalousie, d'envie et de haine dont trop souvent les médiocrités poursuivent les supériorités ! C'est du respect et de la reconnaissance, en même temps que de l'admiration, qui leur est dû. Et les démocraties, au lieu de chercher à rabaisser les individualités puissantes qui, en s'élevant, dépassent le niveau moyen, devraient, au contraire, applaudir à leur élévation.

Jusque-là, je n'ai rien à dire, ou plutôt je n'ai qu'à approuver. Je n'ai jamais cessé, pour ma part, de prêcher la vertu, devenue trop rare, du respect, et de soutenir que la richesse, le talent, la réputation, le succès sous toutes ses formes, lorsqu'ils sont obtenus honnêtement et librement, au lieu d'être mal vus, comme anti-démocratiques, devraient, au contraire, être salués et bénis comme les agents par excellence du progrès démocratique. Quiconque travaille honnêtement, a dit Bastiat, ne travaille pas seulement pour lui, mais pour les autres. Le bien se propage et la lumière rayonne. Matériel ou moral, le capital, contre lequel on ameute l'ignorance et la pauvreté, est par sa diffusion, l'agent nécessaire de leur affranchissement.

Mais M. Brandès ne s'en tient pas là. S'inspirant de l'égoïsme olympien de Gœthe, admirant, avec Nietzche, la puissance pour elle-même et la force pour ce qu'a d'extraordinaire son développement, il va jusqu'à dire que le grand homme est sa fin à lui même; et que le seul fait de produire des grands hommes, des surhommes, quand bien-même ces grands hommes n'auraient fait que manifester, comme un Birsmark et un Napoléon, ce que peut l'intensité d'une volonté et l'énergie d'une personnalité, devrait suffire pour mettre la société dans laquelle a paru ces éblouissants météores au-dessus d'une société plus heureuse, mais dont le commun et universel bien-être n'aurait pas produit de tels prodiges.

C'est, en d'autres termes, la théorie que l'on a peut-être injustement attribuée à Renan, dont il s'appuie : la foule faite pour servir de piédestal au génie, le fumier humain, justifié par les admirables couleurs et les senteurs délicieuses des belles fleurs qu'il alimente.

A cette doctrine, si réellement elle était celle de M. Brandès, comme elle paraît avoir bien été celle de Nietzsche dans ses heures de démence, la science économique, comme la morale, ne sauraient opposer une trop énergique protestation. La grandeur, certes, a sa valeur par elle-même ; mais de cette valeur elle doit compte à ce qui l'entoure. Et, si quelque usage qu'elle fasse de ses dons, elle peut exciter l'étonnement et provoquer cette sorte d'éblouissement que produisent les grands cataclysmes et les grands forfaits eux-mêmes, ce n'est que par son influence bienfaisante qu'elle peut mériter une admiration intelligente et un respect sympathique. Ce n'est qu'en servant leurs semblables, pour tout dire, et en les servant bien, que les hommes auxquels il est donné de dépasser le niveau moyen en richesse ou en influence peuvent mériter d'être appelés véritablement grands. Les eaux élevées, a dit Bossuet, sont faites pour se répandre.

Je faisais ces réflexions, et je songeais mélancoliquement combien peu les petits savent ce qu'ils doivent aux grands et les grands ce qu'ils doivent aux petits, lorsque j'ai reçu, avec le compte rendu annuel de la Société d'enseignement professionnel du Rhône, une Conférence faite à la Société des amis de l'Université Lyonnaise, par M. Aynard, sur la vie et les œuvres de Félix Mangini. Et c'est un autre horizon qui s'est ouvert devant moi ; c'est une autre façon de comprendre le grand homme et de le faire comprendre par ses œuvres qui m'est, je ne dirai point apparue — c'est la mienne — mais que j'ai eu la douce et profonde satisfaction de voir développée, démontrée, mise dans le plein jour, non par des phrases, mais par des faits.

Je savais, par ce que j'en avais entendu dire souvent, combien avaient été utilement et intelligemment employées la haute expérience et la rare capacité professionnelles du grand ingénieur lyonnais Félix Mangini. J'avais entendu parler de ce qu'il avait fait pour améliorer à Lyon, et l'habitation par des logements convenables et à prix modéré, et l'alimentation par des restaurants où l'on trouve, à des conditions abordables, une nourriture saine et suffisante ; mais je n'avais réellement aucune idée de la multitude et de la variété des services rendus, dans le cours de sa carrière, par cet homme de bien éclairé, à la population lyonnaise, aux régions environnantes et, par l'exemple et l'imitation, à des régions plus éloignées. Je ne chercherai pas ici à en donner le détail. Il faut le voir dans l'attachante étude que l'affection de M. Aynard a consacrée à la mémoire de son ami. Je dirai seulement, parce que c'est à mes yeux ce qu'il y a de plus remarquable dans la carrière philanthopique de Félix Mangini, que cette philantrophie a toujours été une philanthrophie raisonnée, sachant ce qu'elle voulait et comment il fallait le vouloir, la philanthropie (c'est un éloge) d'un homme d'affaires ne livrant rien au hasard, voulant que le bien fût efficace et, pour durer et se développer, productif. « Faire de la charité en respectant la liberté, dit en termes excellents M. Aynard, procurer des bienfaits évidents sans gratuité, telles étaient les idées simples et originales de Mangini. »

Simples et originales, oui ; fécondes surtout, mais trop peu comprises encore, et auxquelles on préfère tantôt la fausse bienfaisance, qui multiplie le mal en l'entretenant, tantôt l'indifférence égoïste, qui ne veut ni le voir ni s'en préoccuper.

« Ce n'est point, dit encore très bien M. Aynard, la légitimité de la fortune qu'il faut constater, c'est son usage. Quelque absolu que soit le droit de posséder et de devenir riche, ce droit est plus sûrement miné par l'immoralité et le mauvais emploi que par toutes les théories et les violences des ennemis de la propriété. Le riche, à tout degré, doit racheter sa richesse par la moralité dans la jouissance même de sa richesse ; c'est ainsi qu'il trouvera, en même temps que la sécurité, la paix du cœur. »

J'élargis les termes de cette déclaration, et je dis : le supérieur, quelle que soit la nature de sa supériorité, ne peut en assurer le respect, en la justifiant, que par le bon emploi qu'il en fait. Le vrai grand homme, le seul vraiment grand homme, c'est celui dont la grandeur est bienfaisante. Un Félix Mangini, dont l'histoire, probablement, ne conservera pas longtemps le nom, est plus réellement grand, parce qu'il a été plus utile, que maints personnages dont la renommée a rempli les siècles, à plus forte raison que tels et tels qui n'ont été que des malfaiteurs de haut parage.

LA SIMPLICITÉ ADMINISTRATIVE

Il y a, parmi les œuvres, en apparence légères, parce qu'elles sont charmantes, en réalité sérieuses, parce qu'elles sont judicieuses et profondes, de Frédéric Bastiat, un article ou pamphlet intitulé : *Le Sel, la Poste et la Douane*. Il est vieux ; il est de 1846. Je l'ai lu à cette époque. Je viens de le relire après bien des années, ce morceau étincelant de verve et de bonne humeur.

Bastiat, par la bouche de Jacques Bonhomme, converti par John Bull, réclamait à la fois l'abaissement et la simplification des trois sortes de taxes examinées par lui : le Sel, la Poste et la Douane. Et, après avoir démontré jusqu'à l'évidence combien était nuisible, non seulement au public, mais au Trésor, l'exagération des droits perçus alors sur ces trois articles, il offrait au gouvernement de lui garantir sur l'ensemble une recette supérieure à celles qu'il avait jamais perçues, à la seule condition d'être autorisée : 1° à abaisser la taxe des lettres à 5 ou 10 centimes ; 2° à réduire de moitié la taxe du sel ; 3° à réduire également, autant qu'il lui conviendrait et sans pouvoir jamais les relever, les droits de douane. Il s'appuyait, quant à la première de ces réductions, sur l'exemple de l'Angleterre ; et, dans ses prévisions, il supposait que l'accroissement de la correspondance, par suite de l'abaissement de la taxe, pourrait porter le chiffre des lettres à 400 millions au moins. Ce chiffre était, en 1891, presque double, plus de 750 millions. Je n'ai pas les chiffres postérieurs et j'ignore de combien, depuis, l'on s'est rapproché du milliard, si tant est qu'on ne l'ait pas atteint.

Or, la taxe adoptée était, à cette époque, celle de 15 centimes, et non celle de 5 ou de 10 réclamée par Jacques Bonhomme et en usage en Belgique et en Suisse. Dans ce dernier pays, la lettre fermée, pour la totalité de la Confédération, *jusqu'à 250 grammes*, ne paye que 10 centimes ; le même poids sous enveloppe ouverte, n'en paye que 5.

Inutile d'ajouter que cet accroissement si insuffisant encore, mais si considérable, qui avait sextuplé, en 1891, le nombre des lettres en France, a eu lieu sans perte pour le Trésor. Je dis sans perte directe, c'est-à-dire sans perte sur le service postal. Sur l'ensemble des ressources budgétaires, il a amené des bénéfices difficiles à évaluer mais incontestables, puisque le développement de la correspondance suppose un développement d'affaires dont le fisc a sa part. C'est tout avantage, d'ailleurs, pour les particuliers moins gênés dans leurs relations de toutes natures.

Mais ce qui, plus encore peut-être que l'abaissement de la taxe, a été une amélioration et un progrès, pour le public comme pour l'administration, c'est la simplification résultant du timbre d'affranchissement unique, à la place de la complication sans limite de l'ancien régime des zones et de tout ce qui s'ensuivait. Il faut lire, dans le dialogue entre John Bull et Jacques Bonhomme, l'amusante et véridique description des pesages, écritures, contre-écritures, plus-trouvés, moins-trouvés, avances par les facteurs, etc., auxquels devait se livrer le service des postes pour une comptabilité qui ne comprenait pas moins de *deux cent-quarante-deux* catégories possibles pour chaque lettre. Et tout ce travail se devait faire pour une moyenne de 43 centimes !

Je voudrais qu'un successeur de Bastiat se donnât la peine de refaire un travail analogue au sujet des complications actuelles de cet autre service qu'il avait la prétention de simplifier, en même temps que le service postal, le service de la douane. Je ne sais pas à quel chiffre de formalités il arriverait. Je ne parle que des formalités ; je ne parle pas, pour le moment, des droits en eux-mêmes et de l'obstacle qu'ils opposent à la circulation des produits, autrement dit, à ce que j'imagine, au mouvement des affaires et à l'activité de l'agriculture, de l'industrie et du commerce.

Je prends un exemple : j'ai à expédier, je suppose,

dans un pays voisin, disons Suisse, un colis quelconque : des livres ou des effets, à un parent ou à un ami. Je me rends à une gare de chemin de fer. On me dit que je dois faire trois feuilles d'expédition. Je demande que l'on veuille bien me les donner ; on me répond qu'on n'en a pas. Je m'en procure à une autre gare où l'on m'affirme que deux suffisent ; ce que veut bien me confirmer, à ma demande, un des hauts personnages de l'administration des douanes.

Je retourne au bureau des expéditions, où l'on me dit cette fois qu'il faut cinq feuilles, les unes sur papier blanc, les autres sur papier rose. Je demande le messager pour enlever le colis ; et ce n'est plus cinq feuilles, c'est six qu'il lui faut. J'expédie par petite vitesse et j'ai demandé des feuilles en conséquence ; on m'en donne moitié en petite vitesse et moitié en grande en me disant qu'on n'en a pas d'autre et que c'est la même chose. Mon colis finira-t-il par partir ; et, s'il part, arrivera-t-il ? A combien de formalités non-accomplies, en dépit de tous ces efforts, aura-t-il à se heurter en route, et dans quelle gare, par suite d'une irrégularité impossible à éviter, ou d'une négligence dans les écritures d'un employé, ira-t-il faire naufrage ? Je ne parle pas de la douane, avec laquelle il aura à compter à son entrée dans le pays auquel il est destiné, et qui peut être, comme je dois dire que je l'ai trouvée en diverses occasions, aussi obligeante et aussi facile que possible, mais qui peut aussi ouvrir, découdre, déclouer, bouleverser et endommager le contenu du paquet sans que personne y puisse trouver à redire.

En vérité, c'est à se demander comment il y a encore des gens qui ont le courage de faire voyager des objets quelconques et la patience de perdre leur temps et leur peine à courir de bureau en bureau et de gare en gare pour arriver à faire une expédidition qui réponde aux exigences de l'administration ou aux interprétations variables et contradictoires des employés qui essaient de s'y conformer.

Et quand il s'agit de recevoir, au lieu d'expédier, de dédouaner, comme on dit dans l'argot officiel, c'est bien autre chose ! Si jamais vous voulez du mal à quelqu'un, souhaitez-lui, je vous prie, tout simplement d'avoir à passer par là. Cela ne lui coûtera pas plus qu'une ou deux journées pleines. Et s'il a besoin d'apprendre la patience, il l'apprendra, à moins qu'il n'ait l'esprit mal fait et qu'il finisse par prendre mal la chose et se faire mettre à la porte sans son colis.

C'est un mécanisme d'une simplicité admirable, disait Jacques Bonhomme à John Bull, avant sa conversion, en lui expliquant la série des opérations par lesquelles on classait, pesait et taxait, suivant l'une ou l'autre des deux cent quarante-deux hypothèses, les lettres que nous écrivions, avant la réforme postale. Ce genre de simplicité, on le voit, n'a pas encore complètement disparu des habitudes de l'administration française.

LE LANGAGE DES CHOSES

La Terre, la Charrue et le Blé

Je ne sais plus où j'ai lu cette histoire, mais je l'ai lue quelque part et je ne voudrais pas m'en attribuer la paternité. Quel qu'en soit l'auteur, et en quelque lieu qu'il en ait placé la scène, elle est vraie partout, et, partout, bonne à répéter.

Un sage — il y avait des sages en ce temps — se promenait un jour dans la campagne. Il était triste, car il pensait à la sottise des hommes qui, à tout propos, se querellent au lieu de s'entendre et ne savent trop souvent que ravager la terre en se la disputant au lieu de la féconder par de communs efforts, pour s'en partager équitablement les fruits. Et ses réflexions étaient d'autant plus amères que le temps était plus beau; que le soleil versait plus abondamment sur le sol sa chaleur vivifiante; que les oiseaux chantaient plus gaiement dans les arbres; et que partout on sentait le réveil de la vie universelle.

Tout à coup, un affreux vacarme frappe ses oreilles : des cris, des injures s'échangent, les gros mots répondant aux gros mots. Personne aux environs cependant ; ni députés, ni avocats, ni théologiens, ni savants, ni médecins aux prises pour leurs théories, leurs dogmes, leurs intérêts ou leur réputation : rien qu'une charrue au repos dans un sillon commencé et, à côté d'elle, sur le sol, un sac de blé. C'était de là, à ne pas s'y tromper, que partait tout le tapage.

Le sage s'approcha, prêta l'oreille, et, comme il avait le don d'entendre le langage des bêtes et des choses, il sut bientôt à quoi s'en tenir. Il s'agissait d'une question de préséance. La terre, la charrue et le blé, comme la mouche et la fourmi dans la belle fable de La Fontaine, « contestaient de leur prix ».

— C'est moi, disait le blé, en apostrophant dédaigneusement la terre et la charrue, qui nourris le genre humain. Sans moi, à quoi servirait la fertilité dont tu te vantes, terre inculte, mère aveugle des plantes inutiles et des plantes malsaines ? Et que produirait le labeur ingrat par lequel tu ouvres le sillon, charrue stérile ? C'est moi, moi seul, qui mérite les bénédictions et les honneurs !

— Pauvre idiot, répondait la terre, à quoi serais-tu bon si je n'étais là pour te recevoir et te couver dans mon sein ; si, après t'avoir protégé contre le soleil qui t'aurait desséché et les animaux qui t'auraient dévoré, je ne te fournissais les sucs nécessaires à ton alimentation, ne m'ouvrais maternellement à tes racines et ne te laissais puiser par elles, à mes dépends, la sève qui montera dans ta tige et gonflera tes épis ? C'est moi qu'à bon droit, les hommes bénissent, parce que c'est moi qui leur procure le pain, et de moi qu'ils tirent tous les éléments de leur existence.

— Vous me la baillez belle tous les deux ! reprenait la charrue. Et si je n'étais pas là pour ouvrir au blé le lit que tu te vantes de lui offrir, terre ingrate et vaniteuse; si, grâce à moi, la main de l'homme ne venait pas débarrasser ta surface de la végétation parasite qui l'encombre ; ouvrir à l'air et à la lumière la dure croûte qui recouvre ta surface ; ameublir les couches supérieures, pour permettre au germe qui tend à monter et aux racines qui veulent descendre de se développer sans entraves, à quoi servirais-tu ? Le grain, répandu à ta surface, serait bientôt enlevé par les oiseaux ou par les rongeur ; s'étouffé, s'il leur échappait, par les herbes et les épines ; et les hommes maudiraient avec trop de raison ton infécondité. C'est moi qui ai été l'instrument de leur salut. Et c'est à bon droit que, pour leur avoir appris à recourir à mes services, mon père Triptolème a été jadis mis au rang des dieux.

— Vous avez raison tous les trois, dit alors le sage ; et tous les trois vous avez tort. Car tous trois vous êtes nécessaires à l'alimentation du genre humain ; tous trois vous êtes ses bienfaiteurs ; mais aucun de vous trois ne saurait, à lui seul, remplir sa tâche. C'est le blé qui nourrit les hommes ; mais c'est la terre qui nourrit le blé; et c'est la charrue qui met la terre en état de lui fournir les éléments de son développement. Unis, vous méritez toutes les bénédictions. Séparés, vous demeurez inutiles.

Rendez-vous donc justice au lieu de vous disputer la préséance. Aidez-vous ; aimez-vous ; et vous mériterez d'être aimés.

La terre, la charrue et le blé comprirent-ils ce langage ; et cessèrent-ils, chacun de son côté, de se jalouser ? Nous n'en savons rien, puisque ce n'est pas d'eux-mêmes, mais sous l'impulsion de la main des hommes qu'ils accomplissent leur tâche, pour notre plus grand bien.

Mais les hommes, eux, à qui la leçon aurait dû profiter, n'en ont guère tiré parti. Et malgré tant d'expériences des inconvénients de la désunion et de l'antagonisme; malgré la leçon de saint Paul leur rappelant qu'à vouloir dévorer autrui on s'affame soi-même ; malgré la peste, la famine et la guerre, semant sous leurs pas le deuil et la ruine, ils s'obstinent à croire qu'il y a plus de profit à voler qu'à produire; et qu'un lambeau de terre sanglante arraché au voisin vaut mieux qu'un coin de terre paisible engraissé de la sueur de son légitime possesseur.

Décidément, l'animal raisonnable a moins de bon sens que les bêtes et les objets inanimés. Il n'a pas encore su comprendre que la fraternité des choses enseigne et commande l'union des mains et la fraternité des cœurs.

COMME LA FRANCE EST RICHE !

Comme la France est riche ! répète-t-on de toutes parts, chaque fois que, par un appel au crédit, qui ne l'enrichit pas toujours, on demande aux petites bourses et aux grandes de se vider plus ou moins dans celle de l'État, des départements ou des communes.

Comme la France est riche, malgré ses malheurs et ses pertes ! disait-on au lendemain de nos désastres, lorsque l'emprunt décidé par le gouvernement de M. Thiers fut couvert seize fois et que 45 milliards furent souscrits.

Comme la France est riche, malgré la stagnation des affaires et les plaintes de l'agriculture, du commerce et de l'industrie ! a-t-on dit de nouveau, en 1894, lorsque l'emprunt de la ville de Paris a été couvert près de cent fois et qu'un chiffre moins considérable mais très respectable encore de milliards a paru prêt à sortir de la poche de cette foule de petits capitalistes qui se pressaient de toutes parts aux portes des bureaux de souscription.

Oui, la France est riche, en dépit de tout ce que l'on fait pour l'empêcher de l'être ; mais elle ne l'est pas autant qu'on se plaît à l'imaginer, ni surtout de la façon qu'on imagine. Le chiffre de ces souscriptions dont on est ébloui, n'est, en réalité, qu'un mirage trompeur, et il s'en faut bien que tout l'or et tout l'argent dont ce mirage fait entrevoir aux yeux des badauds l'inépuisable trésor, soit, comme ils le supposent, disponible pour les besoins des finances nationales ou municipales.

D'abord (il n'est personne qui ne le sache, mais on fait comme si on ne le savait pas), ces souscriptions énormes sont, en majeure partie, fictives, et la plupart de ceux qui souscrivent un chiffre un peu important de rentes ou d'obligations, n'ont aucunement envie de prendre tout entière la part qu'ils ont l'air de demander. Ils savent que l'on sera réduit dans une forte proportion, et ils demandent un bœuf pour avoir un œuf.

Ensuite, il leur serait bien impossible, s'ils étaient pris au mot, de réaliser complètement leur souscription exagérée, et bien plus impossible encore de la réaliser comme on a trop l'habitude de se le figurer en espèces d'or et d'argent.

Quarante-cinq milliards en espèces ? Mais, cela est aussi chimérique, aussi fantastique que les trois années de subsistances que, suivant certaines gens, la France produirait à chaque récolte, heureuse, en vérité, si régulièrement, elle produisait assez de blé pour qu'aucun de ses habitants n'en manquât.

Quarante-cinq milliards ? Mais c'est à peu près (autant qu'en pareille matière, on peut se fier aux statistiques) la totalité de ce qui existe d'or et d'argent dans le monde civilisé.

Je dis d'or et d'argent ; je ne dis pas de monnaie d'or et de monnaie d'argent ; moitié environ du stock métallique est employée à des usages artistiques ou industriels ; moitié réservée à la fonction monétaire. La France est de tous les pays celui qui a le plus de monnaie ; peut-être en a-t-elle trop pour l'usage qu'elle en fait. Il est permis de le penser, quand on voit l'Angleterre, avec moitié moins, faire beaucoup plus d'affaires. Mais lui attribuer sept milliards de numéraire, c'est peut-être assez, et sa richesse totale, sans prétendre l'évaluer exactement, dépasse deux cents milliards.

Tout le monde devrait savoir cela ; mais tout le monde ou peu s'en faut l'ignore. Tout le monde, ou peu s'en faut, se plaît à confondre la richesse avec la monnaie, qui n'en est qu'une partie relativement minime, et dont l'usage principal est de permettre la circulation des biens véritables.

Et, sous l'empire de cette illusion, c'est à qui s'ingéniera à essayer par toutes sortes de violences faites à la liberté du commerce, et, par suite, du travail, à attirer ou à retenir, à l'intérieur du pays, la plus grande quantité possible d'or et d'argent. Mais, malheureux que vous êtes, si vous pouviez réussir dans cette entreprise contre nature ; si, à force de vendre sans acheter et en ayant soin de ne vous faire payer qu'en or et en argent, vous pouviez arriver à accumuler sur votre territoire tous les métaux précieux du monde entier, vous auriez tout simplement, comme le chien de la fable, donné la proie pour l'ombre. Il a y eu jadis, si nous en croyons la légende, un roi qui avait obtenu d'un dieu, son ami, le don de changer en or tout ce qu'il touchait : pain, viande, fruits, boisson, tout, au contact de ses doigts, se métamorphosait immédiatement en métal. Il fût mort de faim et de soif, s'il n'avait pu obtenir de la bonté du dieu de lui retirer le don fatal qu'il avait eu l'imprudence de désirer.

Moins loin de nous, et dans des temps plus historiques, l'Espagne, maîtresse des mines du Nouveau-Monde, se crut, par la possession de ces sources merveilleuses d'or et d'argent, assurée à jamais de la primauté de la richesse et de la puissance. « En moins d'un siècle, a dit admirablement le père Gratry, elle était tombée de tout à rien ». « C'est l'Amérique », a pu dire de nos jours un orateur, en pleine Cortès espagnole, « qui a amené la ruine économique de l'Espagne, et avec elle sa ruine politique. »

Il faut du numéraire ; il n'en faut pas trop. Du travail, de l'activité de l'énergie productive, faisant sortir du sol national les ressources qu'il recèle, ou appelant du dehors, par l'échange, celles qu'il ne contient pas : il n'y en aura jamais ni trop, ni assez.

La vraie richesse, c'est l'abondance des moyens d'existence, mise à la disposition de tous : et le vrai moyen de développer cette richesse, c'est de laisser au travail et à l'échange la liberté qui les stimule et la sécurité qui les garantit.

———

LA CHAMBRE SYNDICALE
DES CONTREBANDIERS

Nous recevons communication de la lettre ci-après, adressée à l'honorable M. Méline par la Chambre syndicale des contrebandiers. On ne s'étonnera pas si nous ne disons pas où est le siège de cette importante Chambre syndicale, la plus importante peut-être, au moins, de toutes celles qui fleurissent sur le territoire de la République Française. Mais nous garantissons son existence et la sincérité des sentiments qu'elle exprime au nom de ses membres.

« Monsieur le Député et Président de la Commission des douanes,

» Vos vœux et les nôtres sont enfin comblés ! La protection, due au travail national, *sous toutes ses formes*, ainsi que vous n'avez cessé de la proclamer avec une persistance enfin couronnée de succès, est désormais la base du régime économique de la France.

» Nous serions ingrats si, au moment où entre en

vigueur ce régime nouveau, nous n'étions des premiers à vous adresser nos remerciements. De toutes ces formes du travail national, en effet, que vous avez si généreusement prises sous votre patronage, il n'en est aucune, sans comparaison, Monsieur le Député et Président de la Commission des douanes, qui ait plus que notre industrie lieu de se féliciter des mesures protectrices qui vous sont dues. Le but de la douane, personne ne l'ignore, sa moralité, comme vous dites si bien, c'est d'assurer l'existence de la contrebande. S'il n'y avait point de douane, il n'y aurait point de contrebande, et si l'État ne prélevait point sur les produits des autres industries de quoi faire vivre les douaniers, les douaniers ne feraient point vivre les contrebandiers. Mais, sous un régime de protection modérée comme celui auquel vos adversaires, Monsieur le Président de la Commission des douanes, auraient voulu condamner la France, les profits qu'il nous était possible de faire étant fatalement réduits, notre travail, aussi national pourtant que tout autre, risquait de ne plus être suffisamment rémunérateur. Et l'on voyait décroître, avec les bénéfices attachés à ce travail, le nombre de ces hommes entreprenants, énergiques et résolus, qui entretiennent sur les frontières de notre pays la vigueur de la race et de l'esprit d'entreprise.

» Vous l'avez compris, Monsieur le Député, et dans votre patriotisme, comme dans votre sympathie pour ces populations des départements du nord-est, auxquelles vous devez tout, vous avez pris soin de relever, par l'exhaussement des primes, cette industrie menacée de s'éteindre sous les coups des odieux partisans du libre-échange. Désormais, nous le disons hautement, car la reconnaissance ne doit point craindre de parler franchement, de toutes les industries françaises la plus prospère sera, sans comparaison, la nôtre. Et c'est pourquoi, Monsieur le Député et Président de la Commission des douanes, avec ces lignes que nous avons tenu à rendre publiques comme le témoignage de notre gratitude, nous avons l'honneur de faire remettre chez vous une médaille commémorative de cette date mémorable. Elle porte, et c'est justice :

A MONSIEUR MÉLINE

Protecteur de leur travail national

LES CONTREBANDIERS RECONNAISSANTS

» Vous nous excuserez, si nous n'allons pas vous la remettre nous-mêmes en mains propres. Nous manquerions à toutes les traditions de notre corporation, si nous n'avions eu le soin de la faire frapper hors de France et de la faire arriver chez vous en contrebande.

» Veuillez agréer, etc., etc.
  » Pour copie conforme :
    » *Un Libre-échangiste converti.* »

CHAQUE CHOSE A SA PLACE

Les Anglais disent, et les gens sensés et rangés de tout pays répètent avec eux : *une place pour chaque chose, chaque chose à sa place.*

Le précepte ne s'applique pas moins, à mon humble avis, aux choses morales qu'aux choses matérielles ; et j'en sais deux pour le moins, la religion et la politique, que l'on ferait bien, dans notre pauvre cher pays, de mettre davantage à leur place, où on ne les trouve pas toujours, et de ne pas mettre ailleurs.

On me recommande un jour un cordonnier. C'était un Polonais, connaissant son métier, du reste, — c'est le métier de cordonnier que je veux dire ; — mais c'était la première fois que je le voyais. Je cherche naturellement à me rendre compte de son savoir-faire, et je m'enquiers, entre autres, si ses chaussures sont de durée, et à l'épreuve de l'humidité. « *Oh! monsieur,* me répond-il en se redressant, *quand on a quatre balles dans le corps !* »...

Je ne vis pas bien ce que les balles, y en eût-il

vingt, faisaient à l'affaire, et, au lieu de me disposer à la confiance, cette exhibition inopportune de patriotisme me mit, je dois le dire, quelque peu en défiance. Une paire de souliers réussie me parut un argument bien plus convaincant.

De grâce, cordonnier, mon ami, à qui je souhaite tout le succès du monde, parlez de votre patrie quand c'est le moment; mais quand il s'agit de votre métier, *soyez de votre métier*, ni plus ni moins, ce sera le mieux.

C'est à l'occasion d'une élection des conseils généraux, faut-il le dire, que ces réflexions me revenaient à l'esprit.

Je ne suis pas de ceux qui voudraient voir réduire les attributions et la liberté de ces assemblées, bien au contraire; mais enfin ce ne sont pas, à proprement parler, des assemblées politiques, et elles n'ont pas pour mission de nous donner une constitution. Ce sont des réunions d'affaires, les conseils d'aministration de la société départementale, pour ainsi dire, et ce qu'il faut avant tout, dans un conseil d'administration, ce sont des hommes intelligents et honnêtes, connaissant bien les intérêts dont ils ont à s'occuper, et en état de les débattre. On peut être une sommité du parti légitimiste, un bonapartiste éprouvé, un des plus vieux martyrs de la cause républicaine, et s'entendre fort peu, ou fort mal, à réviser les comptes de M. le préfet, à choisir entre deux tracés de chemins de fer locaux ou à répartir convenablement les fonds des routes, des écoles et des hospices. J'avoue que, pour des discussions de ce genre, la couleur des opinions ne me paraît pas la première des conditions requises, et que je serais — je le serais même ailleurs peut-être — assez disposé à demander aux gens moins de passions et plus d'études, ou au moins d'aptitudes.

Turgot écrivait, au siècle dernier, à un ministre (il ne l'était pas encore à cette époque, mais il ne changea pas d'avis quand il le fut), que les gouvernements se mêlent beaucoup trop de ce qui ne les regarde pas, et que c'est de là que leurs viennent la plupart de leurs désagréments. Vous promettez ce que vous ne pouvez pas donner, lui disait-il. On vous en veut naturellement quand vous ne faites pas l'impossible. Vous vous faites, dans l'intérêt de la subsistance du peuple, les régulateurs du commerce et de la manipulation des grains : le peuple s'en prend à vous quand le pain lui fait défaut ou quand il le trouve trop cher. Demain, on vous demandera compte de la pluie et du beau temps, et vous n'aurez pas le droit de vous en plaindre : c'est vous-mêmes qui vous êtes plu à vous faire *le plastron du mécontentement public*.

Un homme distingué et un travailleur infatigable, M. Leplay, a consacré, vers 1860, de longues et patientes études à mettre en regard, dans des rapports officiels, les deux systèmes inverses de la boulangerie réglementée et de la boulangerie libre ; et c'est à lui, plus qu'à personne, qu'on doit d'avoir commencé à démuseler un peu, dans notre pays, la bouche du bœuf qui foule le grain. Un des points sur lequel, s'adressant au Conseil d'État, il crut devoir le plus attirer l'attention, était celui-ci : Dans le reste de l'Europe, disait-il, la question du pain est une *question de ménage ;* en France, grâce à l'intervention imprudente par laquelle l'administration se met à toute heure en cause, c'est *une question politique de premier ordre.*

M. Leplay et Turgot avaient raison : quand un pouvoir, quel qu'il soit, se charge de veiller à la nourriture de ses administrés, il peut être certain d'avance que peu d'estomacs se trouveront satisfaits. Et d'ailleurs, l'expérience prouve, comme l'a remarqué Joseph de Maistre, que pour peu que le pouvoir fasse mine de toucher au blé ou à l'argent, il les met en déroute. Mais ce qui est vrai en matière de blé et d'argent n'est pas moins vrai en bien d'autres matières. Et la meilleure façon d'assurer la stabilité des gouvernements pourrait bien être, tout simplement, de réduire leur responsabilité, en restreignant leur action dans le cercle de leurs attributions véritables.

Rendons au ménage ce qui appartient au ménage, et ce qui appartient à César deviendra, par cela seul, plus facile et moins convoité. Laissons la politique et la religion dans leur domaine, et la politique et la religion cesseront d'être, à tout instant et partout, des ferments de discorde et de haine.

Si le gouvernement, représentant et émanation de tous, n'était, comme il le devrait être, que l'impartial et fidèle gardien de la liberté de tous, — *la justice en action*, pour emprunter le langage de Bastiat, — croit-on que l'on serait si pressé, dans tous les camps, de mettre la main sur le gouvernement ? Ce qu'on se dispute avec tant d'acharnement, ce n'est pas l'autorité légitime, c'est l'autorité illégitime, ce n'est pas le vrai domaine de la force publique, ce sont ses empiétements et ses abus. Les révolutions, dont tous se plaignent et dont si peu profitent, ne sont que les coups désespérés par lesquels on espère enlever cet enjeu maudit.

Réduisons l'enjeu et, du même coup, nous réduirons l'ardeur de la compétition. Ramenons le pouvoir social à son vrai rôle, et il importera moins de savoir en quelles mains il se trouve.

Pour commencer, et puisque c'est, quoi qu'on en dise, de la sagesse des membres que se forme la sagesse du corps, sachons, tous tant que nous sommes, et en toute occasion, vouloir ce que nous devons vouloir et ne vouloir que cela. C'est sur nous, et c'est justice, que retomberont les conséquences bonnes ou mauvaises de nos choix. Tâchons donc de faire de bons choix, et des choix judicieux. Là où il faut un calculateur, ne nous laissons pas séduire par un danseur.

QUO VADIS ?

— *Quo vadis, Domine?* Où vas-tu, Seigneur ?

Telle est, suivant une légende qu'a remise en mémoire le beau roman historique de Sienkiewicz, la question que saint Pierre, quittant Rome pour se soustraire aux persécutions de Néron, adressait à Jésus se dressant devant lui sur le chemin.

— « Je vais à Rome m'y faire crucifier une seconde fois, puisque la première n'a pas suffi, pour donner à mes disciples le courage d'accomplir jusqu'au bout leur mission. »

Telle fut, suivant cette légende, la réponse du Maître.

Ce n'est qu'une légende. Et personne, même parmi les plus mystiques, ne considère comme article de foi la croyance à cette miraculeuse rencontre.

Mais la légende est plus vraie souvent que l'histoire. Elle est l'idée. L'histoire, à la supposer exacte, n'est que le fait. Elle est l'esprit, sans lequel l'histoire n'est qu'un corps inanimé, un simple squelette.

Quo vadis ? Combien de fois, depuis l'origine du monde, dans tous les lieux et tous les temps, cette question n'a-t-elle pas été adressée par le scepticisme de la routine, de l'égoïsme ou de la peur à ceux qui, portant plus loin ou plus haut leurs aspirations, prétendaient s'écarter des routes battues !

Où vas-tu, Galilée, imprudent contempteur de la tradition reçue, qui t'imagines avoir saisi le secret de la marche des astres, et oses préférer, au nom de la science, la vivante révélation de l'éternelle mécanique aux formules de l'empirisme et à l'illusion des apparences ?

Où vas-tu, Colomb, qui te flattes d'atteindre par l'Occident les terres situées à l'Orient de l'Europe, et soutiens, en dépit de saint Augustin et de Lactance, que la terre est ronde et qu'il peut y avoir des antipodes sur la face opposée à la nôtre ?

Où vas-tu, jeune fille qui, dans ton village de Lorraine, as senti ton cœur pénétré de douleur au récit des malheurs de cette France qui s'ignore, et à laquelle, en te sacrifiant pour elle, tu rêves d'apprendre à se connaître ?

Où vas-tu, Wilberforce, perturbateur de la tranquillité publique et violateur des lois qui ont attribué à tes blancs compatriotes la légitime possession du travail et de la personne de leurs frères inférieurs ; novateur qui, sur la foi de Montesquieu et de l'Évangile, ne crains pas d'affirmer que tous les membres de la famille humaine ont le même droit à la liberté, et qu'il peut y avoir une âme, et une âme bonne, dans un corps noir ?

Où vas tu, pauvre Papin, qui d'une modeste marmite entends tirer une force qui fera marcher les bateaux sur les rivières et balancera la résistance des courants et des vents ? Et toi, son émule, qui, repoussé par les savants, t'obstines à lancer sur les eaux de l'Amérique ta *Folie Fulton ?* Et toi, Stephenson, qui veux remplacer par un courrier de fer et de feu les attelages des chariots et des diligences, et de faire de quelques bandes de métal le *grand chemin des peuples et des rois ?* Et toi, Montgolfier, qui te vantes d'ouvrir à l'homme les plaines de l'air et de lui permettre de s'élever au-dessus des orages et, comme le dira Hugo, de monter sur le ciel ? Et vous tous, découvreurs de puissances nouvelles, explorateurs de l'inconnu et de l'idéal, scrutateurs des problèmes, plus grands, de la vie morale, révélateurs du droit, apôtres du devoir, qui ouvrez à l'existence humaine des perspectives plus hautes, et épouvantez, par l'audace de vos aspirations, la timidité de ses habitudes et l'étroitesse de ses conceptions ?

Où allez-vous ? Nous allons, répondez-vous, à la peine, au sacrifice, au martyre s'il le faut; au succès aussi, et à l'honneur, de notre vivant quelquefois, après nous toujours, à la gloire et à la tardive apothéose de la reconnaissance qui succèdent à l'ingratitude et à la persécution.

Et d'une commune voix, que tous devraient

entendre, et que si peu entendent, nous disons à notre tour à ceux qui viennent après nous et qui ont à choisir entre le chemin qui mène vers les hauteurs et celui qui serpente dans la plaine ou descend vers les abîmes : « Où allez-vous ? »

Où allez-vous, politiques influents, législateurs, orateurs, ministres ou diplomates, tribuns ou publicistes écoutés des foules, qui pourriez être, dans les diverses phases de la vie publique, les gardiens de la justice et de la paix, les organes des réclamations justes, les réfutateurs des prétentions erronées ou iniques, lumières qui éclairent et flammes qui réchauffent, et qui vous croyez innocents, parfois même méritants, en vous abandonnant au courant des passions, en flattant les ignorances, en exploitant les cupidités ? Où allez-vous ?

Quo vadis ? Où vas-tu ? devraient nous dire à tous, à toute heure, et quelle que soit notre situation dans ce monde, la conscience de notre responsabilité et le clair sentiment des conséquences du moindre de nos actes.

LE LAIT DU CHAT

Conte ou Compte Administratif

Il y avait une fois...

Cela commence comme un conte de fée, mais ce n'en est pas un, et je ne puis pas ajouter, comme dans les contes de fée, il y a bien longtemps, bien longtemps, et dans un pays bien éloigné d'ici, car, c'était hier et bien près de nous. Il y avait, dis-je, dans un pays que je ne nommerai pas, mais que je pourrais nommer, deux administrations publiques, vivant côte à côte, à raison de leurs rapports quotidiens, ou en dépit de ces rapports, en bonne intelligence.

En si bonne intelligence, on le croira si l'on veut, que, par un louable désir d'économie aussi bien que dans l'intérêt de leur double service, elles avaient réuni leurs archives dans le même local. Rien ne semblait devoir troubler cette bonne et invraisemblable harmonie; mais on avait compté sans ses hôtes; et ces hôtes étaient des souris. Ces animaux, comme on sait, aiment les vieux papiers, et de tous temps, les érudits et les collectionneurs ont eu à se plaindre de la concurrence de leurs petites dents.

Un jour donc, le concierge, gardien honnête et vigilant du dépôt qui lui était confié, avertit respectueusement MM. les chefs de service que ces visiteuses indiscrètes avaient trouvé moyen de se passer de la clef qu'il ne leur avait pas donnée, et qu'elles étaient en train d'étudier de trop près les saintes paperasses.

« Prenez un chat », lui répondirent d'une commune voix les deux fonctionnaires consultés. Tout le monde sait que, depuis le concours ouvert à ce sujet par une célèbre académie des sciences, il est reconnu que le meilleur moyen de combattre la multiplication des souris, c'est de multiplier les chats.

Le concierge, obéissant comme tout concierge doit l'être, se procura un chat. L'espèce n'en est pas rare et il ne fut besoin, pour cette augmentation du service des Archives, de solliciter l'ouverture d'aucun crédit. Mais introduire un chat dans le local administratif, ce n'était pas tout ; il fallait l'y faire vivre, et les souris, paraît-il, n'y suffisaient pas. En prenait-il beaucoup ? L'histoire ne le dit point. Mais elle dit qu'il prenait du lait, c'est-à-dire que, pour le tenir en bonne santé et en humeur de rester à son poste, le concierge crut devoir lui donner chaque jour pour dix centimes du breuvage blanc cher à ses semblables. Dix centimes par jour, cela fait, comme chacun sait, trois francs par mois. Et naturellement, au bout du premier mois, le bonhomme réclama le remboursement de cette somme.

Les deux administrations étaient honnêtes et elles n'entendaient pas frustrer le concierge de ce qui lui était légitimement dû. Elles savaient bien que les chats ne se nourrissent pas pour rien, même quand on leur donne des souris à discrétion et elles ne se refusaient pas à payer le lait; mais elles étaient bien embarrassées : la dépense n'avait pas été prévue et il n'y avait pas de crédit spécial ouvert. Sur quel chapitre pourrait-on bien, sans faire de virement prohibé et sans fournir prétexte à quelque interpellation, imputer ces trois francs, qui allaient, chose grave, se répéter tous les mois ?

Puis, dans quelle mesure les deux administrations intéressées devraient-elles se partager la charge ? Aucune décision, aucun arrêté, aucun décret, aucune loi ne pouvaient être invoqués, et bien qu'il y ait eu de tous temps et en tous pays civilisés, des vieux papiers et des souris, les précédents et la tradition faisaient absolument défaut.

On aurait pu, sans doute, couper, comme on dit, la poire par la moitié et mettre au compte de chacune des deux parties intéressées, la somme énorme de 1 fr. 50 pour dépenses courantes et d'entretien.

C'est ce qu'osa proposer, non sans beaucoup d'hésitation, l'administration A. L'administration B reconnut que c'était ce qu'il y avait de plus simple et ne nia pas qu'elle n'eût à supporter sa part de charge ; mais elle fit observer qu'il fallait faire les choses correctement, c'est-à-dire proportionnellement, et qu'il ne serait pas équitable de lui faire payer autant qu'à sa voisine, attendu que la superficie occupée par celle-ci dans les locaux communs était sensiblement supérieure à celle qu'elle y occupait elle-même.

— Rien de plus vrai, répondit l'administration A ; mais nous vous ferons observer que la superficie n'est pas tout. C'est le cube qu'il faut considérer ; et vos piles de papier sont plus hautes que les miennes.

— Vous êtes bonne avec votre cube, répliqua à son tour l'administration B. Vos piles, si elles sont moins hautes que les miennes, sont bien plus compactes, et c'est le poids, comme chacun sait, qui constitue la charge vraie. J'en appelle à toutes les balances du monde !

Et le débat ainsi engagé de se continuer semaine après semaine et mois après mois (le chat buvant toujours son lait et le concierge faisant toujours crédit à ses supérieurs), sous forme de lettres, de mémoires et de consultations savamment composés par les rédacteurs ordinaires et extraordinaires, soigneusement copiés par les expéditionnaires, et dûment visés, approuvés, transcrits et transmis par les chefs de bureau aux directeurs, par ceux-ci aux chefs de divisions, aux ministres ; lesquels signaient et resignaient, mais comme malheureusement signent trop souvent les ministres, non seulement sans lire, mais sans savoir de quoi il s'agissait.

Bref, c'est-à-dire après avoir épuisé toutes les formes de requête, réplique, duplique et triplique que comporte une instruction d'urgence, après avoir échangé des dizaines et des dizaines de lettres et de dépêches et fait perdre aux employés des dizaines de journées et à l'État une quantité de papiers, d'encre, de cire et d'appointements, rappelant pour le moins le fameux procès de Chicaneau, et l'arrêt qui ordonne d'apprécier ce qu'une poule peut manger de foin en un jour, on en vint à reconnaître que le débat était insoluble, autant que ridicule, et qu'il n'y avait, comme dans la plupart des querelles et des guerres, qu'à finir par où l'on aurait dû commencer, c'est-à-dire par se mettre d'accord en partageant le différend.

A... et B... prirent chacun à leur compte la moitié de la dépense; le concierge fut remboursé et le chat, le seul qui ne se fût jamais douté de rien, continua tranquillement à boire son lait en veillant sur les papiers administratifs. On ne dit pas s'il remarqua dans quelle proportion la superficie, le poids et le volume en avaient été augmentés à son occasion.

J'entends d'ici le lecteur, toujours prêt à soupçonner quelque malice ou quelque mauvaise intention, dire qu'il reconnaît bien là la centralisation et la paperasserie que l'Europe envie à la France, mais qu'elle se garde bien de lui emprunter. Eh bien ! le lecteur se trompe; ce n'est pas en France que la chose s'est passée. Mais le lecteur est libre de croire, s'il le veut, qu'elle aurait pu s'y passer.

TRAVAIL NATIONAL

Il faut protéger le travail national, disent les protectionnistes à outrance. Sans nul doute ; mais qu'est-ce que le travail national ? C'est celui qui ne pourrait pas subsister sans les encouragements de la douane et les subventions du budget. Et pourquoi ne pourrait-il pas subsister ? Parce qu'il ne trouve pas, dans les conditions du sol national, ou dans les aptitudes des nationaux, des éléments de succès suffisants ; parce que notre nation y est moins propre que d'autres ; et que, si on laissait les choses suivre leur cours naturel, les nationaux ne s'y livreraient pas ou ne s'y livreraient plus et porteraient leur activité d'un autre côté.

— Précisément. C'est-à-dire, en d'autres termes, que le travail national c'est celui qui n'est pas conforme aux goûts ou aux ressources de la nation.

— Pas précisément, mon cher monsieur, mais celui auquel la nation est moins propre que d'autres nations.

— Comme vous voudrez, les mots ne font rien à

l'affaire ; le fait me suffit. Mais alors il me semble que votre travail national c'est celui qui n'est pas national, tout simplement.

— Oh ! monsieur, comment pouvez-vous dire cela ? Est-ce qu'il n'est pas exercé par des nationaux ?

— Sans doute ; mais tous les travaux, à ce compte, quels qu'ils puissent être, sont nationaux. Et je ne vois pas pourquoi certains d'entre eux, parce qu'ils sont contraires aux inclinations ou aux ressources nationales, auraient le privilège d'être entretenus artificiellement aux dépens des autres travaux plus conformes au génie national. Chacun son métier, en fin de compte, cela est aussi vrai pour les peuples que pour les individus ; et votre travail national, pour l'appeler de son vrai nom, savez-vous ce que c'est ? C'est le travail anti-national.

UN PARADOXE ÉCONOMIQUE

Les physiciens connaissent le paradoxe de Pascal qui n'est autre chose qu'une vérité de premier ordre. Il y a des paradoxes de ce genre dans toutes les sciences. Et la science économique a les siens. Bastiat a-t-il fait autre chose que de nous le rappeler lorsqu'il a écrit son charmant opuscule : *Ce qu'on voit et ce qu'on ne voit pas?*

Je songeais à cela à propos d'observations sur lesquelles voulait bien me consulter un de ces hommes modestes et laborieux qui s'occupent, en province, des questions que nous agitons à Paris. « Je me suis fait huer », m'écrivait-il, « en soutenant que la France consomme le produit de beaucoup plus de journées qu'elle n'en fournit. Comment voulez-vous, me répond-on, que l'on consomme plus que l'on ne produit, ou, si on le fait, n'est-il pas clair que l'on va à la ruine ? »

Au premier abord, l'assertion paraît, en effet, insoutenable, et, sous cette forme, elle le serait assurément. Aussi, n'est-ce pas : consommer plus que l'on ne produit, qu'il faut dire, et que veut dire au fond mon correspondant, mais consommer plus que l'on ne pourrait produire directement et par ses seuls efforts.

Avec le travail d'une journée, dit-il, en citant des exemples, un Français, parce qu'il est habile ou pourvu d'instruments convenables, se procure ce qui a coûté aux naturels d'un pays arriéré quatre ou cinq journées de travail. Il achète donc quatre ou cinq journées avec une. Sans doute, sa vie ayant plus d'intensité, étant plus productive que celle de l'étranger avec lequel il échange, il a fallu à celui-ci, pour lui fournir un équivalent, donner une plus grande partie de son temps, c'est-à-dire de son existence. Mais cela ne veut pas dire que celui-ci n'y trouve pas son compte lui-même, car s'il donne quatre journées de son travail contre une journée du travail d'un Français, c'est apparemment qu'en quatre journées, il ne pourrait pas faire ou tirer de son sol ce qu'avec une le Français peut lui fournir. En sorte que, à supposer que, par son travail direct, il dût mettre huit jours à faire la chose, au lieu de l'acheter par quatre jours d'un autre genre de travail, il se trouverait, de son côté, avoir fait une économie de quatre jours de travail et consommé, si l'on veut reprendre les termes paradoxaux de l'énoncé ci-dessus, le double des journées qu'il a employées.

Qu'est-ce que cela veut dire, au fond ? Cela veut dire tout simplement que la division du travail et l'échange sont la base même de la société humaine ; que, par eux, chacun, homme, groupes d'hommes ou climat, entre en possession des avantages conférés à d'autres, tandis que ceux-ci, de leur côté, participent aux avantages dont il est lui-même investi.

C'est une naïveté, vont dire les lecteurs. Sans doute pour eux et pour nous ; mais ce n'en est pas une hélas ! pour le vulgaire, au premier rang duquel figurent de bien gros personnages. Et c'est pour cela, puisque l'occasion s'est trouvée m'en être fournie, que je n'ai pas cru tout à fait inutile de saisir au passage la formule paradoxale qui m'était soumise. Il y a des esprits faits de telle sorte que les choses les plus évidentes, lorsqu'elles leur sont présentées sous la forme banale de vérité et de simple bon sens, leur paraissent indignes de leur attention sinon même trop claires pour pouvoir être vraies. Présentez-les sous une forme excentrique et assaisonnez-les de quelques grains d'invraisemblance, vous piquerez leur attention et vous finirez peut-être par les leur faire accepter.

APRÈS LA GRÈVE

Le Père Tranquille. — Eh bien, mon Jacques, la voilà finie votre grève, et le travail repris. Êtes-vous satisfaits et vos affaires vont-elles mieux ?

Jacques. — Dame, on a obtenu ce qu'on demandait, et nous avons fait rendre gorge aux patrons.

Le Père Tranquille. — Oui, je sais, la paie est augmentée. Vous aurez trente sous de plus par jour, six francs cinquante au lieu de cinq ; c'est quelque chose ; mais qu'est-ce que cela vous coûte ?

Jacques. — Ce que cela nous coûte ? Mais trois mois de repos, pendant lesquels on a appris à se faire respecter, et le plaisir d'avoir fait faire du mauvais sang aux singes.

Le Père Tranquille. — Et pendant lesquels vous avez mangé de la vache enragée et fait pâtir la femme et les enfants. Quatre-vingt dix jours de paye à cinq francs, soit quatre cent cinquante francs que vous n'avez pas gagnés, et les dettes chez le boulanger et l'épicier, et des querelles avec les camarades qui voulaient travailler ou s'arranger, et les coups qu'on s'est donnés les uns aux autres, et les bagarres dans lesquelles il y a eu des blessés et des morts, et les dégâts causés au matériel, les outils et les machines brisés ou mis hors de service.

Jacques. — Tout cela, c'est leur affaire ; ils les feront réparer, et ils verront ce qu'il en cuit de refuser de nous écouter.

Le Père Tranquille. — Et vous, l'ami, vous verrez ce qu'il en cuit de recourir à la violence et de croire qu'on a intérêt à nuire à autrui. Car enfin, il va vous falloir d'abord un an au moins pour payer avec votre augmentation de salaire ce que la grève vous a coûté. Et qui sait si elle sera durable, cette augmentation de salaire, et si, en portant atteinte à la prospérité des patrons, vous n'avez pas compromis votre sort ? On dit déjà que le gros Guillaume, qui vous avait offert spontanément un franc d'augmentation, et dont vous avez saccagé les ateliers, va se trouver hors d'état de continuer, et que, bon gré, mal gré, il faudra que son personnel soit mis à pied. Et puis, voyons, là, franchement, croyez-vous qu'il y ait de quoi se vanter d'avoir détruit des machines, brûlé des marchandises, diminué la quantité des ressources existantes, c'est à-dire appauvri la société, et dans la mêlée, fait des veuves et des orphelins ? Je le sais bien, Jacques, votre vie est dure, et tous les patrons ne sont pas raisonnables. Mais vous ne l'êtes pas tous non plus ; et vous n'avez pas besoin, pour présenter vos revendications et les faire valoir, quand elles sont justes, de faire appel à la violence et de vous exposer à tacher de sang, du vôtre ou de celui de vos camarades ou de vos employeurs, le salaire que vous réclamez. Croyez-moi, mon cher Jacques, les bonnes raisons valent mieux que les mauvais coups, et le mal du voisin n'est pas toujours un bien pour nous.

CESSANTE CAUSA, CESSAT EFFECTUS

Supprimez la cause, l'effet disparaît.

En êtes-vous bien sûr, ami lecteur ? Ou ne ferions-nous pas, lorsque nous répétons ce dicton comme un axiome, une confusion dont nous ne nous rendons pas compte ? On dit, également, et c'est une autre manière de dire la même chose : Morte la bête, mort le venin. J'ai lu pourtant, et vous avez peut-être lu comme moi, dans les manuels d'histoire naturelle, l'anecdote suivante, qui semble faite pour dégoûter à tout jamais de porter des chaussures d'occasion.

Un homme, dans l'heureux pays des serpents à sonnettes, était mort piqué au pied par un de ces animaux. On vendit sa défroque et notamment les bottes qu'il portait le jour de l'accident. Le lendemain celui qui les avait chaussées était mort comme lui. Il en fut de même d'un second, puis d'un troisième, jusqu'à ce que, cherchant à expliquer ce mystère, on découvrit dans le cuir de l'une de ces bottes un fragment des crochets de l'animal qui s'y était implanté.

L'histoire est-elle vraie ? Je ne la garantis pas, mais elle est assurément possible. N'allons pas si loin toutefois. Bornons-nous au premier mordu. Que l'on ait ou non tué sur place l'animal qui venait de le piquer, il n'en était pas moins atteint par le poison, et l'effet continuait à se produire.

Ce qui est vrai, donc, c'est que, en supprimant la cause, vous supprimez la répétition des effets qu'elle produisait, vous l'empêchez d'agir de nouveau à l'avenir, mais l'effet qu'elle a produit continue son action comme si elle subsistait encore. Je pousse une pierre sur une pente. Il n'est pas nécessaire que je continue à lui donner l'impulsion pour qu'elle la descende.

De même dans l'ordre moral. J'émets une idée fausse. Je propage des maximes funestes. Je donne par ma conduite de mauvais exemples. Je disparais ou, tout simplement, je cesse d'exercer, par ma parole ou par mes actes, cette influence mauvaise. Cela suffit-il pour faire disparaître le mal que j'ai fait et l'empêcher de se propager de proche en proche ? Actes, idées, paroles, tout est semence ; tout, une fois mis dans le monde, y a sa postérité, se continue jusqu'à ce qu'on l'arrête et qu'on l'étouffe.

POUR COLONISER

Sarcey se plaignait, jadis, dans je ne sais plus trop quel article, de l'abus de la paperasserie et de la difficulté dans laquelle on se trouve, même entre gens instruits et bien posés, pour se diriger au milieu du dédale des formalités à remplir pour la moindre des choses. J'ai souvent moi-même fait entendre des plaintes analogues. Mais tout ce que nous pourrions dire ne vaut pas, ce me semble, un simple fait, bien précis ; et en voici un absolument authentique.

En 1862 — on me dira que ce n'est pas d'hier et que les choses ont bien changé — les Bordelais, à la suite d'un cours qu'ils m'avaient appelé à professer dans leur ville, m'avaient fait l'honneur de m'offrir un banquet, auquel, sous la pression de l'opinion publique, toutes les autorités locales avaient pris part. J'avais pour voisin le général Daumas ; et quelques-uns des traits de sa conversation me reviennent encore à l'esprit. L'excellent Paillotet, à qui nous devons l'édition complète des œuvres de Bastiat, le disciple dévoué qui s'appelait lui-même en riant : « l'invalide préposé à la garde du tombeau du maître », avait été invité à prendre l'une des places d'honneur ; et, dans le petit discours, qu'à son rang il s'était trouvé obligé de faire, il avait dit modestement qu'il n'avait pour figurer à cette fête d'autre titre que d'avoir des convictions économiques très fermes, et d'avoir été l'ami des deux Frédéric : Bastiat et Passy. « Diable ! » dit à mi-voix le général, il peut se vanter d'avoir de la chance, celui-là ! Des amis et des convictions ! ça ne se trouve pas tous les jours ! »

La semaine suivante, ne pouvant quitter Bordeaux sans rendre visite à quelques-unes des notabilités, j'étais dans le cabinet de travail du général. « Ah bien ! » me dit-il après quelques instants de conversation, « puisque je vous tiens, laissez-moi vous communiquer le discours que j'ai l'intention d'improviser au Sénat pendant la session prochaine ». Et il tira d'un tiroir un beau manuscrit bien en ordre. Puis, quand il m'en eut lu suffisamment : « Je voudrais vous poser une question, me dit-il. Savez-vous comment on doit s'y prendre et à qui on doit s'adresser pour arriver à obtenir un lot de terre en Algérie ? »

« Vous plaisantez général », lui répondis-je ; « s'il y a quelqu'un qui doive savoir cela, c'est vous. » — « Pas du tout, reprit-il ; et c'est ce qui m'exaspère ! Moi, vieux général d'Afrique, commandant la division de Bordeaux, et sénateur de l'Empire, je n'ai jamais pu le savoir ! Je l'ai demandé dans les ministères, dans les préfectures, dans les mairies, dans les bureaux algériens. Je n'ai jamais pu obtenir une réponse satisfaisante. Et on prétend que l'on veut coloniser l'Algérie !

« On invite par toutes sortes de circulaires, de braves paysans à aller s'y établir, en leur promettant de la terre pour rien, avec toutes sortes d'avantages par-dessus le marché. Et, quand ils y vont, on leur dit qu'ils ne sont pas en règle. On leur fait passer des mois et des mois en démarches de toutes sortes, après lesquelles on leur en fait faire d'autres, sous prétexte que ce n'étaient pas les bonnes. Si bien que, finalement, quand ils arrivent à obtenir une concession, ils sont ruinés, accoutumés à la fainéantise, rongés par l'ennui et incapables, les trois quarts du temps, de rien faire de bon de ce qu'on leur a fait payer si cher. Est-ce qu'il ne devrait pas y avoir partout à la disposition de tout le monde, un petit manuel, bien simple et bien clair, indiquant exactement la manière de s'y prendre, et ne demandant aux gens que l'on veut attirer qu'un petit nombre de démarches et de pièces à la portée de tout le monde ? »

Voilà comment on colonisait, il y a cinquante ans. Et aujourd'hui ? Si je connaissais quelque général Daumas du XXe siècle, j'aimerais bien à savoir ce qu'il en pense.

VIEILLES NOUVEAUTÉS

Labruyère écrivait en présence des chefs-d'œuvre de la littérature du grand siècle : « Tout a été dit depuis six mille ans qu'il y a des hommes et qui pensent. » Il aurait pu ajouter : Tout a été fait depuis six mille ans qu'il y a des hommes, et qui agissent.

Tout ? Non pas en fait de science, assurément, et de connaissance de la matière et de ses lois, puisque tous les jours, à cet égard, nous faisons de nouvelles découvertes, mais tout en fait de passions, d'erreurs, de sentiments et de goûts, parce que, partout et en tout temps, les hommes sont les mêmes, se font les mêmes illusions et ressentent les mêmes appétits ou les mêmes colères. On accuse tous les jours la liberté et la démocratie d'avoir fait naître la misère, troublé la paix des ateliers, porté atteinte à l'ancienne discipline et à l'antique respect de la hiérarchie, amené le chômage et suscité les grèves. Il a été répondu cent fois, et d'une façon qui ne devrait pas souffrir de répliques, à ces assertions démenties par l'histoire. M. Levasseur a montré, dans sa belle étude sur la *France Industrielle au* xviii*e siècle*, la ville de Lyon plusieurs fois au pouvoir de l'émeute, et reprise sur elle par la force armée, au prix de sanglants combats. Le savant et regretté M. Bonnassieux a fait la monographie des *Grèves sous l'ancien régime.*

La liste en est longue. Et il y en a dans bien des lieux et dans bien des corps d'état.

Soit, dira-t-on, mais ces grèves, du moins, n'étaient que des émotions passagères, irréfléchies, étrangères à tout plan suivi de réformes sociales et de prétentions de classes. Et si les ouvriers réclamaient parfois de meilleures conditions de travail, jamais ils n'auraient songé, comme nous le voyons de nos jours, à dicter des lois à leurs patrons, et à substituer, dans la direction des ateliers, leur autorité à la sienne.

Les études entreprises de nos jours pour restituer jusque dans ses détails l'ancienne vie locale font justice de cette illusion. Et les recherches provoquées soit par la Commission des travaux historiques, Comité des Sciences économiques et sociales, soit par l'Académie des sciences morales et politiques, nous fournissent tous les jours de nouvelles preuves de l'ancienneté des abus, des plaintes et des exigences que nous sommes tentés de croire sans précédent.

J'ai déjà fait, à quelques-uns de ces mémoires, de curieux emprunts. En voici un qui ne paraîtra pas, je crois, sans intérêt.

En 1781, le célèbre Montgolfier était aux prises, dans ses papeteries d'Annonay, avec des grèves qui troublaient gravement sa fabrication. Je donne d'après le subdélégué de Tournon, l'exposé de la situation :

« Les ouvriers employés à la fabrication du papier forment entre eux une association qui a pour but de maintenir les conventions faites entre eux, qu'ils appellent *modes*, qui consistent principalement à ne laisser travailler dans les diverses fabriques que les ouvriers qui sont de leur choix, à en exclure les étrangers ou même les nationaux de provinces différentes et ceux qui n'ont pas payé à partie les sommes qu'ils en exigent pour l'agrégation à leur corps ; à imposer les amendes à ceux qui ont contrevenu à leurs conventions, ou qui ont consenti à ce que leur maître exigeait sans avoir pris l'avis du corps entier ; à exiger diverses sommes des nouveaux ouvriers sous le nom d'apprentissage, assetage à la table bienvenue, et à prétendre d'avoir le droit d'introduire dans la maison de leur maître qui bon leur semble, sans sa permission et malgré sa défense. Pour parvenir à procurer l'exclusion aux ouvriers qui leur déplaisent, ils refusent de travailler avec eux ; menacent de quitter et quittent tous en même temps les fabriques dont les maîtres voudraient les recevoir, et interdisent lesdites fabriques à tous ceux de ladite association. Les maîtres fabricants qui ont passé outre et pris le parti de former des ouvriers qui fussent plus dociles, ont vu ceux de l'association qui sont employés aux fabriques s'attrouper, menacer, injurier et attaquer les élèves qu'ils avaient formés, ainsi que les ouvriers qu'ils avaient appelés. Le suppléant ne fera qu'observer que depuis plus de soixante ans il conduit des ouvriers papetiers. Il a observé que c'est le vin qui leur monte l'imagination, et que plus ils sont en nombre, plus ils sont violents dans leur délibération. »

Ne semble-t-il pas entendre les verriers de Carmaux, ou les syndiqués de telle ou telle industrie de nos jours, réclamer, au nom de la loi de 1884, ou du suffrage universel méconnu en leurs personnes, le droit de chasser de l'atelier qui il leur convient, d'interdire au patron d'embaucher qui il lui plaît, et substituer jusque dans la marche mécanique de l'usine, ou dans les rapports de l'administration avec la clientèle, leurs caprices, leurs sympathies, ou leurs antipathies, à l'expérience des ingénieurs, à la science des métallurgistes ou des chimistes, et aux nécessités mêmes de la concurrence industrielle et commerciale ?

UNE VARIÉTÉ DE PLACEMENT OFFICIEL

C'est de l'histoire ancienne ; car il y a longtemps, quoiqu'on en puisse penser, que, sous des formes diverses, on s'occupe de chercher les places quand on en a besoin, ou d'en procurer à ceux qui en cherchent. Si le roi Salomon revenait au monde, lui qui a dit qu'il n'y a rien de nouveau sous le soleil, qui sait, s'il ne nous raconterait pas que de son temps déjà il y avait des placeurs et des placés, à preuve le compagnonnage et la franc-maçonnerie, que certains prétendent avoir pris naissance parmi les ouvriers du temple de Jérusalem.

Je ne veux pas remonter si haut. Je veux seulement, à titre de simple curiosité, noter en passant un texte qui n'a guère moins de trois cents ans de date, et qui me tombe par hasard sous les yeux. Il est de 1639, c'est-à-dire du temps du roi Louis XIII et du cardinal de Richelieu. C'est une ordonnance de décembre de cette année qui oblige les aubergistes et hôteliers à tenir registre des ouvriers qu'ils logent. Jusqu'ici, rien de bien intéressant. Tout le monde, sans être ouvrier, sait que cette mesure est aujourd'hui encore générale. Mais ce qui paraîtra peut-être moins insignifiant et moins banal, c'est que les ouvriers, par cette même ordonnance, sont obligés de se faire enregistrer au « bureau d'adresse », de renouveler cette déclaration tous les jours, et, enfin, *de prendre les conditions qui leur sont indiquées, sous peine des galères.*

Que diraient d'une mesure de ce genre nos contemporains, si jaloux de leur liberté et si aisément prêts, pour une raison ou pour une autre, parfois sans raison, à quitter la place qu'ils occupent et à abandonner le travail qu'ils ont accepté ?

Sont-ils bien sûrs cependant que ce qu'un certain nombre d'entre eux réclame fût pour eux, s'ils l'obtenaient, un régime bien différent ?

Le jour où il n'y aurait plus de bureaux de placement libres ; le jour où il ne resterait, pour obtenir du travail, d'autre intermédiaire qu'un syndicat unique, maître, par ce fait, de l'offre et de la demande, non seulement on ne pourrait pas espérer trouver de l'emploi sans l'agrément des chefs, avoués ou occultes, du syndicat, mais on serait, bon gré mal gré, sous peine de se voir refuser tout moyen de gagner sa vie, contraint à accepter, sans observation, tout comme au temps du grand cardinal, les conditions qu'il plairait à ces dispensateurs souverains des emplois d'indiquer à leurs sujets.

Tous les despotismes et tous les monopoles se ressemblent, quel que soit le nom qu'ils prennent ou les personnalités qui les exercent.)

N. B. — Ces réflexions étaient écrites avant la suppression des bureaux de placement.

UN PETIT PROBLÈME

Jacques a un cheval qui vaut 1.000 francs, et Pierre a un billet de la banque de France de 1.000 fr. Le cheval de Jacques meurt d'un coup de soleil, et le billet de banque de Pierre tombe dans le feu. Lequel des deux a fait la plus grosse perte ?

Ni l'un ni l'autre. Avec les 1.000 francs de Pierre on pouvait se procurer le cheval de Jacques ou un pareil, et avec le cheval de Jacques on pouvait avoir un billet de 1.000 francs comme celui de Pierre : les deux pertes sont égales. Pour Pierre et pour Jacques sans doute : chacun d'eux est plus pauvre de 1.000 fr.

Croyez-vous cependant qu'il soit absolument indifférent de voir périr des chevaux, tomber des maisons, couler des navires chargés de marchandises ou brûler des billets de banque et des effets de commerce ?

Non, évidemment, pour l'ensemble de la société. Quand un cheval meurt, quand un navire se perd, quand une moisson est ravagée par l'ouragan, ce sont des choses utiles, des richesses réalisées qui disparaissent, c'est l'avoir commun de la société et de l'humanité qui se trouve diminué. Si tous les chevaux mouraient, tous les hommes seraient privés de leurs moyens de transport; si tout le blé était détruit, personne n'aurait plus de pain. Si tous les billets de banque venaient à brûler; si tous les effets de commerce étaient anéantis, tous les détenteurs de ces billets et de ces effets seraient ruinés ou appauvris. Ils auraient perdu leurs titres et ne pourraient plus se faire payer ce qui leur était dû. Par contre, la Banque de France, n'ayant plus à rembourser ses billets, se trouverait plus riche d'autant et les commerçants souscripteurs de traites, s'ils n'étaient pas assez honnêtes pour se rappeler leurs dettes et les acquitter, se verraient du coup dégagés du souci de leurs échéances. Mais la richesse totale de la société n'en serait pas changée; il n'y aurait dans le monde, ni un grain de blé, ni un mètre d'étoffe, ni un animal, ni un outil de moins. La répartition des fortunes, assurément, serait modifiée, et ce serait **un** grand malheur, en même temps qu'une grande injustice. Il en pourrait résulter, par suite des faillites et des embarras qui ruineraient les créanciers frustrés, une diminution de l'actif social et une augmentation de la misère générale, mais ces maux ne seraient que des conséquences indirectes des changements survenus dans les situations individuelles. Par elle-même, et comme effet immédiat, la destruction des titres ou signes représentatifs de richesse n'aurait rien enlevé à la somme des biens existants, et le bilan général, au lendemain de ce bouleversement, s'il se pouvait faire, serait le même que la veille; les titulaires seuls seraient changés.

RIEN SANS PEINE

Il y avait autrefois un homme qui avait pour devise ces trois mots : *Rien sans peine*. Et cette devise n'était pas une vaine formule : aucun, peut-être, parmi ceux qui auraient pu être tentés d'envier sa grande situation, ne s'était donné plus de peine.

Si je parlais à des Lyonnais, je n'aurais pas besoin de le nommer. Voici plus d'un quart de siècle qu'il a disparu ; mais son souvenir est resté vivant parmi ceux qui l'ont connu, et nul, dans la grande cité industrielle, n'ignore ce qu'a été et ce qu'a fait Arlès Dufour.

Arlès Dufour, le riche négociant dont la puissante maison répandait dans les deux mondes, avec les plus beaux produits de la fabrique nationale, le sentiment du goût et de l'esprit français ; Arlès Dufour, le promoteur, le conseil ou l'appui de tout ce qui se faisait d'utile et de bon autour de lui et parfois au loin ; Arlès Dufour, le généreux philanthrope dont la bourse et le cœur étaient ouverts à toutes les entreprises intéressantes comme à toutes les infortunes respectables, et qui, des millions qu'il avait gagnés par son travail, avait donné les trois quarts pour des œuvres de bien public, de progrès, d'apaisement ou d'intelligente assistance ; Arlès Dufour, enfin, le grand citoyen non d'une ville ou d'une nation seulement, mais de l'univers ; l'ardent et courageux apôtre de la liberté, de la justice, de la concorde et de la bienveillance mutuelle dans les relations sociales comme dans les relations internationales ; le collaborateur et l'ami des Michel Chevalier, des Jules Simon, des Jean Dollfus, des Cobden, des Bright, des Gladstone, des Schultze-Delitsch ; la haute et noble personnalité devant laquelle s'ouvraient les antichambres des ministres et les palais des reines, et qui savait faire respecter, jusqu'au milieu des adulations des cours, la fière indépendance de son original franc-parler : il était tout cela, cet Arlès Dufour ; mais il ne l'avait pas toujours été, et ce n'était pas en un jour qu'il l'était devenu.

Il avait été pauvre et obscur parmi ceux qui le sont le plus. Il avait — lui-même l'a rappelé dans une distribution des prix de la Société d'enseignement professionnel du Rhône — porté les paquets dans sa jeunesse. Il avait connu la faim ; je le lui ai entendu dire à sa table de famille, à Oullens. Et c'est parce qu'il avait connu la faim qu'il était plein de pitié pour les souffrances, pour les égarements même de ceux qui ont faim ; plein de mépris en même temps pour la lâcheté de ceux qui s'abandonnent ou qui exploitent honteusement la misère et la faim.

Il avait eu faim, lui; mais il avait lutté contre la faim. Il avait travaillé, il avait voulu, il avait agi; il avait regardé en haut, non pour jalouser ou renverser ceux qui étaient en haut, mais pour s'élever, lui aussi, s'il le pouvait, et pour aider les autres à s'élever. Il s'était dit que sans peine on ne peut rien, et l'on ne mérite rien; mais qu'avec de la peine on peut tout mériter, et parfois tout obtenir. Et peu à peu, heure après heure, jour après jour, peine après peine, il avait tout mérité, et tout obtenu. Sa devise, c'était sa vie: « Rien sans peine. »

Ce n'est pas celle de Messieurs les réformateurs d'aujourd'hui. La belle affaire! diront-ils, si par hasard ils me lisent. Travailler, épargner, calculer; employer le présent à préparer l'avenir; gagner son pain à la sueur de son front, quand on ne peut faire plus, et le manger honnêtement avec la satisfaction de l'avoir gagné; s'élever graduellement au-dessus de la vie au jour le jour quand on réussit à faire mieux que de joindre les deux bouts, et acquérir ainsi l'indépendance, l'aisance, la fortune parfois; c'est le vieux jeu, cela. C'est de la morale et de la politique bourgeoises. Nous n'en voulons plus.

Ce que nous voulons, c'est *tout sans peine*, et pour tous. Consommer, bon; mais produire, non. Manger, bon; mais labourer, semer, piocher la terre et battre le grain avant de goûter au pain, allons donc! Nous avons changé tout cela. La marmite sociale est là; qu'on y puise, et qu'on nous serve, et vivement, et chaud ! Il y a une fabrique de lois au coin du quai, et c'est nous qui en ouvrons la porte à ceux qui y entrent ; qu'ils nous en fassent des lois, et de bonnes, qui nous donnent tout sans nous rien prendre ni nous rien demander ! Allons, Messieurs du Parlement, chauffez le four, tournez la broche, tirez le vin ! Et dépêchez-vous, car nous avons l'appétit ouvert et le gosier sec à force de crier, de chômer et de faire chômer.

Comme vous voudrez, mes amis, criez, criez encore, criez plus fort et chômez davantage. Laissez les champs en friche, les mines à l'abandon et les métiers au repos. Entassez lois sur lois et violences sur violences. Vous en serez pour vos frais. Vous ferez du mal aux autres ; mais vous ne ferez pas de bien à vous-même. Vos flatteurs seuls, comme le renard de la fable, y trouveront peut-être, pendant un certain temps, leur compte et vivront à vos dépens. Une fois de plus, vous aurez lâché la proie pour l'ombre. Heureux si vous reconnaissez enfin, un peu tard qu'en dehors du travail il n'y a rien : Le travail voilà le vrai et inépuisable trésor. « Tout sans peine », ce n'est pas seulement une devise de lâches, c'est une devise de dupes et d'imbéciles.

VISAS ET LÉGALISATIONS

J'ai parlé, jadis, des « chinoiseries de la comptabilité » et je ne l'ai pas fait tout à fait en vain. On a beaucoup ri, en divers lieux — car mes observations ont été largement reproduites — de cette interminable série de formalités et d'allées et venues, mandats à retirer, mandats à présenter au ministère des finances, visas aux oppositions, numéros à prendre pour attendre son tour, appels successifs à cinq ou six guichets, etc., etc.; en tout, une demi-journée pour toucher 20 francs, 10 francs, 3 francs, qu'on aurait pu recevoir directement en échange d'une signature.

On a fait mieux que d'en rire ; et j'ai eu un autre succès.

Il y a, de par le monde, un ministère dans lequel, pour certaines commissions tout au moins, on remet, sans plus de façon, aux membres dont la présence est constatée par leur émargement, le jeton qui leur est dû. On veut bien admettre qu'un honnête homme — fût-il professeur à la Faculté des lettres ou à la Faculté de droit, membre de l'Institut ou conseiller d'État — peut, sans humiliation, recevoir une pièce de 5 francs quand il l'a gagnée.

C'est quelque chose; c'est même beaucoup que cela soit possible dans un de nos ministères. Mais c'est encore exceptionnel, si exceptionnel, que je n'ose pas dire quel est ce ministère affranchi, jusqu'à concurrence de quelques centaines de francs peut-être, des entraves de l'ancienne routine. J'aurais peur de le compromettre.

Je voudrais aujourd'hui dire un mot d'un autre genre de chinoiseries : les chinoiseries du visa et de la légalisation.

Pour une multitude d'affaires, soit à l'intérieur, soit à l'extérieur, les pièces produites, quelque caractère d'authenticité qu'elles aient d'ailleurs, ne sont admises comme valables qu'à la condition d'être munies d'un nombre plus ou moins respectable de visas, de légalisations. S'agit-il, par exemple, de la délibération d'un conseil de famille ou d'un pouvoir à envoyer en pays étranger ? Il faut, dans le premier cas, la signature du greffier, légalisée par le président du tribunal, dont la signature est légalisée par le garde des Sceaux, puis le visa du ministre des Affaires étrangères et finalement du consul de la nation ; pour le second cas, légalisation par le maire, puis par le préfet, puis par le ministre de l'Intérieur, puis, comme pour la première pièce, par le ministre des Affaires étrangères et par le consulat : soit 5 signatures par acte ; 10 signatures, si vous avez deux actes.

Or, ces signatures, qui, d'ailleurs, sont de pure forme et s'alignent les unes derrière les autres comme les capucins qui tombent à la file, à la différence que c'est celle de devant qui entraîne celle de derrière, se donnent dans les quartiers de Paris les plus élevés et à des heures absolument différentes. Ici, c'est l'après-midi ; là, c'est le matin ; dans tel endroit on vous donne un numéro et l'on vous dit de revenir dans deux, trois ou quatre heures ; ailleurs, on a l'obligeance de vous inviter à repasser le surlendemain.

Que voulez-vous ! à la Préfecture de la Seine le nombre de signatures à donner est tel — 12 à 1.500 par jour — qu'un conseiller, spécialement désigné pour cet office, ne consacre pas moins de quatre à cinq heures à écrire son nom au bas du timbre officiel.

Calculez, comptez, supputez ; et vous reconnaîtrez qu'avec une bonne voiture et à condition de savoir se retourner et d'être suffisamment quelqu'un pour obtenir quelques tours de faveur, on peut, à la rigueur, se mettre en règle en une journée ou une journée et demie.

Pour le commun des martyrs, qui n'y entend rien, qui ne sait pas par quel bout, je veux dire par quel bureau commencer ; qui se retire tout simplement quand on lui dit que ce n'est point l'heure, ou se résigne à repasser vingt-quatre heures plus tard pour réclamer sa pièce, cela peut aller facilement à trois ou quatre jours. Pendant ce temps les délais courent, les paquebots partent et les droits se perdent.

Et si l'on veut bien considérer que ce n'est que le commencement: que les pièces, à faire venir de l'étranger, quand il y en a, ont à passer par les mêmes formalités; et que celles envoyées de France avec la plus complète garniture de toutes les herbes de la Saint-Jean auront à recevoir, en arrivant à destination, un nouveau baptême d'encre officielle dans la langue du pays, — on ne s'étonnera pas si bien des gens renoncent à faire valoir leurs droits, si ceux qui l'essayent n'y réussissent pas, et si, quand il s'agit de mariage, beaucoup, de guerre lasse, finissent par se passer de régulariser leur situation. Quand il s'agit de se faire enterrer, même dans son pays, c'est très difficile. On finit cependant par y arriver. Mais, pour le reste, franchement, il faut y mettre bien de la patience et bien de la bonne volonté.

Qu'est-ce qu'on perdrait à simplifier tout cela, à se contenter d'une bonne signature bien authentique au lieu d'en superposer une demi-douzaine appliquées mécaniquement comme la marque du tampon humide? Je sais bien qu'il y a quelques droits à percevoir par ci par là : o fr. 25 au greffe ou au palais de justice, 8 ou 10 francs au consulat, qui, il est vrai, vous en donne, en timbres ou en paraphes, pour votre argent. Mais, quand on perdrait ces petits profits de la paperasserie administrative, le mal ne serait pas grand. Et, quand on demanderait l'équivalent ou le double sous une autre forme, on y gagnerait gros.

Hélas ! pour en arriver là, il faudrait commencer par faire plus qu'un miracle ; il faudrait faire comprendre aux fonctionnaires de tous ordres et de tous pays, y compris les garçons de bureaux, qui ne sont pas les moindres personnages de la maison, que les administrés ne sont pas leur chose, et que pour eux — je veux dire pour les administrés — le temps n'est pas sans valeur.

L'ADMINISTRATION VEILLE

C'était, si je ne me trompe, vers 1860. Un violent tremblement de terre avait secoué la ville du Callao, renversant des édifices et faisant craindre de plus sérieux désastres. La population, épouvantée, abandonnait les maisons et se retirait dans la campagne. Le préfet, moins troublé, paraît-il, que ses administrés, jugea cette panique exagérée, et, pour arrêter la désertion, il ne trouva rien de mieux que de faire afficher une proclamation pour engager les fuyards à rentrer dans leurs demeures. « L'administration veille, disait-il, et lorsqu'il y aura du danger, s'il doit y en avoir, elle aura soin de vous prévenir. »

Que dites-vous de ce préfet, émettant la prétention de prévoir les secousses des tremblements de terre, et de faire connaître à ses administrés le moment précis où ils devraient songer à leur sûreté? Vous en riez, j'en suis certain, et si, par hasard, quelque chef de service français vient à lire ces lignes, il ne manquera pas de prendre en pitié la sotte suffisance de ce fonctionnaire de l'Amérique du Sud. Est-il bien sûr que nous ayons le droit de nous moquer de l'administration péruvienne ? Et si nous y regardions de près, une bonne moitié des prescriptions et interdictions par lesquelles l'administration française témoigne de sa sollicitude pour nous, sont-elles, en réalité, plus raisonnables que la prétention étrange du préfet du Callao ?

NOTORIÉTÉ PUBLIQUE

Les commissions locales — qui doivent, comme on sait, faire merveille — s'aideront pour l'estimation des revenus des contribuables, de tous les éléments d'information et d'appréciation qui leur paraîtront de nature à les éclairer. Elles jugeront notamment, de la fortune des gens par leurs dépenses de toutes natures, et tiendront compte de ce que la notoriété publique leur attribue. Il n'est guère nécessaire de rappeler combien la première de ces bases est trompeuse. Rien de plus variable que le rapport de la dépense à la fortune. Un homme riche, mais sans charge de famille, vit fort à l'aise et même grandement avec la moitié, le tiers ou le quart de son revenu. Un autre, bien moins riche, mais père de sept ou huit enfants, est contraint, pour avoir une existence simplement suffisante, de dépenser deux ou trois fois davantage ; et, peut-être, n'y arrivera-t-il pas sans entamer son capital.

Peut-être, pour assurer à ses fils ou à ses filles

une éducation qui sera leur patrimoine, demain ; pour faire achever à celui-ci ses études de droit, de médecine ou de peinture ; pour procurer à celle-là les leçons qui feront d'elle une artiste distinguée ou tout simplement une modeste institutrice, videra-t-il héroïquement sa bourse, sacrifiant, par amour paternel, le présent à l'avenir, et son bien-être à celui de ses enfants.

La notoriété publique ! c'est bien autre chose encore, car sur quoi se fonde-t-elle ? Sur des faits ? Sur des apparences ? Pas même. De simples *on dit* la constituent, pour qui veut bien croire aux *on dit*. Et l'histoire de l'homme qui avait pondu un œuf le matin et le soir plus d'un cent, est un exemple nullement invraisemblable de ce qu'on appelle la notoriété publique. J'ai connu jadis un vieux curé, Corse de naissance, mais Italien par la majeure partie de sa vie, qui assurait, qu'en fait de fortune et de vertu, il fallait toujours retrancher les trois quarts de ce qu'on prêtait aux gens. *Danaro e santità*, disait-il, en citant un proverbe italien, *meta della meta*.

Il ne disait pas assez. Et le proverbe italien a trop de confiance dans la modération des langues du Sud et même du Nord. J'en ai fait, pour ma part, bien des fois l'expérience ; et je ne suis pas, sans doute, une exception.

Un jour, il y a bien longtemps, la maisonnette que j'occupais dans un village de Normandie était menacée par l'incendie d'un bâtiment voisin. Les habitants, je dois le dire, furent admirables, et rivalisèrent de zèle pour préserver ma famille; mais, quant aux dégâts matériels, ils ne s'en souciaient guère. Qu'était-ce pour moi qui avais plus de deux cent mille livres de rentes! J'en avais peut-être une douzaine; et mon genre de vie n'en pouvait faire supposer davantage. Il n'importe, tous ces braves gens savaient bien à quoi s'en tenir : c'était de notoriété publique.

Plus tard, quand j'eus le malheur de perdre mon père, un homme intelligent, qui n'y mettait aucune malice, et qui croyait énoncer la chose la plus simple du monde, me dit un jour tout naturellement, que mon père avait laissé trois millions à chacun de ses enfants. « Pas tout à fait, fus-je obligé de lui répondre ; mon père a laissé trois cent et quelques mille francs à partager entre trois. » Ce n'était que trente fois moins. Je suis convaincu qu'il ne m'a pas cru. Je lui aurais montré un inventaire en bonne forme que cela ne l'aurait pas détrompé. Je ne sais qui, je ne sais quand, avait dit, je ne sais où, à je ne sais quel autre, son chiffre ; cela suffisait : c'était de notoriété publique.

C'est sur des indications de cette valeur que l'on exposera les contribuables à être rançonnés et les taxateurs à être trompés. Ou plutôt, c'est à des fantaisies et à des exagérations de ce genre, que l'on invitera, comme à plaisir, les imaginations à se livrer. Jolie perspective, qui fera de la France, avant qu'il soit longtemps, le pays des outres gonflées de vent! On verra ce que le dégonflement amènera.

SALARIÉS

Les apôtres de la lutte de classes, a-t-on dit avec raison, menacent tout le monde, et ceux-là même qui peuvent croire qu'ils travaillent pour eux; car il n'y a pas de classes dans un pays où chacun, selon les circonstances ou selon ses mérites, peut passer de la pauvreté à la fortune ou réciproquement. Et, pour eux, est rangé dans la classe maudite et proscrite des capitalistes quiconque, ayant des ressources personnelles, « n'est à la solde de personne ».

Je voudrais bien savoir qui n'est le salarié de personne et peut se vanter de ne dépendre que de lui-même. Le Président de la République est le salarié de la nation; et c'est dans son intérêt que la nation le salarie. Le propriétaire qui vit du produit de ses immeubles ou de ses terres est le salarié des locataires qui lui fournissent des revenus ou des clients auxquels il vend son bois, son blé ou ses fruits. Le petit rentier qui touche sa pension de retraite ou ses coupons de chemins de fer, est le salarié du boucher, du boulanger et de l'épicier qui, en échange de sa monnaie, dont ils vivent, lui fournissent les aliments dont il vit de son côté. Le chef d'industrie qui paie des ouvriers pour qu'ils travaillent pour lui, est payé par eux sous la forme du produit de leur travail, en vue duquel il consacre à ses affaires son temps et sa fortune. Je suis payé par mon jardinier, si j'en ai un : il est salarié par moi, mais je suis salarié par lui, puisqu'il me rembourse, en légumes, fruits ou fleurs, l'équivalent de ce que je lui fournis en argent, logement, chauffage ou éclairage. Service pour service, échange de travaux, de produits ou d'idées, circulation de la vie, sous ses formes diverses, solidarité, en un mot, et dépendance mutuelle qui ne peut être supprimée et qui n'est et ne peut être pleinement féconde que sous un régime de liberté et de responsabilité ; telle est la loi sociale imposée à l'humanité par la nature même. Et c'est cette loi sociale que méconnaissent et que violent ou tendent à violer les écoles de discorde, de révolution et de violence qui se disent démocratiques et parlent de liberté.

Ce sont des écoles de despotisme, de misère et de haine, des écoles de dégradation morale et physique, des écoles anti-démocratiques et anti-humaines, filles de l'ignorance la plus aveugle, exploitée, hélas ! trop souvent, par l'ambition et la cupidité.

HYGIÉNISME

On a souvent appelé l'attention sur l'abus de la réglementation en matière d'hygiène, et montré, par plus d'un exemple, que l'hygiénisme officiel n'est pas toujours nécessairement hygiénique. C'est ainsi, paraît-il, que le monopole de l'alcool, organisé en Suisse au nom de l'hygiène, aboutit, de l'aveu des administrations chargées de veiller à sa pureté, à des sophistications nécessaires pour donner à l'alcool pur, qui n'a point de saveur, les goûts recherchés des consommateurs, ce qui ne peut être obtenu que par l'addition de quelques-uns de ces éthers si hautement dénoncés à l'animadversion publique.

J'ai fait remarquer, à une époque où, comme président d'une commission de surveillance, j'avais à faire appliquer les prescriptions de la loi de 1874 sur le travail des enfants et filles mineures, que, tous les jours, dans les ateliers de l'État, ou dans des lieux placés sous sa surveillance, les précautions les plus élémentaires que comporte l'emploi des machines, étaient ouvertement négligées. Je citais, notamment, une exposition fluviale et maritime qui se tenait au Palais de l'Industrie, et dans laquelle, en fait d'appareils fluviaux et maritimes, on fabriquait et l'on vendait des bonbons, des dragées, des colifichets de toutes sortes et tout ce qui ne concernait pas l'exposition. Les engrenages étaient à nu; les courroies descendaient à hauteur de la ceinture, et c'était au milieu de ces imprudences de toutes sortes que circulaient les robes et les chapeaux des femmes et des enfants, avec les rubans qui flottaient alentour.

Plus tard, c'était autre chose au même lieu. Une exposition de vélocipédie y attirait la foule. Il y a toujours foule là où les vélocipèdes sont en nombre. Il faisait doux et la nécessité d'un chauffage énergique ne se faisait peut-être pas très vivement sentir. Mais il paraît que les vélocipèdes sont frileux; aussi, quelque chose comme cinquante poêles étaient-ils en pleine activité, ou pour parler avec une parfaite certitude, chauffés à tous les degrés, le rouge compris. Température à faire mûrir les ananas. Mais ceci ne serait rien. Pour assurer le tirage de ces bienfaisants appareils, des tuyaux de quelques mètres de longueur, trois ou quatre peut-être, déversaient dans l'atmosphère les gaz de la combustion, pendant que, à travers les parois de la fonte surchauffée, se dégageait le dangereux oxyde de carbone. Aussi, combien de rhumes et de fluxions de poitrines ont été récoltés avant d'en sortir! Mais c'était un lieu public, sous la surveillance administrative, et comme la surveillance administrative ne saurait être en défaut, ceux qui se permettaient d'être incommodés par ce mode de chauffage rudimentaire, étaient manifestement en faute. Pour le leur mieux prouver, on ira, demain ou après-demain, dans leur domicile, inspecter leurs poêles et leurs cheminées, vérifier le thermomètre de leur appartement et s'assurer s'ils ont bien pris toutes les mesures recommandées par l'administration pour renouveler comme il convient l'air qu'ils respirent.

Ce dont, sans aucun doute, ils ne manqueront pas de remercier la sollicitude des pouvoirs publics, sans laquelle, il est évident, l'exposition des vélocipèdes le prouve, qu'un Français ne serait pas capable de mettre proprement une bûche dans sa cheminée.

MONOPOLES

On crie contre les monopoles, et l'on a raison ; mais il faut s'entendre. Il y a deux sortes de monopoles : les monopoles naturels, contre lesquels la loi ne peut rien, et qui ne sont nuisibles à personne, et les monopoles artificiels, qui sont créés par la loi, et que la loi doit supprimer, car ils sont nuisibles en même temps qu'injustes.

Je possède une force extraordinaire, une voix admirable, un talent hors ligne. Je suis un grand orateur, un avocat sans égal, un inventeur ou un artiste merveilleux. Mes services, naturellement, sont recherchés, et je suis maître de les faire payer à très haut prix. Mes concurrents, chanteurs, artistes ou avocats, se plaignent de voir le public s'adresser à moi plutôt qu'à eux, et rétribuer mon travail plus cher que le leur. Le public, de son côté, trouve que je suis bien exigeant et ne serait pas fâché de voir réduire, par quelque tarif à son gré, mes prétentions. Je ne force pas le public à venir à ma boutique pourtant, et je n'empêche pas mes rivaux d'avoir, s'ils le peuvent, autant et plus de talent, de force ou d'adresse que moi ; et le public, lui, ne gagnerait rien à me voir disparaître avec mon monopole naturel, perdre la voix, la mémoire ou l'adresse. Il est maître, si mes services lui paraissent trop chers, de se rabattre sur ceux de mes voisins, et, s'il préfère frapper à ma porte, c'est qu'il estime que ma marchandise est supérieure. A me faire supprimer, il ne gagnerait qu'une chose : il se priverait de la ressource de recourir à moi dans les cas extrêmes. Un dommage sans compensation.

Il en est tout autrement des monopoles artificiels ou légaux. Un homme est doué d'une belle voix ou d'une agilité remarquable ; il se fait concéder par la loi ou par le gouvernement le privilège d'être le seul autorisé à exhiber ses talents. Il ne s'arroge pas seulement, en interdisant la comparaison et la concurrence, le droit de fixer ses prix à sa fantaisie, il prive tous ceux qui, par des talents égaux, moindres ou supérieurs, auraient voulu suivre la même carrière, de profiter de leurs aptitudes, et il prive le public de la satisfaction de les entendre ou de les voir. Un homme fabrique du fer, du drap, du sucre, du blé ou du vin, et pour être ou se croire sûr de faire des bénéfices, il se fait concéder le privilège d'être seul à fournir à ses concitoyens le produit qui est le sien. C'est comme si, le couteau ou le pistolet à la main, il allait de porte en porte leur imposer son blé, son fer ou ses étoffes ; c'est pis, car, pour se dispenser de la peine ou du risque de ces tournées de brigandage, il trouve le moyen de les faire exécuter, aux frais de ses clients forcés, par la force publique. Sans aller si loin, et sans pousser jusqu'à cet excès la confiscation de la liberté et des droits d'autrui, il fait décider par les pouvoirs publics que le blé, le fer, les tissus ou le sucre qui pourraient être tentés de venir s'offrir sur le même marché que les siens ne pourront y pénétrer qu'après avoir acquitté une amende qui, forcément, relèvera leur prix, et alors, certain de le pouvoir faire sans danger, il relève le sien d'autant et, du même coup, impose à toute la clientèle dont il devient le fournisseur officiel un supplément de prix ou une réduction de consommation qui ne sont rien de moins qu'un impôt individuel prélevé sur leurs ressources et une atteinte à leur liberté, à leur bien-être, à leur vie même, contrariée dans son expansion normale. C'est de la violence, légale sans doute, mais d'autant plus inexcusable, puisqu'elle est exercée au nom et du fait de la puissance publique, dont le but est précisément de la réprimer ou de la prévenir. C'est de la spoliation, de l'oppression et du meurtre, puisque toute atteinte à la liberté de consommer se traduit par une diminution de la faculté de consommer et de vivre : c'est la négation du progrès qui consiste dans la réduction de la peine; c'est le culte inepte de l'effort imposé par quelques privilégiés qui en profitent ou croient en profiter, à la masse qui en souffre.

UNE MESURE BIEN HABILE

Pendant la guerre de la France et de l'Angleterre, au commencement du XIXe siècle, le gouvernement anglais fut contraint de décréter le cours légal du billet de banque.

Cela ne dura pas moins d'une quinzaine d'années.

Le commerce anglais fit preuve, à cette occasion, de beaucoup d'intelligence et de décision. Il comprit que l'effondrement du crédit de la banque serait ruineux pour lui et ne négligea rien pour soutenir le cours des billets.

Le cours forcé n'en eut pas moins, dans une mesure relativement très atténuée, ses effets inévitables, et le billet perdit, suivant les époques, dix, douze, quinze, vingt pour cent, à un moment même jusqu'à près de vingt-cinq.

Le gouvernement anglais, fermant volontairement les yeux à l'évidence et s'imaginant, comme son ennemi Napoléon, qu'il est au pouvoir de la loi et des parlements de régler le cours des valeurs, fit voter un jour, par la Chambre des communes, qu'il n'y avait pas de dépréciation, et que le billet était au pair. Il en fut pour sa déclaration. Le banquier économiste Ricardo lui démontra mathématiquement qu'elle était absurde; et les orateurs de l'opposition, Fox et Canning, criblèrent d'épigrammes les malheureux ministres.

Le gouvernement italien a fait autre chose, lui. Il n'a pas essayer de maintenir artificiellement par la loi le cours du billet de banque. Il a déclaré officiellement que le billet était déprécié ; et il a fait tout ce qu'il a pu pour augmenter cette dépréciation.

Il est impossible de donner un autre sens à la mesure par laquelle il a déclaré que les droits de douane ne pourront être acquittés qu'en or, ou que, s'ils sont acquittés en billets de banque italiens, ils seront majorés dans la proportion du change.

Refuser de prendre ses propres engagements pour leur valeur, dire aux gens : « Vous avez ma signature ; mais, vous savez, ma signature n'est pas de premier ordre et mon crédit laisse quelque peu à désirer », c'est un artifice nouveau et un procédé financier original.

Je crains que l'originalité n'en soit le seul mérite, et qu'à se discréditer ainsi soi-même, on ne risque d'aggraver, de plus en plus, les malaises auxquels on prétend remédier.

Et comme je ne suis pas de ceux qui se réjouissent du mal d'autrui ; comme je crois que dans l'état actuel du monde les nations sont plus ou moins solidaires ; comme d'ailleurs, malgré ce que peut-être nous avons eu le droit de regretter parfois dans la conduite du gouvernement italien, je n'ai pour l'Italie que des sentiments sympathiques(et je désire sincèrement sa prospérité et son rapprochement de la France), je me permets de crier casse-cou !

Puissé-je ne pas parler à des sourds !

OÙ DIABLE L'ÉCONOMIE POLITIQUE VA-T-ELLE SE NICHER?

Je lisais jadis un livre très savant, trop savant pour moi, mais que, en ma qualité de père de l'auteur, j'aurais dû lire avant personne. C'est, qu'on me pardonne de le dire, l'*Étude sur les changements phonétiques et leurs caractères généraux*, qui a valu à mon fils, Paul Passy, le titre de docteur ès-lettres et le prix Volney.

Je cherchais à suivre de mon mieux le philologue au milieu de ses pérégrinations à travers toutes les langues et tous les dialectes passés et présents, du sanscrit à l'algonkin, du grec à l'islandais, du russe ou du finnois au madgyar, à l'italien ou au portugais. Dans tout cela, certes, il peut y avoir beaucoup à glaner pour les érudits et les grammairiens; mais un économiste, fût-il doué du cœur le plus paternel, ne peut guère s'empêcher de dire comme le coq de la fable, que le moindre grain de mil ferait bien mieux son affaire.

Jugez de ma surprise, lorsqu'au détour d'une

page, je rencontre le passage suivant, emprunté à M. Victor Henry :

« En chinois, on dit *mái* (avec un accent aigu) « vendre » et *mài* (avec un accent grave) « acheter ». Ce doublet semble raconter l'histoire de l'échange entre les hommes. *Mai*, atone, a dû désigner le troc, l'achat-vente rudimentaire ; mais, comme ce terme avait besoin d'être précisé dans chaque espèce, celui qui disait *mai* « j'acquiers », accompagnait la syllabe d'un geste centripète pour indiquer que l'objet venait à lui ; et celui qui disait *mai* « je cède », faisait naturellement le geste inverse. L'effet de cette mimique a été de nuancer diversement le phonème radical. »

Rien de plus simple, en effet, et de plus naturel. L'échange est une opération double, dans laquelle chaque partie vend une chose et en achète une autre, le même objet étant, pour l'un, la marchandise qu'il se procure, et, pour l'autre, le prix ou la monnaie dont il paie celle qui lui est cédée. Tous les économistes, à tour de rôle, ont enseigné cela. Turgot a dit que toute marchandise est monnaie, et que toute monnaie est, avant tout, marchandise. Bastiat a montré comment le troc, complet par lui-même, se décompose, grâce à l'intervention de la monnaie métallique en deux opérations « une cession de produit ou de service qui est définitive, et un achat de métal qui est une satisfaction provisoire », mais qui permettra l'achat définitif d'un produit ou d'une marchandise, à une époque ultérieure. Laboulaye, de son côté, a fait remarquer que les Romains, doués, comme on sait, d'un sens juridique fort exact, ne disaient pas isolément la vente ou l'achat, mais bien d'un mot composé l'achat-vente (*emptio-venditio*).

Mais, qu'est-ce que l'autorité de Turgot, de Bastiat, de Laboulaye, voire de Paul et des autres jurisconsultes romains pour MM. les protectionnistes, qui ont la prétention de changer tout cela et de trouver leur compte, à défaut du nôtre, à vendre sans acheter, c'est-à-dire à donner sans recevoir, à vider ses poches sans les remplir, et à livrer ses produits, son temps et sa peine sans équivalent? Auront-ils, par hasard, plus de considération pour les Chinois? Je le souhaite, sans beaucoup l'espérer. Mais je constate tout au moins que, dans tous les pays, comme dans toutes les langues, la logique naturelle est la même : en Chine, comme à Rome, comme en France, n'en déplaise aux docteurs de cette ingénieuse école, pour recevoir, il faut donner; pour vendre, il faut acheter ; tout comme pour respirer, il faut alternativement faire entrer l'air dans sa poitrine et l'en laisser sortir. Se borner à la seconde de ces deux opérations, s'appelle *expirer*. C'est le sort qui atteindrait fatalement toute nation qui pousserait à l'extrême l'application de la formule protectionniste : *exporter sans importer*.

Les Américains, qui ne sont pas tous disciples de M. Mac Kinley, ont trouvé, pour définir ce genre de protection, un joli mot : « On nous a protégés à mort : *protected to death*. »

FONCTIONNAIRES ET PUBLIC

Ceci est une histoire vraie, et je la tiens de la bouche même de l'homme distingué à qui elle est arrivée, M. le baron Adolphe d'Eichthal, grand homme de bien et infatigable travailleur jusqu'à la dernière limite d'une longue vieillesse.

Un jour (peu importe quand et peu importe dans quel ministère) il avait affaire à un employé qui, retranché derrière son grillage et ne communiquant avec le public que par l'étroite ouverture que l'on sait, ne daignait parler aux personnes qui se présentaient que lorsqu'il voulait bien s'apercevoir de leur présence. Posant sa montre sur la tablette, M. d'Eichthal attendit tranquillement que cinq minutes se fussent écoulées. Après quoi, avec la plus extrême politesse, il demanda à l'employé la permission de lui faire observer qu'il était là depuis quelque temps.

— C'est possible, monsieur, répondit l'autre. Je serai à vous tout à l'heure; je suis occupé.

— En effet, monsieur, fit alors observer M. d'Eichthal, vous lisez votre journal avec beaucoup d'attention.

— C'est mon affaire! monsieur, riposta l'autre; je fais mon service comme il me convient. Je n'ai pas d'observations à recevoir de vous.

— Je suis d'un autre avis, moi, répliqua M. d'Eichthal, et je vous prie, monsieur, de vouloir bien me donner votre nom.

Et comme l'autre s'y refusait d'une façon plus ou moins inconvenante :

— Je l'aurai sans que vous me le donniez, ajouta M. d'Eichthal, et en attendant voici le mien.

— Ah! monsieur le baron, s'écria aussitôt le malheureux employé, tout confus, je vous demande mille pardons. Je ne savais pas à qui j'avais affaire. Pourquoi ne vous êtes-vous pas nommé?

— Monsieur, dit alors M. d'Eichthal, vous vous faites une singulière idée de vos obligations et vous comprenez bien mal mes observations. Ce n'est pas à M. le baron d'Eichthal que vous avez manqué; c'est à un administré quelconque, qui, en sa qualité de contribuable, vous paie pour que vous soyez à ses ordres. M. le baron d'Eichthal ne vous en veut pas de lui avoir manqué d'égards; mais l'inconnu qui s'est présenté à votre guichet doit défendre en sa personne, pour ceux qui ne le font pas, les droits du public, et, quelque regret que j'en aie, je signalerai votre conduite au ministre.

Je pourrais citer d'autres exemples de faits analogues; celui-là suffit, à la condition qu'on veuille bien en comprendre la moralité. Oui, les employés sont à la disposition du public, parce que c'est le public qui les paie pour le servir, et non pas le public à la disposition des employés. Qu'ils aient leurs heures de présence, et qu'en dehors de ces heures on n'ait rien à leur demander, rien de plus juste. Qu'on doive être poli avec eux et ne pas leur imputer, comme cela se fait malheureusement tous les jours, les désagréments ou les impossibilités résultant des lois ou des règlements, rien de plus juste encore ; il faut bien reconnaître que, sous ce rapport, on leur fait parfois la vie dure et quelques mouvements d'impatience peuvent leur être pardonnés. Mais qu'ils se considèrent comme étant au-dessus de ceux qui s'adressent à eux ; qu'ils laissent inutilement attendre des gens dont le temps est précieux ; qu'ils refusent à un ouvrier peu au courant, à une pauvre femme perdue au milieu de leurs couloirs, les explications et les éclaircissements qui leur sont nécessaires ; qu'en un mot ils regardent plus ou moins la gent contribuable et administrable comme étant leur chose ; c'est une autre affaire et ce ne serait pas la peine d'avoir supprimé l'aristocratie de l'ancien régime si nous n'avions fait que lui en substituer une autre moins brillante et plus tracassière.

On ne se doute pas de ce que les ennuis infligés chaque jour au public par des subalternes arrogants ou mal élevés excitent de mécontentements et de rancunes dans le cœur de la foule obligée d'avoir recours à eux.

PERSONNE N'EN AURAIT JAMAIS RIEN SU

J'ai conté jadis, dans un article intitulé : *Les Chinoiseries de la Comptabilité,* par quelles séries de complications, gênantes et absurdes, on faisait passer, dans une de nos grandes administrations, les personnes auxquelles on avait à faire toucher des traitements ou des indemnités, voire parfois de modestes jetons de présence de quelques francs.

J'ai dit aussi comment, en dépit de toutes ces formalités et de toutes ces prétendues garanties, j'avais été invité, un jour, à passer dans un bureau (c'était à l'Enseignement primaire de la Seine) pour y recevoir une somme de trois cents francs, allouée pour quelques leçons que j'avais faites.

— Mais, monsieur, dis-je au caissier, je l'ai déjà touchée, cette somme.

— Oh ! monsieur, c'est impossible. Nous n'en avons pas été avisés.

— Impossible ou non, cela est. Et vous ne me devez rien.

Quinze ou vingt ans plus tard, appelé, pour d'autres cours, à passer dans un autre bureau, où l'on avait à me remettre des mandats, je contai, en attendant qu'on les eût trouvés, cette histoire à un employé.

— J'aurais pu toucher deux fois, lui dis-je. Il est vrai qu'on s'en serait bientôt aperçu.

— Oh! non, monsieur, s'écria-t-il avec l'accent de la plus entière conviction, on ne s'en serait jamais aperçu. Quand nos écritures sont passées, tout est dit, et rien ne prévaut contre elles.

Est-ce seulement en matière de comptabilité que les écritures, quelles qu'elles puissent être, font foi par elles-mêmes, et que l'on ne revient pas sur ce qui est acquis? S'il y a des erreurs, tant pis.. N'en parlez pas : personne n'en saura jamais rien. L'essentiel, c'est de ne pas troubler la tranquillité de l'administration en réveillant des contes ou des histoires endormies.

LA GRÈVE GÉNÉRALE

L'Emballé, *du Syndicat des Chômeurs.* — Ah ! ça y est cette fois, et nous allons voir ce qu'ils vont dire, vos bourgeois, vos vampires, vos propres à rien ! C'est la grève, la vraie, la générale, l'arrêt de tout et partout. Plus de travail dans les mines, ni dans les usines, ni dans les chantiers. Plus de transports ni par eau ni par terre, ni par voie ferrée. Plus de lettres ; plus de télégraphe ni de téléphone. Plus de bestiaux aux abattoirs, de viande dans les boucheries, de légumes ou de fruits sur les marchés d'approvisionnements, dans les boutiques, mais les bras croisés et les ventres creux. On va voir comment vous vous tirerez de là, messieurs les patrons, les capitalistes. Vous avez été assez longtemps des affameurs. A votre tour d'être des affamés !

Le Père La Raison. — Peut-être bien tout de même.

L'Emballé. — Comment, peut-être bien ? On dirait que vous n'en êtes pas bien sûr. Je vous dis, moi, qu'ils n'y tiendront pas deux jours, et qu'ils viendront en députation à la Bourse du Travail nous prier de rétablir la circulation aux conditions qu'il nous plaira de leur dicter. Et elles seront dures, allez !

Le Père La Raison. — A moins que ce ne soit le contraire, ou que vous ne vous obstiniez à mourir de faim les uns en face des autres. Car enfin, voyons l'Emballé, si les chemins de fer, les navires, les voitures, les dépêches sont arrêtés, si les voyageurs embarqués dans les wagons restent abandonnés en plein champ, loin des habitations, si les vivres, le combustible, l'huile et le pétrole, au bout de vingt-quatre heures, sont épuisés, et si les boutiques sont vides, les riches, comme tu les appelles, seront affamés, c'est évident; mais les pauvres, qui seront devenus les affameurs, ne le seront pas moins ; car, là où il n'y a rien, la misère même perd ses droits. Ils le seront davantage, ou plus vite, car tandis que les uns, accoutumés ou réduits à vivre au jour le jour, ne font guère leurs achats qu'au détail et pour le besoin présent, les autres, plus ou moins selon leurs ressources, ont des avances ; et ils ne manqueront pas, dès qu'ils se verront menacés, d'être mis en état de siège, de se pourvoir, fût-ce au poids de l'or, de ce qui sera encore disponible. Vous aurez fait la famine, c'est possible ; mais vous en serez les premières victimes. Et quand, vaincus par vos propres armes, vous serez réduits à remettre en marche la vie commune, ce sera en vain que vous prétendrez vous retrouver dans les conditions antérieures ; en vain que beaucoup, parmi ceux que vous aurez rêvé d'écraser, pris de pitié pour le malheur que vous vous serez infligé, voudront venir en aide à votre misère. Vous les aurez mis hors d'état de vous assister en les ruinant, et vous aurez tari vous même, en désorganisant les rouages de la production et du commerce, en détournant les courants nourriciers et en éloignant les commandes, l'activité qui entretenait l'existence commune. Vous aurez renouvelé, à vos dépens, l'exploit de Samson, écrasant ses ennemis sous les ruines du temple, mais s'ensevelissant lui-même au milieu des décombres. Voyons, là, franchement, camarade, crois-tu que ce soit un idéal bien désirable ? Et penses-tu que cela nous donnerait de nouvelles raisons de nous proclamer le peuple le plus spirituel de l'univers ?

L'Emballé. — Mais pourtant, nous ne pouvons pas toujours nous laisser manger la laine sur le dos, et la chair avec. On nous chante que nous sommes tous égaux devant la loi. Il y a trop de différences dans cette égalité là, convenez-en, père La Raison. L'on n'est pas si coupable de vouloir gagner au moins de quoi manger tous les jours à sa faim, soi et sa famille.

Le Père La Raison. — Non, mon ami ; et il est juste que le travail nourrisse son homme. Mais pour cela, il faut d'abord que le travail ne soit pas stérile. Et ce n'est pas en arrêtant sa marche ou en brisant ses instruments, en « sabotant » les outils, comme vous dites, ou en gâtant les produits ; ce n'est pas en mettant du sable dans les rouages au lieu d'y mettre de l'huile, ce n'est pas en diminuant, par tous les moyens, l'actif à partager, c'est en l'accroissant, que l'on peut espérer en réclamer une part plus forte et meilleure. Vous avez l'association ; vous avez la coopération ; vous avez la liberté de discussion, de coalition, de grève même, mais la grève non violente et respectueuse des droits d'autrui. Usez-en. Tous les hommes de bon sens et de bon cœur seront avec vous tant que vous ne demanderez que le possible et le juste ; mais si, sans souci de la justice et de la liberté d'autrui, vous prétendez faire aboutir par la force vos revendications, même les plus irréfléchies ; si vous ne craignez pas, à tout propos et hors de propos, de troubler bruyamment et violemment la paix publique ; si tous les intérêts, tous les besoins, toutes les activités sont, jour après jour, blessés ou alarmés par vous, vous n'arriverez qu'à tourner contre vous l'opinion, et vous apprendrez à vos dépens, et trop tard, qu'il y a des lois du monde du travail et du monde moral, comme du monde matériel, et qu'à vouloir les enfreindre, on ne fait que les retourner contre soi.

LA MARSEILLAISE DU BLÉ ET DU TRAVAIL

C'était en 1900, pendant l'Exposition. Le Congrès de la Boulangerie — car il y avait eu un congrès de la Boulangerie — venait de se terminer, et, comme beaucoup d'autres, il était suivi d'un banquet. C'est du reste une vieille habitude dans cette honorable corporation, à laquelle nous devons chaque jour le principal de nos aliments, de se réunir une fois par an fraternellement autour d'une table hospitalière, à laquelle sont fidèlement conviés quelques-uns de ceux qui, sous une forme ou sous une autre, se sont fait un devoir de combattre les préjugés injustes et les gênes qui pèsent encore lourdement sur la plus nécessaire des professions.

J'avais l'honneur (et le malheur) d'être le doyen de ces fidèles invités ; et, comme tel, l'obligation de prononcer quelques paroles.

Un hasard heureux m'avait mis sous la main, peu de jours auparavant, un passage de Michelet, sur les réformes de Turgot. L'une de ces réformes, la première, concernait non pas directement la boulangerie, mais le blé, qui est la matière première du pain, et dont, par conséquent, la destinée est étroitement liée à celle de l'industrie boulangère.

J'eus l'idée de citer quelques-unes des paroles du grand historien, les trouvant d'autant plus de circonstance que nous étions au centre de cette Exposition universelle, qui n'est qu'une représentation vaine, si elle n'est pas une imposante leçon de liberté commerciale et de solidarité internationale.

Je crois qu'on me saura gré de les reproduire ici :

« Il y avait en France un misérable prisonnier, le blé, qu'on forçait de pourrir au lieu où il était né. Chaque pays tenait son blé captif. Les greniers de la Beauce pouvaient crever de grain ; on ne les ouvrait pas aux voisins affamés. Chaque province, séparée des autres, était comme un sépulcre pour la culture découragée. Mais le peuple ignorant des localités y tenait. Plus la production semblait faible, plus le peuple avait peur de voir sortir son blé. Ces paniques faisaient des émeutes. Pour relever l'agriculture par la circulation des grains, leur libre vente, il fallait un gouvernement fort, hardi.

» Turgot entrant au ministère, se mettant à sa table, à l'instant prépare cet écrit admirable, l'*Ordonnance de septembre*, noble, claire, éloquente. C'est la *Marseillaise du blé !* Donnée précisément à la veille des semailles, elle disait à peu près : « Semez, « vous êtes sûrs de vendre. Désormais, vous vendrez « partout. » Mots magiques, dont la terre frémit. La charrue prit l'essor, et les bœufs semblaient réveillés !

» C'était là-dessus qu'avait compté Turgot, et plus encore que sur l'économie. Si la culture doublait d'activité ; si le blé, si le vin coulaient d'un bout à l'autre du royaume récompensant leurs producteurs, la richesse allait croître énormément, l'État était sauvé.

» Ce n'était pas tout dans son plan. A la seconde année, Turgot déchaînait l'industrie, qui, libre tout à coup, allait décupler d'énergie, de volonté, d'effort. L'ouvrier fainéant, languissant chez un maître, allait, devenant maître, travailler nuit et jour, heureux d'avoir à lui son métier, son foyer, bientôt une famille. Il n'enchérirait pas à plaisir, donnant à bon marché tant de choses nécessaires à tous.

» A la troisième année, Turgot devait fonder l'instruction.

» *Culture affranchie* (1775) ; *Industrie affranchie* (1776) ; et *Raison affranchie* (1777) : voilà tout le plan de Turgot ! »

Je n'ai point donné cette citation en entier à mes boulangers. Je n'en ai reproduit, de mémoire, que les passages se rapportant directement à la question du blé. Cela suffisait pour des gens qui sentent encore peser sur la fabrication du pain les restes des chaînes qui pesaient, au siècle dernier, sur la fabrication du blé.

Aussi, l'effet en a-t-il été extraordinaire : « Mots magiques, dont la terre frémit ! La charrue prit l'essor et les bœufs semblaient réveillés ! » Quand j'ai prononcé ces paroles, l'assemblée entière a frémi : le frisson de la liberté avait traversé tous les cœurs.

Mais ici ce n'est plus pour les seuls boulangers que je parle. Et si j'ai cru devoir dire un mot de ce banquet, et reproduire tout au long le passage de Michelet, c'est parce que j'y vois une leçon à la fois plus générale et plus haute.

Turgot a passé déchaînant la culture, l'industrie et le commerce. La Révolution française est venue, proclamant l'égalité des citoyens et la liberté des professions.

Le XIXe siècle, avec la vapeur et l'électricité, a fait disparaître les distances, abattu les frontières et asservi le monde à la volonté de l'homme. Les expositions, enfin, nous ont montré que la terre, qui n'est plus qu'un seul atelier, ne devrait être qu'une seule famille et un seul marché. Et nous maintenons encore, que dis-je ? nous aggravons à l'envi, les séparations, les gênes, les obstacles, les prescriptions qui séparent le grand corps de l'humanité en tronçons ennemis et appauvrissent, comme à plaisir, leur table, divisée ou renversée !

Le monde ne va-t-il pas, enfin, se révolter contre cette survivance, ce retour des vieilles servitudes ? Et quelque Michelet de l'avenir ne pourra-t-il pas dire, en racontant à nos successeurs le réveil définitif de l'humanité : « Le genre humain frémit ; le travail prit l'essor ; l'activité de toutes les nations se réveilla ; et toutes, sûres désormais de vendre partout, ne songèrent plus qu'à échanger en paix les unes avec les autres les fruits de leurs sols et les produits de leurs mains ? »

TABLE DES MATIÈRES

	Pages
Préface	VI
Le Pain gratuit	7
La Loi de l'Offre et de la Demande	10
Le Parapluie de M. Cunin Gridaine	13
L'Économie de l'Effort	16
La Cuisine officielle	20
L'Aiguille du Progrès	24
Les Yeux des autres	26
Surproduction	30
A qui la faute ?	40
La Proie pour l'Ombre	44
Douane	50
La Question sociale	57
L'Argent ne sort pas du pays	60
Le Temps, ça ne compte pas !	67
La Fumée des autres	73
Le Chat-huant Économique	77
Les Serviteurs de Nicolas	80
Salaire	83
La Réforme des impôts	87
Plumé gratis	101
Les Porcs et les Sans-travail en Angleterre	105

Les deux Pigeons...	108
Je vous l'avais bien dit......................................	111
Souveraineté du But..	114
Cela fait du travail pour les ouvriers...................	116
La Charrue devant les bœufs................................	121
Le Salaire intégral...	126
Les petites Choses...	130
Intentions et Potions...	133
Commerce et Commerçants.................................	137
Le Métallisme au village....................................	140
La Fraternité des choses....................................	146
Oreilles fermées..	149
Le Temps du Contribuable..................................	152
L'Intérêt..	156
Le Gouvernement qui laisse le commerce nourrir le peuple...	158
La Montre..	163
Le Pain de l'Égalité...	167
L'Intérêt de l'argent..	170
Histoire d'un crime et d'un parapluie...................	173
La Solidarité..	177
La vraie formule de l'Échange.............................	180
Épargner, c'est dépenser....................................	186
Le Gilet de la Fraternité.....................................	189
Les Produits étrangers.......................................	192
La Charité à la mécanique..................................	196
Quinze pour cent de Fécule.................................	199
Demandez la liste des richards de la ville !............	205
Usine à vendre..	208
Il faut bien que tout le monde vive......................	211
La Réduction des heures de travail......................	214
Boire la Mer...	219
Le Capital..	225

La Monnaie...	227
Chez le Marchand de tableaux.....................	229
Les trois Enveloppes.................................	232
Est-ce que vous croyez que nous comptons l'étoffe ?	235
Les deux Chèvres.....................................	237
Un Bœuf pour un œuf................................	243
Matières premières...................................	245
Passe-moi ta blouse...................................	250
L'Amortissement......................................	253
Coopération..	259
L'Impôt du brigandage ou le Brigandage de l'impôt.	261
Un Gouvernement idéal..............................	265
Fausses apparences...................................	269
Quinet économiste....................................	272
Il est si bon Catholique !............................	280
Petits Ennuis du contribuable.....................	284
Sauvages et Civilisés.................................	291
Allumettes nationales et officielles...............	295
Interdépendance......................................	297
Grèves et Coalitions..................................	303
Tirer en l'air..	309
Le Pruneau national..................................	312
Le Droit du travail...................................	315
L'Ouvrière...	320
Administration et Public............................	324
Essentiellement gratuit..............................	330
Le Luxe...	338
Le vrai Grand Homme...............................	341
La Simplicité administrative.......................	347
Le Langage des choses...............................	352
Comme la France est riche !.......................	356
La Chambre syndicale des contrebandiers.......	361
Chaque chose à sa place,............................	364

Quo Vadis ?..	369
Le Lait du chat...	373
Travail national..	378
Un Paradoxe économique................................	380
Après la Grève...	383
Cessante Causa, cessat Effectus......................	386
Pour Coloniser...	388
Vieilles Nouveautés.......................................	391
Une Variété de placement officiel.....................	395
Réflexions sur un petit problème......................	398
Rien sans peine..	401
Visas et légalisations	405
L'Administration veille...................................	410
Notoriété publique...	412
Salariés..	415
Hygiénisme..	417
Monopoles...	420
Une Mesure bien habile..................................	423
Où diable l'Économie politique va-t-elle se nicher ?	426
Fonctionnaires et public.................................	429
Personne n'en aurait jamais rien su..................	432
La Grève générale...	434
La Marseillaise du blé....................................	438

Imp. de la librairie V. GIARD et E. BRIÈRE, 16, Rue Soufflot, Paris.

A LA MÊME LIBRAIRIE

Bibliothèque Sociologique Internationale (volumes in-8°).

Bibliothèque Internationale d'Économie Politique (volumes in-8° et in-18).

Bibliothèque Internationale de Droit Public (volumes in-8° et in-18).

Bibliothèque Internationale de Droit Privé et de Droit Criminel (volumes in-8°).

Bibliothèque Internationale de Science et de Législation Financières (volumes in-8°).

Bibliothèque Socialiste Internationale (volumes in-8° et in-18).

Bibliothèque Pacifiste Internationale (volumes in-18).

Collection des Doctrines Politiques (volumes in-18).

Encyclopédie Internationale d'Assistance, Prévoyance, Hygiène Sociale et Démographie (volumes in-18).

Études Économiques et Sociales (volumes in-8°).

Petite Encyclopédie Sociale Économique et Financière (volumes in-18).

CATALOGUES EN DISTRIBUTION

LIBRAIRIE V. GIARD ET E. BRIÈRE, 16, RUE SOUFFLOT, PARIS

www.ingramcontent.com/pod-product-compliance
Lightning Source LLC
Chambersburg PA
CBHW060927230426
43665CB00015B/1861